子どもの心をはぐくむ生活

児童心理治療施設の総合環境療法

滝川一廣／髙田 治／谷村雅子／
全国情緒障害児短期治療施設協議会──〔編〕

東京大学出版会

Life that Nurtures Children's Mind:
Total Milieu Therapy in the Residential Treatment Center for Emotionally Disturbed Children
Edited by Kazuhiro Takikawa, Osamu Takada, Masako Tanimura, and the Council of the Residential Treatment Center for Emotionally Disturbed Children, Japan
University of Tokyo Press, 2016
ISBN 978-4-13-011142-3

子どもの心をはぐくむ生活——児童心理治療施設の総合環境療法　目次

第二刷（二〇二五年）にあたっての付記

本書の編者でもある「全国情緒障害児短期治療施設協議会」は、二〇一六年公布、一七年施行の児童福祉法の改正にともなう施設名の変更により、協議会名を「全国児童心理治療施設協議会」に変更しています。ただし本書増刷にあたっては、執筆時の背景を示すものとして、本書編者表記および本文中でも旧名称のままとしています。同様に、次頁の「編者・執筆者一覧」についても、所属等は二〇一六年（または執筆当時）の表記を優先し、その後に第二刷現在の現職を表示しています。

編者・執筆者一覧　＊所属は、本書初版執筆当時［現職（変更ある場合）］の順で表記します。

［編者］

滝川一廣（たきかわ・かずひろ）学習院大学文学部心理学科　教授［現・あなはクリニック］

髙田　治（たかだ・おさむ）川崎こども心理ケアセンターかなで　施設長［現・かなで　職員育成支援部長］

谷村雅子（たにむら・まさこ）関東学院大学人間環境学研究所　客員研究員［現・元　関東学院大学］

全国情緒障害児短期治療施設協議会　→現・全国児童心理治療施設協議会（https://zenjishin.org/index.html）

［執筆者］（五十音順）

下木猛史（しもき・たけし）神村学園専修学校こども学科　講師（元　鹿児島自然学園　総括主任児童指導員）［現・純真短期大学こども学科教授］

杉山信作（すぎやま・しんさく）桜クリニック　院長

髙山嘉史（たかやま・よしふみ）大阪水上隣保館乳児院　院長（元　大阪水上隣保館　心理統括）［現・大阪水上隣保館乳児院　元院長、児童心理治療施設ひびき　元施設長］

中村有生（なかむら・ゆう）兵庫県立清水が丘学園　主任　心理治療士［現・同　課長補佐　心理治療士］

平岡篤武（ひらおか・あつたけ）常葉大学教育学部心理教育学科　准教授［現・心理相談室　樹］

平田美音（ひらた・みね）名古屋市児童福祉センター　所長［現・同センター　元所長］

堀　健一（ほり・けんいち）情緒障がい児短期治療施設あゆみの丘／児童家庭支援センター岸和田　副施設長［現・家庭支援プログラムアドバイザー］

山下聖隆（やました・きよたか）川崎こども心理ケアセンターかなで　治療課長［現・かなで　施設長］

はじめに

滝川一廣

「児童心理治療施設」とは、正式の法律名称を「情緒障害児短期治療施設」という。長い上に意味内容のわかりづらい生硬な名称で、しかも実態にみあっていない。そこで今は、この通称が用いられている。

通称のとおり、子どもの心理治療を専門とする児童福祉施設である。子どもの心理治療をする機関は現在いろいろなところがあるけれど、その中で「児童心理治療施設」は、狭義の心理療法にとどまらず、入所設備を備えて子どもたちに共同生活の場を与え、生活のなかで心理・生活・教育をあわせた総合的なこころのケアと成長に取り組むところに他の機関にない大きな特質をもっている。「総合環境療法」と名乗るゆえんである。

最初に「児童心理治療施設」の誕生史を振り返ってみよう。この施設を理解するためには、歴史的ないきさつを知ることがどうしても必要だからである。

児童心理治療施設の誕生

一九四七年、児童福祉法の制定によって都道府県すべてに児童相談所が開設された。児童相談所の役割は、地域に窓口を開いて住民からの様々な子どもの相談ごとに乗るとともに、やはり児童福祉法に基づいて設置された各種の児童福祉施設に子どもたちを適切にゆだねること（法律用語で「措置」）だった。敗戦まもない時代で、①巷にあふれる戦災孤児、②生活困窮や社会混乱から多発する少年非行、③貧困や保健環境の不全からの子どもの健康不良、この三つが当時の大きな児童問題だった。これらにそれぞれ対処すべく、①養護施設（現・児童養護施設）、②教護院（現・児童自立支援施設）、③虚弱児施設（現在は廃止）が全国に開設された。これが戦後の児童福祉の出発点である。これらに④児童心理治療施設（情緒障害児短期治療施設）が加わったのは、一九六一年の児童福祉法一部改正による。

一九五〇年代末から六〇年代に入り、戦災孤児問題は解消するが、それと入れ替わるように新たな児童問題が出現した。その一つが不登校である。非行・家庭環境の不全・勉強嫌い等による欠席現象は、学校教育が始まって以来ずっと見られてきた（「怠学」と呼ばれる）。ところがこの時期に現れたのは、豊かな家庭に育ち、まじめで勉強も好きで友達関係も良好な子どもが理由もわからず登校不能に陥るふしぎな現象で、小学校低学年の児童に特異的に発生した。その頃は「学校恐怖症」「登校拒否」と呼ばれ、現在使われる「不登校」の呼び名はずっと後に出てきたものである。

もう一つが低年齢非行である。非行とは、困窮家庭や崩壊家庭から生じ、ほとんどが年長児（中学生以上）というのがこれまでの常識だった。ところがこの時期になって、生活に困っているわけではないふつうの家庭の子ども、しかも小学生が盗みや万引きを繰り返すという、まったく新たな非行現象が現れたのである。

この不登校も非行も共通して都市部の中産階層以上の家庭の小学生たちの間から生じてきた。これまで児童福祉が経験しなかったまったく新たな児童問題で、精神医学や臨床心理学に解明が求められた。そこで出てきたのが、これらは児童の心理学的なつまずきで、急激な経済発展と近代化（都市化）の進行にともなう文化変容、社会環境・生活環境・養育スタイルの大きな変化が、心理的な成長途上にある低年齢児にもたらした情緒的な混乱のあらわれとする理解であった。法律名にある「情緒障害」とは、精神医学用語の emotional disturbance（正確に訳せば「情緒的混乱」）の disturbance を「障害」と訳したものである。

したがって、これらへの対処は、従来の怠学や年長非行に対するような教育指導的・矯正的なアプローチではなく、心理治療的なアプローチが重要と考えられ、そこで「情緒障害児短期治療施設」の名称のもとに誕生したのが、児童心理治療施設だった。おりしも海外から子どもの心理療法の理論や方法論が紹介され、日本にもその専門施設を、という動きが専門家の間に生まれた時代であった。一九六二年に最初の三施設が開設された。まだ社会一般には「心理療法」「カウンセリング」の言葉も知られなかった時代で、きわめて先駆的なものだったといえる。以来、半世紀の歴史を経て、今日にいたっている。

創設当初の治療コンセプト

本施設は、後に通所部門も加わったが、他の児童福祉施設と同じく「入所施設」として創設された。集団規模の過大な都会の学校、刺激過剰な都市環境などが情緒的混乱の要因となったり、過保護的な家族環境がその子の主体性や社会性の成長を妨げていたりするならば、いったんその環境から離すことが望ましく、健やかな環境の中での共同生活が情緒の回復と成長を促すと考えられたためである。

とはいえ、幼い子どもを本来の成長の場である家庭や地域から長期に引き離すのも好ましくない。そこで入所期間を短期間と限ることにし、それが「短期治療施設」の名称のもとになっている。三ケ月まで、長くとも六ケ月までが当初の規定だった。これに加え、施設入所が社会的隔離にならぬよう週末は必ず家庭で過ごすこと（週末帰省）が原則とされた。入所定員は五〇名と定められ、一〇〇～二〇〇名を超えるのがあたり前だった当時の児童養護施設に較べ、ずっと少人数の生活環境が用意された。小学生の不登校と低年齢非行へのケアが主目的だったので、「おおむね一二歳未満」を対象とすると法律に明記された。

心理治療の専門施設として「治療部門」が設けられて、子ども一〇人に対して一名のセラピスト（心理療法士）が置かれ、医師と看護師も配属されたのが、これまでの各種児童福祉施設にはなかった新機軸だった。それに加えて「生活部門」では、子ども五人に一名のケアワーカー（保母［当時］・指導員）がおかれ、寮での共同生活の指導に携わった（現在は子ども四・五人に一名）。

治療部門では、米国から入ってきたアクスラインの遊戯療法や河合隼雄がスイスから導入した箱庭療法等による心理治療によって個々の子どもの内面的な成熟や個としての主体性を伸ばすことをめざし、また家族へのカウンセリングにも取り組む。生活部門では、共同生活やグループ活動を中心に子どもたちの生活力や集団としての社会性を伸ばすことをめざす。この治療部門と生活部門のかかわりが施設治療の「車の両輪」とされた。さらに児童心理治療施設のもう一つの柱に「教育」がおかれた。施設内学級が併設されて、そこで少人数のクラス編成による個々の児童にあわせた学習指導を可能にした。これら治療・生活・教育の三本柱による総合的なメンタルケアが、児童心理治療施設の基本的なシステムであった。

臨床心理・保育・教育・医療というそれぞれ職域を別にしていた異職種が一つの施設で協働して同じ子どもたちにかかわるのも、かつてなかった斬新な試みであった。当初は欧米のシステムをモデルに各部門による機能分化を重視し、職種間の役割分担と守備範囲を明確化したうえでの連携という考え方が強かった。しかし、模索が重ねられるにつれて、互いの重なりあいや相補性に目が向き、全体としての機能統合を重視しながら、それぞれの専門性を生かす方向への模索が進んできている。

思春期不登校と家庭内暴力の出現

小学生の不登校・低年齢非行など、年少で長期化していない、まだ軽度の情緒的困難ならば、軽いうちに総合的な早期治療を行えばごく短期で回復するというのが児童心理治療施設のコンセプトだった。これによって、これらの新しい児童問題は効果的かつ効率的に解決すると期待された（そのため児童福祉法には「軽度の情緒障害を有する児童」を対象にすると明記された）。しかし、その期待下にスタートしたところ、確かに治療成果はありながら、やがて大きな壁にぶつかった。問題も軽く年端もゆかないわが子を、たとえ短期間にせよ、「施設」に入れようと望む親はわずかだったのである。窓口の児童相談所のスタッフも、知識と経験を積むにつれて、これら年少で「軽度」なケースならば、わざわざ施設にゆだねなくても自分たちの在宅支援で対処可能になっていた。家族にとって児童相談所への在宅通所なら無料だが、施設入所では収入に応じて利用料（措置費）の負担もある。

児童相談所が心理治療施設にゆだねたい対象は、在宅支援だけでは難しい「重度」の情緒的困難を抱えた子どもたちに移っていた。その代表的なものに、当時はその呼び名はなかったけれども、後に「児童虐待」と呼ばれるようになったケースがあった。一九五〇～六〇年代から既にそういうケースは必ずしもまれではなく、「親子関係不調」等の呼び名で児童相談所はかかわっていたのである。それに加え、最初は小学校低学年に特異な現象だった不登校が、七〇年代には中学生に多発する現象に移り変わり家庭内暴力の出現とも重なり、中学生不登校へのケアのほうが社会から強く求められるようになった。このように創設当初のコンセプトと実際に社会が求めるものとの間に大きなギャップが広がったのである。

児童心理治療施設の歴史は、そのギャップを埋める苦闘の歴史だったといえる。こうした状況変化に対して、各施設はそれぞれのおかれた条件のなかで様々な選択や試行錯誤を重ねてきた。大まかに分ければ、①小学生を中心にいわゆる「虐待」も含む重度の情緒的な困難をもった子どもたちに重点をおいて対象を広げてゆく、②中学生、さらには高校生の不登校を含む思春期の子どもたちに重点をおいて対象を広げてゆく、③それらの中間、というように。通所部門に力を入れる施設、家族療法等の新たな治療技法を取り入れて事業化する施設など、さまざまな取り組みがなされた。

これらは社会ニーズに応えるために必要な努力であったけれど、多大な困難を強いられた。施設創設以来のコンセプトの転換であったし、法の定めを踏み越えることへの躊躇も小さくはなかった。なによりも運営上の現実的な困難が増大した。児童福祉法ではあくまで「軽度の情緒障害」を「短期間」のみ治療する施設と定められおり、施設設備も予算も人員配置もすべてそれを前提としているからである。中学生を受け入れても、「おおむね一二歳未満」の法規定によって居室をはじめ施設設備はすべて小学生サイズのうえ、中学校の施設内学級が併設できなかった。

重いケース、思春期のケースは当然ながら治療の難度も高くなり長期を要するため、平均入所期間は一年、二年と延びて、「短期治療施設」とは名ばかりとなった。現実の対象児童や治療内容と、法の条文や施設名称との大きな不一致が、もともとわかりにくい名称だったこの施設を外部からはいっそうわかりづらくした。せめて施設名称だけでも実態に即したものをという要請が生まれでてきて、それが現在の「児童心理治療施設」の通称となったのである。

一九八〇年代半ばになって、ようやく児童心理治療施設への中学生の受け入れが厚生省（当時）からおおやけに認められた。思春期の不登校や家庭内暴力が大きな社会問題となり、それをめぐるセンセーショナルな事件報道から世論が沸騰したことに押されたのである。「おおむね一二歳未満」の年齢制限が正式に取り払われるには児童福祉法一部改正（一九九七年）を待たねばならなかったが、はじめて中学生を念頭においた設備改善や予算措置、なによりも中学校の施設内分級併設が可能となり、これを機会に二施設が新設された。

こうして、中学生の不登校ケアに法的な矛盾なく積極的に取り組めるようになり、九〇年代初頭には当時一三施設あった児童心理治療施設全体で利用者の六割以上（通所部門では八割以上）を不登校が占めるにいたった。小学生の不登校ケアから生まれた施設が、中学生を主対象としてあらためて不登校ケアを中心におく施設となったといえようか。ところが、またしても大きな転換を迎えることになる。

「児童虐待」という問題の出現

一九九〇年代に入ると、幼い子どもが親の「折檻」や放置によって死亡する事件（虐待死）がクローズアップされ、そうしたうまくいゆかない養育、子育ての失敗が「児童虐待」の名のもとに社会問題化してきた。虐待死を許すなのキャンペーンが盛り上がり、圧倒的に発生件数の高い「虐待先進国」の米国をモデルにして「児童虐待防止法」（二〇〇〇年）の制定に至った。しかし、この法律は、既に生じている失調した養育から児童を「保護」することが目的で、養育の失調が生じることを減らすには役立たぬ内容のものだった（保護さえすれば問題解決と考えられたふしもある）。事実、施行後、虐待防止法でいう「児童虐待」は減少に向かうどころか（「防止」されるどころか）、増加を続けている。

それまでは「親子関係不調」（親が悪いとか子が悪いとかではなく「関係」がうまくいっていない）という理解のもとに家族支援的に関わってきた児童問題が、ここに至って「虐待」（犯罪的行為で、親は加害者、子どもは被害者）という図式に塗りかえられて、その観点からの問題処理が児童相談所に要求されるようになった。これは児童相談所の地域での役割を一変させてしまった。親子関係の調整や改善に努める前に、一刻も早く子どもを親から引き離して施設に保護するのが任務になったのである（時間をかけて関係調整に取り組んでいては、その間に万が一にも事故（虐待死）が起きれば問題にされる）。虐待通告が国民の義務となって虐待相談（通告）の件数が激増し、通告を受ければ早急に調査しなければならぬ決まりのため（およそ三分の一は事実誤認の通告）、それにスタッフは忙殺されて、この問題とかぎらず、さまざまな児童問題に対して地域に開かれた「相談機関」として丁寧に応えてゆく人的・時間的な余裕が失われてしまった。

保護が急がれる結果、児童養護施設にいわゆる「被虐待児」が次々に入所するようになった。戦災孤児対策として生まれた児童養護施設は、孤児問題の解消した六〇年代以降も、親はありながら親に養育力がなかったり、「親子関係不調」があったりして、施設をそだちの場とせざるをえない子どもたちのケアを続けてきた。そのなかには児童福祉法でいう「児童虐待」にあてはまる子どもたちも当然ながらいた。ところが、昔からそういう子どもはケアしていたじゃないか、では済まない深刻な困難に施設は直面したのである。

親子関係の不調によって発達早期から適切な子育てを得られなかった子どもたちが、怒りや攻撃性や対人不信、それと裏腹な愛情への飢え、自己コントロール力の弱さ、自尊感情の低さ等々の情緒的な混乱性を多かれ少なかれ抱えていても無理はない。しかし、それにしても、それらの情緒的な困難さが、施設内で自他を傷つけるきわめて破壊的な逸脱行動となって突出するようになったのである。たとえば器物破壊、子ども間の暴力、対職員への暴力など。子どもたちだけではない。施設はしばしば子どもを預けた親からの攻撃にもさらされるようになった。それらへの対処に職員は疲弊して、いわば「施設崩壊」とも呼ぶべき状況にまで追いつめられることもまれではなくなった。

不幸な家庭環境から施設に救い出したつもりの当の子どもたちが、その施設を崩壊の危機に追い込むというパラドキシカルかつ深刻きわまりない事態に児童福祉はぶつかったのである。児童虐待防止法を作ったとき、それがこんな事態をもたらすとはだれも思っていなかったにちがいない。いくつか要因が考えられる。

第一にそのような情緒的な困難さを抱えた子どもの入所比率が急増したためだろう。施設の集団的な共同生活のなかでは子ども同士の相互作用の力がとても大きい。職員の数に比して入所児童の数のほうが絶対的に多いからである。同じ問題を抱えた子どもの数が増えれば互いに問題を刺激しあうし、少数のときにはまわりの多数からそれなりに制御されたり表面化されずに潜在していた問題が、人数が一定割合を超えたことで一気に顕在化してきたのである。比較的、落ち着いていたはずの子どもたちも、それに巻き込まれてくる。

第二に虐待防止法以前は在宅支援で親子関係調整や改善の試みがまず重ねられ、それでもうまくいかなければ初めて施設入所が選ばれるという経緯が一般的だった。その経緯を通して、児童相談所の担当スタッフと子どもや親との間になんらかの信頼関係が作られて、子どもも親も施設入所を歓迎しないまでも、やむをえないという「納得」が形成された上での入所が多かった。ところが、保護ありきで、その経緯なしに入所が速やかに決定されるケースが増えた。「虐待許すまじ」の正義が、気づかぬまま子どものこころをおろそかにしている場合もある。「子どもの権利」のためのインフォームド・コンセントは形式的には踏まれても、本当の意味での納得や信頼が形成されないままでの入所になりやすく、この場合、子どもは施設を自分の生きる場として受け入れられず、施設で荒れてもふしぎはない。

第三に養育の失調や失敗を「関係の不調」ではなく「虐待」と呼ぶアプローチは、あたり前ながら、（加害者と捉えられた）親と（そう捉える）児童相談所や施設との間を不信や対立で彩ることになった。これは問題の解決を遠ざける。「虐待」という概念がおのずとそうならざるを得なくするのである。親だけでなく、「被虐待児（親からの被害者）」と規定された子どものほうも、決してその規定（あなたは被害者であってあなたは悪くない、悪いのは親だ）によって救済感を得られたり自尊感情が護られたりはしなかった。むしろ、逆で、いっそう不幸感を募らせるか、被害者性にしがみついて他責的になるか、いずれにせよ、この子どもたちの情緒的な困難さを増幅するものとなったのである。

こうして「児童虐待」対策の思いもよらぬ泥沼化に直面して、児童心理治療施設の役割が見直され、新たな転換期を迎えることになった。親から分離すれば解決ではないことはもはや明らかで、この子どもたちへのメンタルケア、心理治療的なアプローチの重要さに目が向けられたからである。一部改正（一九九七年）後の児童福祉法でも「軽度の情緒障害」「短期間」の文言規定はそのまま残されているけれど、もはやだれも問題にせず、児童福祉施設の体系のなかで事実上「被虐待児ケア」の専門施設と位置づけられて、いわゆる「虐待」を受けた子どものうちでも「重いケース」は児童心理治療施設への措置という流れになった。それに応えるための新設もあいつぎ、二〇一五年現在、全国で四三施設となり、今後さらに増設の動きがみられる。

「被虐待児」のケア

児童心理治療施設では虐待防止法制定よりもずっと前から、その法の対象となるような子どもたちの心理治療に取り組んでいた。しかし、「被虐待児ケア」の専門施設へと転換してゆく途上で、やはり少なからぬ施設が施設崩壊の危機にぶつかった。新設施設で経験の積み重ねがないところに重い子どもたちが次々に入所してきて対処しきれなくなることも、すでに歴史と経験を重ねてきたはずの施設が破綻に瀕することもあった。後者は、不登校など別の問題の子どもたちもたくさんいるなかでケアしていたときの経験やノウハウが、七割、八割がこの子どもたちで占められる状況ではそのまま通用しないという新たな局面を迎えたために起きたことである。

こうした体験も踏まえながら、児童心理治療施設は、この子どもたちと生活をともにし、教育と手を携え、心理治療的なアプローチに取り組む総合環境療法の道を模索しつつ歩んできている。取り組みのくわしい内容は、本書の各章で具体的な事例も含めてわかりやすく述べられているので、ここではポイントだけに触れておきたい。

総合環境療法というとき、その「環境」とはなによりも暮らしの場としての生活環境である。「車の両輪」の一輪として「生活」を重視するのは、児童心理治療施設創設当初からの伝統だった。ただ、不登校ケアが中心だった時代は、施設での子ども同士の共同生活がもたらす社会体験にウェイトがあった。子どもの生活体験を、家庭生活体験と社会生活体験に分ければ、後者が子どもを育む力を重視したのである(前者については、「週末帰省」によって家庭にゆだね、家族カウンセリングでそれを支える方法がとられた)。

それに対して被虐待児が大半を占める現在は、家庭生活的な意味での生活、おとな（親）から日々こまやかにマザリング的なケアを受けるという大多数の子どもたちが乳幼児期に経験してきた生活体験を、施設生活の中で与え直すことにウェイトがおかれている。いうまでもなく、深刻な親子関係不調のため、その体験がじゅうぶんに与えられず、その結果、情緒的な発達につまずいている子どもたちだからである。「心理治療」というと心理療法の諸技法を用いた「こころ」の治療というイメージが強いけれども、食事や入浴や身の回りの世話など、「からだ」を通した手厚い生活的なかかわりが、この子どもたちにとって大きな治療性をもっている。これが児童心理治療施設のケアの土台である。狭義の心理療法的なかかわりも、面接室内でのカウンセリング、プレイルーム内での遊戯療法という定式的な技法にとどまらず、生活のなかでの日常的なやりとりや遊びのうちにさりげなく溶け込んでいることが大切になる。

しかし、施設の生活的なケアが治療の土台となるためには、施設生活への子どもの側の「納得（合意）」が形成されていることが不可欠で、これは先に前節で「第二」の要因として挙げた問題である。この意味で、治療は入所してから始まるのではない。入所に至るまでの支援と納得形成の努力がどれだけ丁寧になされてきたか否かが、子どもの入所後の生活のあり方、行動のあり方に多大な影響をもたらす。全国の児童心理治療施設における入所児童の暴力や逸脱行動を分析した研究では、これが抜け落ちたり丁寧さに欠けていたケースほど入所後の暴力や逸脱が長期間頻出する事実が明らかになった。「被虐待児」ゆえの行動特性や「トラウマ」の症状と見なされがちな暴力や逸脱行動の陰に、実際にはこの問題が隠れている場合が少なくなかった。納得が重要であるというこの事実への児童相談所の理解を十分に得ること、緊密な連携をはかること、児童相談所任せにせず入所前から子どもとのかかわりを始めて納得が形づくられるように努めること。そこから「治療」が始まっていなければならない。

親子関係がいかに不調でも，心身が脅かされる家庭環境にあっても、施設入所は大歓迎という子どもは少ない。世の中のほとんどの子どもはみんな家庭で暮らしているのだから……。それに施設は決してパラダイスではない。「軽度」「短期間」を前提にした職員配置のまま、ぎりぎり精一杯のやりくり算段をして重い子どもたちの長期ケアにあずかっている施設で、まことに申し訳ないけれども、手のまわらぬところも沢山なことを否定できない。入所している子どもたちの多くは背負った困難ゆえに、自分のことで精一杯だったり、自分のことさえもてあましていて、互いに仲よく共同生活をこなせる子はそんなにいない（それができる力が育てば、その子はもう退所してゆけるから、施設集団の中にはいつもごく少数）。そのため、子ども同士のトラブルが少なくない。小さなものを含めればトラブルの日々かもしれず、ときに大きなトラブルが起きる。児童心理治療施設の総合環境療法の「環境」とは、そういう環境でもあり、そのなかにあえて子どもを迎え入れるのだから、我々大人の責任はきわめて大きい。合意への努力が欠かせないゆえんである。

子どもが入所を「納得」するとはなにを意味するだろうか。なんらかの「引き受け」を子どもが選ぶということである。大変さもはらんだ施設生活をあえて引き受ける、不本意ながら施設を生活の場とせざるえない自分の境遇を引き受ける、心理治療施設で治療の対象とされている不適応的な行動を自分の行動として引き受ける。なにであれ、「引き受ける」とは、能動的なこころの働きである。この子どもたちは親との関係不調のなかで、能動的な主体として扱われることが少なく、たえず受け身の存在であることを強いられてきて、能動的な力のそだちが大きく遅れている。それゆえにみずからの情動や行動を自力でコントロールする力に乏しく、怒りや攻撃性や愛情飢餓や欲求不満に受動的に振り回されて、結果的に破壊的な行動を生んでしまうのである。それゆえ、施設ケアは、その子どもたちから能動的なこころの働きを引き出すこと、保障することから始まらねばならない。悪しき環境から引き離す、保護するだけでは、たとえ客観的にそれが急務の場合であっても、子どもの側からすれば受け身の体験（保護される）で、これまで強いられてきた体験の反復なのである。「被虐待児」という規定自体、被害者・犠牲者という受動的なアイデンティティしか子どもに与えない。

児童心理治療施設は「治療」施設であって、入所児は当然なんらかの「治療的取り組み」が必要とされ、それを施設にゆだねられた子どもたちである。すなわち、問題を「虐待」という視点からではなく、子ども自身の抱える失調性や不適応性、生きる困難さという視点から捉えて、それへのケアを明確な目標とするところに児童心理治療施設の大きな特徴がある。事実、ケアをはじめれば、その育てにくさ、かかわりにくさにぶつかり、親がしかるべき世話をなしえなかったのもあながち無理とはいい切れぬ難しさが子ども側にもあることが見えてくる。まさに相互性をもった「関係」の不調なのである。その難しさは不適切な養育から生じたもので「あなたが悪いのではない」としても、そう言われればその子が幸せになれるわけではない。その子がみずから変わらねば（成長せねば）どうにもならない面がたくさんある。これは子どもたちを、ただ保護される者ではなく、みずから（能動的に）取り組むべき課題をになった一個の主体と捉えることである。それをなすために施設を生活の場に選び、職員と手を携えてそれに取り組み、それを果たせば退所してゆくという治療の枠組みのなかでケアがなされる。子どもにとって、この施設でなにをすればよいか、なにを目指せばよいかがわかりやすい枠組みで、それを引き受けるかたちで入所の納得が形成されるケースが多い。

このため、児童心理治療施設は家庭的な生活の場、マザリングの場であることをケアの土台としながら、一方で「治療」のための施設としてのしっかりした社会的（公共的）な構造を必要としている。たとえば、施設生活のルールなどにそれがあらわれる。共同生活の約束やきまりをどう工夫しどう共有してゆくかは、施設治療の大きなポイントとなるからである。自己コントロールの力がまだ弱くて衝動的に行動しやすく、ともすれば子ども間のトラブルが引き起こされるため、ルールの枠によって構造づけられたガードが必要となる。もちろんルールさえあればトラブルが消えるわけではないけれども、ルールはみずからの行動のあり方を子ども自身が自覚的にかえりみて対象化できるための参照枠になってくれる。

それに加え、この子どもたちは家族との間で、してよいこと・してならないこと、許されること・許されないこと、それらの約束やルールが気まぐれで一貫性がなかったり一方的かつ恣意的だったりする関係世界をしばしば生きてきた。そのため、約束やルールは自分たちの人間関係や生活を護る大切なものという感覚が根づいていない。それどころか叱責や罰の種になって自分を脅かすものという体験ばかりだった子どもたちも多い。約束やルールによって護られる安心の感覚を、施設の社会（公共）体験を通して育むことが大切である。直接の行動変化をめざす心理療法的なプログラムも使われるが、施設が（いろいろ問題は起きても）基本的には納得と安心の場になっていることが、それらのプログラムが活きるための前提条件となっている。

子どもみずからの困難性が改善すれば治療は終わりで施設を後にできる。重いケースが多いながらも、児童心理治療施設の退所児の半数近くは家庭に戻っている。「虐待」からの保護でなく、子ども自身の抱える困難性の治療のために子どもをあずかるという施設の姿勢が、親と施設職員との関係を必要以上に対立的なものにはせず、問題の共有や親子関係の調整が比較的やりやすいためだろう。とはいえ、受け皿となるべき家庭の条件が調わず、なかなか退所に至れないケースも決して少なくない。児童養護施設、グループホームなどへ移る子どもたちもいる。

退所へのもう一つのハードルは、この子どもたちが、ここまで述べてきた情緒的な困難さに加えて、知的能力にみあわない極端な学業不振など、就学・就労に向けてのハンディキャップをしばしば抱えていることである。半数近くが大卒となり高卒は当たり前の現代日本では、中卒者には就労の場はもとより世の中にしかるべき居場所がなくなっている。そのうえ、経済的にもメンタル的にも家庭の支えの弱いこの子どもたちを、いかにして世の中に送り出すかが、児童心理治療施設にとって難しい課題となっている。ここにおいて、施設内学級や施設内分校における個別性の高い学習支援が重要な役割を果たすことになる。この子どもたちの学業不振の背景は複合的で、学習どころではない環境で育ってきていたり、学習に不可欠な能動的な自己コントロール力が育っていなかったり、大人から辛いことばかり与えられてきた過去から「勉強」もまた大人から辛酸を強いられるものとしか受けとめられなかったり、将来が見えないため今を努力することができなかったり、その子その子によってさまざまな要因が重なっている。狭義の「学習指導」「学習支援」の域をこえた、教育的・生活的・心理的な支援が重ね合わされた総合環境療法的なケアが、ここでもやはり大きな意味を持つのである。

子ども自身の問題も家族の問題も万事解決で帰ってゆける子どもはまれである。その後の試行錯誤や七転び八起きを支えるアフターフォローこそ重要なはずだけれども、しかし、残念ながら地域の児童相談所にも児童心理治療施設にもそこまでのゆとりがないのが掛け値のない現状だろう。入所中に形成された施設や職員とのつながりが、ここというときの命綱となってくれることが願われる。

「発達障害」のケア

全施設の入所児を平均すれば、七〜八割がいわゆる「虐待」のケースで、残りの二〜三割が「発達障害」のカテゴリーに入る子どもたちである。そのなかでも、社会性（関係性）の発達に大きな遅れをもつ自閉症スペクトラムが大半である。自閉症スペクトラムでも知的な遅れを伴うグループに対しては知的障害と同じく「障害児療育」「障害児教育」のシステムが用意されているけれども、そこに収まらないグループが、児童心理治療施設の対象とされる。

創設まもない一九六〇年代の後半、一部の児童心理治療施設において当時注目されはじめた幼児自閉症への心理治療が積極的に試みられた。発達障害という概念も自閉症スペクトラムという用語もなかった頃で、この子どもたちをどう理解しどうケアすべきか、まったく手探りだった時代である。その後七〇年代に入り、自閉症とは言語能力と関連した一種の知能障害（認知障害）で脳の生物学的な異常が原因であり、だから心理治療の適応外だとする学説がひろまり、児童心理治療施設の対象からは外された。ところが現在ふたたび、自閉症スペクトラムの診断を受けた子どもたちが施設にたくさんくるようになっている。なぜだろうか。

第一に、この子どもたちとは知能障害というよりも関係障害、つまり社会性（関係性）の発達障害にちがいないと学説が転換したためだろう。社会性の発達は人との密接な心理交流なくしては進まない。その意味で心理治療的アプローチは、適応外どころか、必要なものだったのである。ただ、従来の心理療法の多くは一定以上の関係能力をすでに身につけた人たちを対象に生み出されたものだったから、そのままの適用では不十分で、そこで生活そのものを心理治療的な場とする総合環境療法が意味をもってくる。

第二に「脳」の障害だから「こころ」へのアプローチは無益という七〇年代の考えかた自体、省みればおかしなものだった。この子どもたちは障害をもって生きるがゆえの不全感や不安や苦しみ、情緒的混乱を抱えており、それへのメンタルケアは不可欠なはずだからである。これらの情緒的混乱と社会性の遅れから学校生活での不適応（同級生とのトラブル、教室でのパニック、不登校など）が問題となって児童心理治療施設にやってくる子どもたちが多い。

第三に、この子どもたちのもつ困難さといわゆる「虐待」を受けた子どもたちのそれとの近似性である。対人的なかかわりの困難、情緒的な混乱のしやすさ、自己コントロール力の弱さ（衝動性の高さ）、パニック、フラッシュバック・乖離などが、しばしば共通して見られる。これはおそらく偶然ではなく、発達早期からの大きな関係の失調が、問題の背景として共通しているためであろう。人間のこころの働きは生まれつき備わったものばかりではなく、その多くは養育者を中心としたまわりの大人との密接な関係と交流を通してはじめて獲得され、発達してゆくものである。自閉症スペクトラムでは、その関係を発展させるうえで子ども側に大きな力不足がある。一方、早期からの深刻な親子関係不調があれば、まさに関係の不調で、やはりしかるべき関係や交流の発展が阻害される。いずれにせよ、関係を通して育まれるべきこころの働きがうまく身につかなかったり、偏りが生じたりする現象が起きる。両者に共通した症状をみてゆくと、いずれもこの現象の直接の現れ（対人困難、自己コントロール力の弱さ、など）か、二次的に派生したもの（フラッシュバック、乖離症状など）かであることがわかる。そして、この共通性は、そのまま治療的アプローチの共通性にもつながる（もちろん、相違点もあるが）。

さらに、児童相談所から児童心理治療施設にゆだねられるケースは、発達障害をもつことに加え、家庭の養育基盤が弱かったり、親子関係不調がからまっている子どもたちがほとんどと言ってもよい。発達障害をもつ子どもは育てにくさがあるために親子関係の不調を二次的にもたらしうるし、過度に不適切な養育は社会性の育みを阻害して二次的な関係障害をもたらしうる。どちらが先にせよ、困難さが二重三重の子どもたちが少なくない。

むすび

一九六〇年代初頭、新たな現象として現れた小学生不登校と年少児非行のケアを目的に創設され、九〇年代はじめには、その激増と家庭内暴力問題を背景に六割以上を不登校中学生が占めるに至ったごとく、児童心理治療施設は、さまざまな困難を抱える子どもたちのケアに取り組みつつ、原点からの一筋の糸として不登校ケアを連綿と続けてきた。しかし、現在は、不登校児への支援からは退いている。「不登校」を主訴とするケースは今もあるが、内容をみれば児童福祉法でいう「虐待」や「発達障害」である。こうなったのは不登校が減ったからではなく、非常に増加したおかげで不登校児支援のためのシステムや社会資源が地域にたくさん用意されて、ことさら児童福祉の領域でかかわるニーズが薄れたからである。

ここからもわかるとおり、児童心理治療施設は、それを解決するノウハウや社会資源がまだ世の中にととのっていない子どもの問題への受け皿となり、地域に支援・治療の場や居場所の得られぬ子どもたちを受け入れ、そのケアと成長を生活ぐるみ引き受ける治療施設という役割をもっている。「児童福祉施設」ゆえの役割だろう。これは、その時代時代に子どもたちがぶつかる困難の最先端にいつも接していることを意味している。現在の入所児童も、まさにこれにあてはまる子どもたちである。

願わくば、地域のなかにこの子どもたちを支えたりケアできる社会資源やネットワークがしっかりできあがって、不登校がそうなったように児童心理治療施設をさほど必要としない時代になって欲しい。おそらく、そのときはそのときでまた新たな児童問題がでてきて児童心理治療施設そのものがお役ご免とはならないだろうけれども。これを強く願うのは「児童虐待」問題は、このままでは解決しそうにないからである。深刻な親子関係不調を強いられてきた子どもたちのメンタルなケアは不可欠で、いくら困難でもそれはやってゆかねばならない。しかし、やってもやっても、次々そうした子どもたちが入所してくる現状をどう考えればよいだろうか。

児童虐待防止法が制定されてから虐待相談は統計的にはうなぎ登りの増加を続け、当初はこれまで埋もれていたものが掘り起こされてきたからだと説明されていた。けれども、すでに十年を過ぎてもなお減る様子がないのは、この法律とそのシステムが「予防」の役には立っていない事実を私たちにつきつけている。むしろ親子関係不調の解決を困難化・深刻化させている疑いすら（少なくとも現実にその子らのケアにあずかる現場から眺めるかぎり）覚えざるをえない。

どこに問題点があるのか、本当に予防をはかるにはどうすればよいのか。ここはそれを論じる場でないので一つだけ触れれば、この問題を「虐待」と名づける私たちの社会の子育て観・家族観こそが、育児を孤立化させ、問題の深刻化を招く大きな社会要因だということである。どうであろうか。児童福祉の世界では、かつて「精神薄弱」と呼んでいたものを「知的障害」と改め、さらに「障害」の「害」の文字も差別的だと「障がい」「障碍」と表記するようになってきている。当事者への顧慮が進んだのである。情緒障害児短期治療施設を児童心理治療施設と改めたのも、「情緒障害児」の用語が当事者に与える思いに配慮した意味もある。ところがこの親子関係不調の問題にかぎっては、私たちの社会はもちろん児童福祉の世界ですら、その当事者である子どもや親へ何の顧慮もなく「虐待」の呼称を使って疑わない。子育てとはむずかしい、失敗も避けられない営みである。悪条件が重なれば、大きな失調も逸れない。それに対する理解や暖かなまなざしを私たちの社会は失っていないだろうか。

第I章

入所した子どもたちの成長

平岡篤武
下木猛史
髙田治
髙山嘉史
山下聖隆

1　外界で傷つくことを怖れて自分の世界に閉じこもっている子ども

この節では、外界で傷つくことを怖れて自分の世界に閉じこもっている子どもの架空事例を通して、児童心理治療施設の総合環境療法を紹介したい。

学園について

舞台となるA学園は、約五〇人の子どもたちが同じフロアで暮らしている大舎制の施設である。事務室、面接室などの治療部門、学校部門が一階に、生活部門は二階にある。生活部門は広めの食堂兼デイルームを挟んで、男子居室と女子居室とに分かれている。居室は二人部屋と四人部屋があり、四人部屋が八割を占める。二人部屋は個室として使用されることが多い。

一人の子どもには、生活指導員、心理士それぞれ一名が担当としてつく。担当生活指導員は子どもの身の回りのケアを中心に行う。担当心理士は、子どもの心理面接、家族面接、他機関との連携を行うと共に、生活場面にも入り（日勤、当直など）子どもの心理面、行動面の見立てをする。その見立てに基づいて、担当職員二名が各々の子どもの、環境調整をも含めた支援計画を立てる。

また、学園内に地域の公立小・中学校の分教室がある。学園当直職員から学校教員へ昨日の子どもの様子を伝える毎朝の申し送りや、適宜行われるカンファレンスなどを繰り返し、密な連携を行っている。その連携を基礎として、一人ひとりの能力や個性に合わせて、出席時間数や授業の形態を変えるなどの配慮を行っている。

このように、A学園では生活、心理、学校（教育）の三部門が有機的な連携を行っている。それによって集団生活でありながらも、一人ひとりの子どもに合った、育つ力をゆっくりと取り戻し、成功体験を重ねられるような環境を整えている。それがA学園の総合環境療法の基礎となっている。

さらにA学園の支援方針として、安心感と子どもの自主性を大切に考えている。安心感に関しては、暴力の禁止が大きなルールになっているのは当然として、入園後しばらくは居室で食事をとる、登校はしないなど、集団の刺激に翻弄されることは避け、ゆっくりと学園生活に慣れることを支援している。また、生活フロアには常に複数の職員がおり、子どもたちが困った際にはすぐ職員を頼れるような勤務体制を組んでいる。

自主性に関しては、入園前に、学園に入りたいか、学園でどうなりたいかという子どもの意向を確認する機会を必ず持つことにしている。子どもが入りたくないと言えば、入園となることはない。また入園後も、登校開始など活動の拡大は、子どもの希望を聞きながら担当職員と話し合い、進めていくのを基本としている。

事例の概要

この架空事例で取り上げるのは、いじめをきっかけに不登校、家での奇妙な行動が始まり、入園となった中学生の男児Aである。身長は低く、ぽっちゃりした体型で、年齢よりも幼くみえる。しゃべり方は語尾が消え入るようで、自信のなさをうかがわせた。なお、筆者は担当心理士としてAに関わった。

Aは母子家庭で育った。母親は情緒的に不安定で、人間関係のトラブルから仕事を辞めることが続いた。そのため経済的にはかなり困窮していた。Aが言うことをきかないと衝動的に殴ってしまうことがあり、保育園から児童相談所に数回虐待通告があった。小学校からは、Aは近所に住む伯父に預けられ、伯父宅では落ち着いて過ごせていた。小学校では自分の好きなことはやるが、面倒なことは避ける傾向が目立った。例えば、掃除をさぼり、そのことを級友に指摘されるが、「やった」とうそぶいたり逆切れしたりするので、他の子に疎まれてしまうことがしばしばあった。

中学校に進学後、そういった彼の振る舞いに腹を立てた上級生からいじめを受ける。腹痛の訴えから不登校が始まり、家では昼夜逆転の生活になる。Aの様子を見かねた伯父が注意したり、説得したりするが、Aは話の内容よりも伯父が怒っているかどうかにこだわって会話が成立しなくなった。また、部屋に入られないようにバリケードを作り始め、ついには、風呂を怖がり入浴もできなくなるなど日常生活を送ることが難しくなった。このような状況から児童相談所の介入で一時保護となり、児童心理治療施設への入所となった。

知的には境界域水準。医師からは、気持ちの交流が苦手で、独特な物事のとらえ方があるなど広汎性発達障害の特徴を持ち合わせているが、診断がつくほどではないとの見立てがあった。

入園——強がって一人で怖さに対処しようとする時期

入園後数日間はベッドにこもり、一時保護所に帰りたいとさめざめ泣いていた。付き添っていた担当職員が帰ろうとすると、必死に話題を作ってつなぎとめようとする。担当職員との一対一の時間（スポーツ、食堂でのカードゲームなど）を積み重ねながら、少しずつ生活空間に慣れ、ようやく二週間後に皆の前で自己紹介ができた。

不安の強さが顕著で、「何かに足を引っ張られる」と一人で湯船に入れない、部屋に虫が出ただけで大げさに怖がって執拗に殺そうとしたり、ちょっとした傷が気になるものの、消毒は怖いからと言って拒否したりする。紛争や災害の話に大変詳しく、子どもや職員をつかまえてはその話をし、まるで日本でも近いうちに同じことが起こると本気で信じているかのようであった。

また、「皆と違う」ことも気になり不安になるようで「皆と同じように早く学校に行きたい」「皆と一緒に食堂で食事をとりたい（入園当初は居室での食事から始める）」との要求が次々と出始める。しかし、学校見学を行い、いざ登校という段になると「もうちょっと待ってください」としり込みしてしまう。そこで、担当心理士が学校と相談をし、Aの希望であった学年のクラスに入るのではなく、それぞれの進度、能力にあった課題に取り組む少人数クラスで学習を進めていく方針を立てた。Aはしぶしぶではあったが、それに同意して登校を開始した。

対人関係では、職員、子どもどちらにも、幼くちょっかいを出して関わろうとする。ただそのちょっかいは際限がなく、最終的にトラブルとなって注意されてしまう。そうなると、自分の行動を振り返ることはできず、逆切れするなど攻撃的になる。一度怒りだすと、その怒りに触発されてさらに怒りがわき起こるようで、対応をしている職員がその場を一度外さないと収まらないことも見られた。

また、起床時は職員とトラブルになりやすかった。職員が体をゆするなどして強めに起こすと「暴力だ」と、激しい怒りを職員に向けることが目立った。

このようなAの様子から以下のように見立てをした。Aは自分を取り巻く世界や人に対する不安や恐怖が強いため、他者から関わられること自体が大変な脅威と感じられやすい。そうなった際には、半ばパニックになり激しく怒るか、一人で強がることで乗り越えようとするスタイルしか身についていないと想像された。そこでまずは担当職員との間で安心感を抱き、困った際に相談できるように、生活場面の中でAの好きな話題などに付き合いながら、なるべくAが脅かされないで生活できるよう工夫していくとの支援方針を立てた。

大人との一対一の関係に足を踏み入れる

Aは登校を始めるものの、朝食に間に合わなかった、宿題が一問できなかったなど、職員には些細と感じられるきっかけでベッドにこもり欠席してしまう。学校に行く流れで一つでもうまくいかないと、ドミノ倒しのように、全てが駄目になる感覚に襲われているように見えた。欠席するたびに、担当心理士とAとでどうしたらよいか話し合う時間を設けた。しかし、狭い部屋で大人と一対一になること自体がAにとって緊張や怖さをはらむようであった。そのような空間の中で自分のできなさをさらすことは難しく「明日から学校に行くからもういいでしょ」「こうやって話し合うのが嫌だから、がんばる」など、早くこの場を終わらせたい切羽詰まった様子がみられた。欠席が数日続くことも多く、特に体育、音楽などの集団活動には、他児に馬鹿にされるからと強い拒否感を示した。なんとか参加して、大丈夫だと分かると極端に調子に乗った態度になってしまうので、周りの子から呆れられてしまう。また、わからないことを教員に隠そうとするため、学習の積み重ねができないとのことであった。

自信のないAは、「できるA」でないと、怖くて学校にいられないのだと考えられた。中学校の先生と話し合い、小さなことでもできたことを褒め、成功体験と自信を積み重ねるという方針でしばらく見守ることにした。

学園では依然として恐怖感はあるものの、次第に安心して過ごせるようになり、少ないながらも同年代の友達との関係も生まれてきた。その中で皆がしている心理面接の存在を知り、担当心理士に面接を希望してきた（心理面接は入所してしばらく経って生活が落ち着いてから始めることが多い。ほとんどの子が面接を行っているため、子どもたちの面接への関心は強く、自然と興味をかきたてられる学園文化がある）。そこで担当心理士が何か困ったことや相談したいことがあるかとAに聞くと、「登校できないことや家への外泊について相談したい」と言うので、面接を開始した。面接は心理士との物理的距離がとれる広い部屋が安心だろうと思い、プレイルームで行った。

初回面接では目に入った軍隊人形を用いて、とりつかれたように戦争の場面を箱庭で表現する。敵が近づけば「アラート状態」、より近づけば「バトル」になる遊びは、人に近づかれることを怖れ、激しい怒りで自分を守ろうとする普段のAの姿そのものであった。そのプレイに没入し興奮するAの様子は、こちらが声をかけるのがためらわれるほどであった。そのようなプレイが数回続いた後、その人形を使っての担当心理士との遊びに移行していき、遊びのルールが二人の間で少しずつ作られていった。しかし、いざ登校できなかったことを取り上げて話をしようとすると、イライラしだし取り付く島のない状態になってしまう。そこで担当心理士が黙ると、「なんで黙るの？」と沈黙にも耐えられない様子があった。

マイナス面を人に見せられず、困ったことが相談できず、関わりが難しいAに対しては希望のあったときには、通常の面接では行わない食事作りを数回実施した。担当心理士には、Aが安心感を抱いて、甘えを出してくる場面を逃したくない思いがあった。実際、食事作りの際は大変幼く、楽しそうな様子であった。

この間、母親は学園にAを預けたことで、時間的、精神的余裕ができ、次第に仕事が続くようになっていた。Aから外泊の希望があったことを伝えると、家族も同意し、月一回の外泊を再開した。数年ぶりに家族で過ごすこともあり、当初はお互い気遣って過ごせていた。しかし、数ケ月後から外泊中Aはゲーム三昧になり、母親が話しかけても返事がないことから大げんかになってしまい、外泊はしばらく休止となった。

安心感が増す一方で、行動のコントロールができにくくなる

中学三年に進学すると欠席がなくなり、登校が安定しだす。これまでの学校生活で少しずつ活動を広げ、自信がついてきたことに加え、最上級生になり、上級生からいじめられる不安が軽減したことが要因のようであった。また、Aの不安がよい意味での生真面目さとなり、「高校進学のためには欠席が少ない方がよいから」と、頑張ってほとんど休まず登校を続けた。学校のような、先生‐生徒という上下関係がはっきりし、するべき行動・ルールがわかりやすい場は、Aにとって機能しやすい場であり、学校では自分の意見をしっかりと言葉で伝えることができるようになっていた。

学園生活でも安心感が増し、怖さが次第に和らいでくる。その一方で、安心できるがゆえに行動のコン

トロールが悪くなり、逸脱行為が散見されるようになったのがこの時期である。

心理面接では軍隊人形を用いた戦いごっこが影をひそめる。一人でコースを作り、ラジコンを走らせることが増える。これまでのように何かに突き動かされるような面接から、少しゆったりと、しかし散漫ともいえる遊びが続く。そんな中プレイルームの玩具を生活場面に持ち出すことが起こる。そのことについて話をすると「もう面接やらなくていい、面倒なことになるから」というので、そうやって、失敗したことを切り捨てるのではなく、もう一回考えてみることがあなたにとって大事だと思う、と伝える。その場では「もう頭が限界になった」とその回の心理面接は終わりになるが、後日、Aから「もう一度面接で話をしたい」との申し出がある。その面接では、これまでできなかった「失敗」について話し合うことができた。進路のこともあるので、会話を中心とした面接に切り替えていくことにした。

学園生活では、一人での入浴もできるようになり、グループワークやマラソン大会に参加を希望するなど積極的な面もみられてきた。その一方で、周囲の刺激に流されて失敗することが目立つようになった。たとえば、中学生集団の中で楽しくなりすぎて調子が上がってしまい、一人だけはしゃいだ様子が続く。それを注意されると、自分の行動は省みられず「なんで自分だけ注意されるんだ」と言うので、周りから呆れられる。また、学園では、「自室は安心して休むための空間」と位置づけており、他の部屋には立ち入らない約束になっているにもかかわらず、他児の部屋にためらいなく入ってしまう。ついには、友人にそそのかされるかたちで、他児からカードを盗んでしまった。心理面接の中で起こった「失敗」と同じようなことが生活の中でも起こる形となった。

なぜ盗ってしまったか、そのときどんな気持ちだったかなどを担当職員と考える「振り返り」の時間を設けると、その時間はこれまでになく自分について内省することができた。その中で、Aは人に言われて動くと命令されている気になること、自分が上と思う人（学校の先生、先輩）に指示されるのはよいが、そう思えない人（親、職員、同級生）に言われるとイライラしてしまうことなどを打ち明け、Aの抱える「しんどい」対人関係のイメージを担当心理士と共有することができた。その対人関係イメージはまだ変わらないものの、少しずつその対人関係のあり方から距離を置き、客観視できるようになっていることが感じられた。

学園の「外」に一歩出ると、お寺の前を通れない、金髪の若者とすれ違う際には極端に避けるなどの様子はまだ見られていたが、何をされるかわからない不安や恐怖で色づけられている「外」と、安心でき、失敗してもやり直せる「内（学園）」との区別はついてきたようであった。

家族との交流は半年近くなかったが、夏にA、家族双方から外泊を再開したいという申し出がある。母親は以前よりも精神的に安定した様子で、児童相談所、学園を含めた継続的な合同面接がサポートとして必要ではという担当心理士の提案を受け入れた。また、その頃には母親と伯父が祖父宅で同居を始め、複数の大人でAをケアしていく体制ができてきた。

高校進学にむけて、少しずつ等身大の自分を受け入れていく

夏休みに担当職員と高校見学を繰り返し行う中で、Aは自分に合った学校を見つけた。「見学時に先輩から挨拶をしてくれた。この学校なら安心して通える」と話していた。目標が明確になり生真面目に勉強を頑張ろうとするが、不安が先立ち、青白い顔になりご飯ものどを通らない様子になる。それまでは担当

生活指導員が一緒に勉強することを提案しても、「自分でできるから」となかば怒りながら断っていたが、このとき初めて弱々しく「お願いします」と頼むことができた。数学に関しては小学生の基礎的なレベルでつまずいていたことがわかった。

生活の中での会話もスムーズになった。職員に指導される場面では、イライラしがちだが、自分の感情やストレスを抱える容量が小さく、すぐに余裕がなくなることを自覚できるようになった。「(混乱しそうだから)ちょっと待ってほしい」と言え、その場ではイライラしても、しばらく後に「この前のことについて話したい」と職員に伝えてこられるようになった。

外泊は順調で、家族から「高校に入ったら引き取りたい」という申し出がある。Aは家に帰りたい気持ちはありながらも、以前のように母親とけんかになってしまうのではないかと心配していた。Aは家庭復帰、進学と重大な二つのことで余裕がなくなり、必要最小限しか部屋から出てこず、ベッドの中でひきこもるような生活になった。学校だけは青白い顔をしてロボットのように登校を続けていた。

心理面接では「家に帰る」と言ったかと思えば、「学園に残る」と言うなど、毎回言うことが変わっていた。担当心理士は、家に帰るかどうか、かなり迷っているようだし、あなたの生活を見る限り考えることが多くて大変そうだから、家に帰るかについては受験が終わってからゆっくり考えたいとご家族に伝えようか、と提案する。Aは「そんなこと言ったら一生帰れなくなる。そうなったらどうしてくれるんだ」と反対するが、あくまでも担当心理士の意見として伝えることには納得する。その後の家族合同面接で、担当心理士のこの提案に、家族があっさり同意すると、Aはびっくりしたような表情を浮かべていた。

その後は、以前のように時折学校の欠席がみられるようになる。しかし、以前と異なり「疲れてしまったので、休みたい」と言え、こちらにも疲れた感じが伝わるようになった。ゆっくり休みな、と声をかけ様子をみて待っていると、次の日には登校できるようになる。学校でも分からない問題を質問できるようになり、欠席した翌日にはその理由についても、学校の先生に話せるようになった。入試のための学習も担当指導員と続けて、無事に高校に合格することができた。

高校入学当初は余裕がなく、当直者によって異なる対応に混乱し、入園当初のように激しい怒りをあらわにして、言葉でのやりとりができなくなることもあった。しかし、「朝は自分のペースで動いたほうが混乱しないから、不必要な言葉はかけないでほしい」と自分の状態をとらえ、対処法を担当職員と一緒に考えることで、朝の職員とのやりとりがスムーズになった。ただ、高校に行っている時間が増え、学園で生活する時間が減るにつれ、職員との会話を侵入的に感じ、被害的にとらえることが多くなってしまった。

外泊は継続的に行い、家族合同面接を繰り返し行う中で、Aにわかりやすいような家での約束事を決めていった。母親とはお互い感情的になることも多かったが、担当心理士や親族が間にはいることにより、少しずつ安定した関係が結べるようになった。時折、学校を休んでしまうことはあるものの、高校途中での家庭復帰となった。しかし、施設からのアフターフォローについては乗り気ではなく、家族からの相談を時折受ける程度の支援しかできていない。

事例の考察と、児童心理治療施設に入所する子どもの現状と課題

Aは、学童期に若干の問題はあったものの、表面的な適応はどうにかできていた。しかし、思春期に入り、取り巻く人間関係の変化や自分の身体の変化についていけず、いじめをきっかけとした不登校で入園

となった。Aの様子はいじめによるトラウマの影響も大きいが、いじめを受けたことによって、根底にあった未達成の乳幼児期の課題（安心感、自律性の獲得）が賦活されたことも大きいと思われる。

そこで、登校できるようになるという現実的な目標と並行して、乳幼児からの心理的課題をやり直し、自己を育てていく必要があった。前者に関しては、学力的な問題を抱え、いじめられた体験も加わり、同年代集団への抵抗感が強かった。出席時間や授業の形態に配慮ができる児童心理治療施設の施設内学級でなければ、再び不登校に陥っていたことは想像に難くない。

後者に関する学園での治療では、人に対する安心感の獲得と、強い恐怖感や被侵入感の軽減が主目標となっていった。安心感の獲得については、かなりの配慮が必要であった。まずはAが学園という環境に安心感を抱けるようになるための「生活場面でのかかわり」から始まり、次第に安心感の抱ける空間の中で「大人と一対一の時間が過ごせる（心理面接の開始）」ようになり、将来について考えることが可能になっていった。その中で弱々しい等身大の自分についての気づきが増え、将来にむけて他者の力を借りてこつこつ努力することができるようになった。ただ、この過程はスムーズではなかった。これまで身につけてきた「強がり」のスタイルが強固で、周りから見下されたくないがゆえに自分の力量より難しい課題に一人で立ちむかって失敗する。そして、それを周りの人に見られないようにするため、ますます一人で強がるしかないという悪循環からなかなか抜け出せなかった。その過程でしばしば引き起こされ、職員に向けられる怒りは大変激しいものであった。Aの表現する怖れや怒りは極めて原初的なもので、精神病的な危うさを感じさせ、投薬治療も必要かと思われたが、同意がとれずできなかった。

入所を通して主訴は改善され、Aも成長を遂げ家庭復帰することができた。しかし、高校入学以降、職員との会話を侵入的に感じるようになったことや、家庭復帰後の直接的なアフターフォローに乗れないなど、考えなければならない点もある。

施設外の高校に通いはじめ、友人関係も構築できるようになったこの時期は、大人である職員と距離をとる発達段階に重なるのは言うまでもない。ただAに関してはそれだけではなく、学園で過ごす時間が減ることで、わざわざ説明しなくてもわかってもらえる安心感が薄れ、それまで「内」の存在だった職員が、どこか「外」の存在になってしまう感覚があったと想像された。そのため、高校入学以前はできていた何気ない会話が、侵入的で、受け入れがたいものとして感じられたのだろう。Aの人に対する安心感・信頼感はまだ不十分であり、入所中にできることがまだあったのかもしれない。一方で、Aの感覚を裏返すと、職員と子どもが同じ空間・時間を共有し、日常生活を送ることによる、安心感が会話という交流の基礎となっていることを、はっきりと浮きぼりにしており、入所治療の大切な意義を指し示してくれたと言える。

思春期前後（中学生）に抑うつ的になる、または不登校など集団不適応になるというAと同じような主訴で入所し、高校生になっても家庭復帰や児童養護施設への措置変更ができずそのまま児童心理治療施設から自立せざるをえない子どもが近年増えている。同様の主訴で児童養護施設、里親などから措置変更される児童も増加している。

そのような子の多くは、幼少期からの虐待体験や発達の偏りなどのハンディキャップを抱えているが、エネルギーのなさゆえに思春期以前は大きな逸脱はみられない。周囲に気づかれやすい派手な問題行動があれば支援機関につながるきっかけとなるのだが、支援の必要性を見逃されやすい。思春期前後になってようやく問題行動として表出でき、支援につながるのである。そのような子どもは、発達の課題についても早期の段階で躓き、病態水準が重いことも多く、治療にかなりの時間と配慮が必要となる。また、高校生になると、施設外の学校に通学することになるため、総合環境療法のよさが生かしきれない。

潜在的な問題を抱え、思春期を乗り越える際に困難が予想される子どもを早期に見つけることが、社会的養護の差し迫った課題である。早い段階で児童心理治療施設を利用し、その後家庭復帰や児童養護施設、里親宅での暮らしに移行する道筋をつくることが、今後の社会的養護のシステムを構築する上でも重要となるだろう。

2　外界から脅かされることに対して考えるより手を出してしまう子ども

この節では、いつやられるかとびくびくしていて、些細なことで攻撃されたと感じて暴れてしまう男児の事例を挙げて治療の実際を述べてみたい。落ち着かず攻撃的になってしまう子どもは虐待を受けた男児によくみられるタイプである。

B学園の定員は、入所部が三五名、通所部が一五名である。二階建てで、一階は面接室やプレイルーム、音楽室・工作室などの集団療法の部屋と通所部の部屋で構成され、二階が入所部の子どもたちの生活棟（居室・食堂・浴室など）となっている。一階には分教室が併設されている。それぞれの子どもには、セラピスト一名、児童指導員一名が担当として主に治療を進めていくが、担当の抱え込みを防ぐため、チーム全体として治療を進めていけるような配慮や工夫を心がけている。また、生活を通して子どもを理解していくことに重点を置くため、セラピストも生活場面に入り、子どもたちに関わっている。

学園を利用している子どもの約七割が被虐待児童で占められている。これらの子どもたちの中には、基本的な安心・安全感がきちんと育まれていないため、生活の中での些細なことにも不安や脅威を感じてしまい、衝動的に人に手を出してしまったり、物にあたったりしてしまうなど、行動上の問題を起こしてしまう子どもたちも少なくない。

〈事例〉喧躁状態の家族の中で育ち、周囲への脅威から攻撃に転じたB男の治療と成長

「お前には関係ねぇーし！」「お前とはしゃべんねぇ！」

遊びの中で他児から些細な文句を言われたことがきっかけで、小さな体から、よくもこんな声が出せるものだと思えるほど学園中に響き渡る叫び声と壁を蹴る音が聞こえてくる。その場に駆け寄り理由を尋ねようとした職員に、体中をわなわなと震わせながら先ほどの言葉をしぼり出した。こんな小さな子が自分のピンチであるにもかかわらず、大人に泣いてすがるようなことなく、こんな言葉でしか発信できない大人や周囲への信頼感や安心感のなさに、胸をしめつけられるような感覚に襲われる。蹴った壁にはぽっかりと穴が開いている……。

入所に至るまで（生育歴と入所までの経過）

B男は小学二年生の夏、学園に入所してきた。

児童相談所の先生と一緒に学園に到着したB男は、筋肉質の小さな体全体に力が入り、目を大きく見開いてキョロキョロと周囲をうかがう仕草がとても印象的であった。入所理由は、「攻撃的・落ち着きがない」と児童相談所の記録には明記されており、小学校入学直後から、気に食わないことがあるとすぐに友だちに暴力をふるったり、道路への飛び出し、塀や木にのぼったりと危険な行為が頻発し、学校も両親もB男の教育や養育に限界を感じ、治療の場を求めての入所であった。B男の育ちの背景には、両親の養育能力の低さや経済的困難からくる身体的虐待やネグレクトが潜んでおり、両親と四人の子どもの大家族の中で、きちんとした躾をされず、やりたい放題で、家庭の中は常に暴言や暴力が絶えない喧噪状態であっ

た。両親やきょうだいとの関わりも、それぞれが気分に左右され、一方的で手荒く、安心や安定といった環境には程遠く、「やるか、やられるか」という世界の中でB男は常に周囲に対し安心できずに脅えながら生きてきたことが想像された。軽度の知的障害が疑われ、幼少期より、発語や社会性の遅れは指摘されていたようである。

安全シェルターの中で（守られた感覚の確保）

入所直後より、落ち着きなく学園中を動き回り、あらゆるところで他児にちょっかいを出し、トラブルが頻発する。少しでも不利なところが生じるや否や、暴言や暴力（相手を蹴る、物にあたる）に結びついた。パワーゲーム的な対人関係や、行動パターンを含めた家族の中の関わりの有り様がまざまざと目の前で展開された。どうしても暴言や暴力という行動のみの対処に偏ってしまいがちになるが、B男にとって、学園の職員、子ども、周囲の物すべてが脅威に感じているであろうこと、そして自分の気持ちを表現する手段を持たないゆえに、結果として困った表現として暴言や暴力につながってしまうことが担当セラピストより申し送られ、それをもとに児童指導員、セラピスト、看護師を含め職員全体で対応について話し合った。暴力・暴言はしてはならいことを毅然と伝えていく一方で、安心感を育んでいくために何よりもまずB男の居室が様々な脅威から避難できるシェルターのような場所となるよう、気を静められ安心できる居心地のよい場所となるように心がけていくこととした。

そのためには衣食住に関わることに治療・ケア的な要素を取り入れることが大切であると確認し、食堂での食事は「食べる」という行為以外にも、テーブルの雰囲気に合わせたり、他児との関係性が多々生じるため、居室でゆっくり食べることから始めていくこと、衣類の整理、居室の清掃や清潔についても、B男にやらせるというより、ケア的に関わっていくこと、また朝の目覚めを含め一日のスタートを心地よくするために、就寝時に絵本を読んだり、ふわっと布団をかけてあげるなど、心地よく眠りに入っていけるような関わりを意識し、継続していくことにした。

周囲への刺激に過敏に反応してしまうこと、トラブルから衝動的に暴言・暴力につながってしまうことについては、精神薬の服用と併行し、感情の高ぶりが激しいときには、職員と一緒に居室に避難し、声のトーンをあえて下げ、「困っているんだね」「イライラしているんだね」という感じでB男の気持ちをわかりやすく言葉にのせて伝え、気を静めていけるように対応した。落ち着いたところを見計らって振り返りを行い、暴力や暴言で悲しい気持ちになったこと、壊してしまった物についてはB男と一緒に修理をしながら、壊れて残念な気持ちを多少大げさに表情や言葉で表現していった。

この時期、年長児との関わりの中で、お互いの性器を触り合うことが発覚する。自分の身体の大切な所は絶対に触らせてはならないことであると厳しく注意し、それ以降、同様な行動はみられなかったものの、幼少時から両親に満足に手をかけてもらえなかった埋められなさからくるB男の寂しさや、暴力というものに対しての守りのなさを改めて実感する出来事であった。

感情を言葉にのせて（学園を自分の生活の場とする）

小学校三年にあがる頃には、居室が少しずつ安心シェルターとしての役目を果たすことができるようになり、B男の日常生活にも変化がみえ始めるようになってきた。ある日、何気なく居室を覗くと、B男がおもちゃを手に取り楽しそうに一人遊びをしている姿があった。居室がB男にとって少し安心できる場所になったことを実感した微笑ましい光景だった。トラブルから暴力や暴言に至ってしまうことについては、相変わらず頻発していたが、職員と一緒に居室に入るなり、「イライラしてるんだって！」と強い口調でB男自身から言葉を発し、職員の残念そうな表情をみて、「やってしまった」というような表情になり、ぽつりぽつりとトラブルに至った経緯を話せる場面が増えてきた。B男の中で「イライラ」という言葉が、感情を伴った言葉として表現できるようになった証でもあり、「イライラしたら先生のところへすぐに相談においで」という声かけがB男と職員との合言葉となった。このことをきっかけに、暴言や暴力になる前に職員のところへ「イライラする！」と訴えに来たときには、居室のカレンダーにご褒美シールを貼り、それが貯まると職員と一緒に大好きなサッカーができると決め、相談するプロセスを強化していった。また、自分の持ち物を雑に扱い大切にすることができないことも多かったが、就寝前に職員が読んでくれる絵本を大事そうに枕元に置くなど、自分を大切にするという感覚も少し芽生えてきているようだった。学校（分教室）場面では、じっと椅子に座っていられずに一〇分の授業もままならない感じだったのが、ひらがなの五十音を言えるようになるなど、積み重ねの成果が形となり現れるようになってきた。

ペダルを漕いで（自分で生活を選び歩み始める）

入所以降、一方的なふるまいをするB男をどちらかと言えば、「見守る」という形で治療が進んできていたが、小学四年生になる頃には、心理面接でも、日常生活の中でもB男と「やりとり」をしているという感覚が職員に持てるようになってきた。言葉でのやりとりができるようになってきたことで、暴力や暴言に発展してしまうトラブルも目にみえて減ってきた。歯の磨き方や雑巾の絞り方など、小学生向けに日常生活で役に立つスキルが載った図鑑がB男のお気に入りの一冊となり、それを職員と一緒にやったり、自分でやってみて職員に褒められることを楽しみにすることもみられるようになった。

また、この時期、B男の成長にとって大きな出来事があった。それは、一学年上の女児が、職員と一緒に練習して自転車に乗れるようになり、その姿をみたB男の中に「僕も自転車に乗れるようになりたい」という闘志がメラメラと湧いてきたことである。転んでも転んでも職員に支えられながら、あきらめることなく練習を続け、ついに乗れるようになった。自分の足でペダルを漕ぎ、意のままに自転車を操る経験は、生活の中でも、学校場面でも、B男の「自分でできるようになりたい」という意欲を引き出すことにつながっていった。目を爛々と輝かせ、風に向かって颯爽と自転車を漕ぐ姿は今でも職員たちの脳裏に焼きついている。

自分・家族への気づき（自分の過去を振り返る）

自転車に乗れるようになったことは、様々な面でB男の成長を促していった。他児とのかかわりに柔らかさが見え始めると、これまで年長児にはからかわれる一方であったのが、年長児がB男に対しやさしくアドバイスしたり、かわいがるような場面が増えていった。それと呼応するようにB男も同学年や年下の女児に対して順番を譲ってあげるなど、さりげないやさしさをみせるような場面もみられるようになった。学校場面でも、運動会など集団でまとまって動かなければならない際、必ずと言ってよいほどそこから外れ、職員に注意をされればされるほど、ますます意固地になってしまうという悪循環のパターンが減り、集団の中で目立つことが少なくなってきた。トラブルで感情が激しく高ぶってしまうことも極端に少なくなり、暴力や暴言も影を潜めた。時に他児との関わりや、生活の中での不満、疑問を持ったことについて「僕はこう思うんだけど先生はどう思う?」と職員に尋ね、職員をドギマギさせることもあった。安心できる環境や、大人との関わりの中で少しずつ自信をつけ、自分のできること、できないことを意識できるなど自分への気づきが芽生え始めた。できないことについても、自信なさげに弱音を言うものの、職員の励ましと支えをもらいながら新しいことに挑戦してみようとする意欲をみせるようになった。

小学五年生になる頃には自分の生まれ育ったところや、家族についての思い出話がB男から何度も聞かれるようになってきた。入所以降、B男の口から家族のことについて語られることはほとんどなかった印象があったが、B男から「お母さん」の話が出たのはこの時が初めてだった。学園から遠く離れたところにB男の家があるため、帰省も年に一度か二度程度しかなく、定期的に家に電話をすることでどうにか家族との絆を感じられるように配慮してきた。電話でのやりとりを始めた当初は、きょうだいに電話を代わると決まって最後は言い争いになり、怒って電話を切るという顚末であったが、この時期には両親にやさしい言葉をかけたり、きょうだいとは笑って会話をする光景が増えていった。両親もそんなB男の成長ぶりを喜び、時折、大きな段ボールの中にお菓子をいっぱい詰めてB男宛てに送ってきた。帰省の際も、学園に帰るのを嫌がり、両親が一生懸命説得し渋々学園に戻ってくるということが続いた。「僕は頑張っているのに、どうして家に戻れないの?」としょんぼり職員に語り、こちらも返す言葉を失ってしまうことがあった。B男の中で、家族や生まれ育ったところに対する想いはますます強くなっていった。

そんなB男を間近でみていた職員も、自己コントロールや、集団の中でのふるまい方等、まだまだ治療課題はあるものの、一定の治療成果と、これからの成長の可能性を感じており、今後どのタイミングで家族の元に帰すか、それとも家から近い児童養護施設への措置変更を考えていくか、想いをめぐらしはじめた時期であった。

故郷へ、そして新たなる船出（社会に向けて）

小学校の卒業式を終え、新しい中学の制服に身を包んだB男の姿は、小柄ながらどことなく頼もしく感じられた。イライラすることはあるものの、居室に戻って深呼吸をしたり、好きな音楽を聴いて気持ちを切り替えることができるようになった。学校では毎日の宿題の提出も定着し、授業ではB男の故郷のことを調べる課題に意欲をみせ取り組んでいた。

この時期の学園は、B男の同学年の子どもはわずかで、同年齢集団のやりとりの機会を増やし練習を重ねていくことができなかった。苦肉の策であったが、通所を利用している年齢の近い子どもたちと公園で遊ぶというグループワークにB男を参加させ、数回にわたって実施した。そこでもB男は、のびのびと遊び、時折お兄ちゃんのようなふるまいを見せるなど、ますます、いかに同年齢集団での関わりがB男の治療、成長にとって大切であるかということを痛感させられた。

年末から年始にかけて帰省を実施したが、B男は帰園予定を過ぎても学園に戻ってこなかった。両親や児童相談所の職員もB男を説得したが、頑として学園に戻ることを拒否し続け、家に戻ることを主張した。職員も家庭訪問しB男とじっくり話をしたが、やはりB男の考えは変わらなかった。両親はB男のことを拒むことなく、帰省中のB男の生活ぶりをみて、このまま家で一緒に暮らしていくことができるかもしれないという気持ちが生じてきたようであった。

両親、学園、児童相談所と協議を重ね、家族は兄や姉も家を出て比較的平穏を取り戻しており、何よりも両親がB男を受け入れる覚悟を持っていること、また治療途中ではあるが、地元の特別支援学校中等部に転校し同年齢集団の中で療育を受けることでもB男の成長が保障できることを考慮し、心配な点はあるものの、しばらく様子をみていくこととなった。

その後、B男は特別支援学校の同年齢集団の中でリーダー的な存在となり、休日には友だちと自転車を飛ばして釣りに出かけたりしているという。B男や家族からも、時折学園に近況報告の電話が入る。「何とか頑張っているよ」とすっかり声変りしたB男との電話は、家族や学校の中で成長していることの嬉しさと、治療半ばで家庭に戻すことになった後悔もあり、複雑な心境になる瞬間である。

冒頭にも記したように、暴言や暴力という極端なふるまいは、周囲を傷つけ、職員への精神的ダメージも大きい。その対応に苦慮することも多いため、管理職・医師・心理士・児童指導員・看護師等、職員全体で話し合いを重ね、暴言や暴力に対する理解や見立てを共有することが必要である。

B男のこれまでの育ちから暴言や暴力を捉えると、喧噪状態であった生育環境の中で、自分の心身の安全を守るために身につけざるえなかった身体・情動・行動の反応として考えることができる。そのため、B男の外界に対する脅威や不安、激しい不信感を、服薬を視野に入れた医療支援と協働しながら、少しでも緩めていくことが必要であった。虐待は子どもにとって言葉をはるかに超えた過酷な体験であり、言葉そのもののイメージもかなり悪く、言葉を介した関わりに重きを置くことより、安定、安心できる環境を整えることを優先し、衣食住に関わること（食べること、眠ること、清潔にすること等）を継続して保障できるように努めた。興奮した状態から次第に心が静まり徐々に落ち着いていくという自分の状態を感じることが未熟なB男に、「落ち着きなさい」と声をかけても、その言葉は素通りしていくことが多々みられた。B男・家族の了承のもと、落ち着いて関われる状態へと導いていく服薬治療と、落ち着ける環境を整えることを優先し、その中で柔らかな言葉がけや対応を継続できたことは、一見遠回りのようで時間と根気のいる支援であったが、B男の脅威や不信感を緩めていくには最善の手立てであったように思う。

居室という安心シェルターの中で、不信感、やり場のない怒りや感情、大人への飢えに似たような激しい愛情への希求を職員に抱えてもらい、暴言や暴力という極端で奇異なふるまいに至らずにすむ経験を重ねたこと。また汗をふいてもらったり、着替えを用意してもらったり、布団をかけてもらったり等、養育の中で与えてもらえなかったものが与えられる経験を重ねられたことは、B男が生きていく上での基本的な安心感や信頼感という土台を固めていくことにつながった。学園への安心感や、職員との信頼関係の築きという土台をもとに、職員との「やりとり」が発展し、その「やりとり」を豊かにするために言葉が増え、それが教育（分教室の学習の積み重ね）よって強化され、自信へとつながり、その自信がB男の自発性を引き出し、自分への気づきへと治療が進んでいったと思われる。

特に効果的であったことは、「イライラしているね」「困っているんだね」というB男の状態を指し示す言葉をB男と職員との共通言語とし、繰り返しB男に伝えていったことである。結果として自分の状態を相手にも理解してもらいやすい言葉で表現できるようになっていくことに功を奏したのではないかと考えている。生活支援を基盤にして医療、心理、教育が協働していく児童心理治療施設の特徴が活かされたと考える。

家庭復帰へと至るにあたり、B男ときちんとお別れができなかったことは非常に心残りである。学校生活の中で幾多の困難にぶつかるであろうが、学園で身につけた大人とのやりとりが、学校の先生に対しても同じように活かされ自分をコントロールしていく力をさらにつけていくこと、また不安定な要素も未だある家族が、周囲の支援を借りながらB男とともに生活を営んでいくために、児童相談所や学校を中心にした地域の支援体制が家族をバックアップしていくことが今後の課題となるであろう。B男自ら選択し、家族がそれを受け止め、自分の生まれ育った地での新たな歩みが力強いものとなるように周りの支援が展開されることが必要である。

3　受け止めてくれる存在を求めながら身を委ねられない子ども

この節では、受け止めてくれる存在を求めながら、身を委ねられず、対人関係のトラブルを起こしてしまう子どもの事例を挙げる。人との関係が確かで安定したものと感じられず、人の中で安心できる居場所を作ることに必死になって、かえってトラブルを繰り返してしまう子どもは、女子に多くみられる。

C学園の環境、体制

このC学園は五〇名定員の施設で、男女で階を分けている。それぞれのフロアを半分に割って全体を四ホームに分けて運営している。各階は二つのホームに一〇人位ずつの子どもたちが生活している。居室は個室、二人部屋、三人部屋である。職員は各階七人のケアワーカーと二人の心理士が配置され、心理士もケアワーカーと同様にシフトを組んで日々のかかわりを共有しながら子どものケアにあたっている。一人の子どもには生活担当と副担当、心理治療担当の三人の担当がつけられる。担当と子どもの一対一の結びつきは基本として考えて、担当との個別の時間も設けている。また、各々の職員のその子どもへのかかわりを日々共有し、その子どものいろいろな側面を拾い出すことが大事であると考えている。生活のケアについては、日中は各ブロック二人の職員が配置され、必要に応じて隣のブロックに応援に入る。職員はホームのケアを通してフロア全体の子どもと接して、それぞれの職員に見せる子どもの色々な顔を報告しあっている。心理療法については基本的にその子どもの生活するブロックを担当しないセラピストが週一回を基本に行っている。セラピーの内容も生活の様子と同じように担当同士で共有され、例えば生活で起きた事柄についてセラピーの場面で子どもがどのように感じているか尋ねることもある。

ここでは担当心理士を通して見たC子の一年余りの姿を述べていくことにする。

入所——小さな自分を必死に守っている時期

C子の入所は小学三年生の春であった。「四日間食事を抜かれ、長時間の正座を強制された」とC子が近隣に訴えて帰宅を拒否し、一時保護になった。親は虐待を認めず、数ケ月の一時保護所での生活を経て、当園の入所となった。

入所後二ケ月経ちC子との個人セラピーの導入で、初めて一対一で話をすることになった。C子はびっくりするほど流暢に話す。「子どもに暴力は許さないと言っているのに大人は暴力を許されている、施設は暴力がないから安全だというが安心はない、施設は子どもを家族から離してそれ以上何をするのか？父は頭狂ってる、会いたくない、母や弟には会いたい……」と、大人への不信と家族への怒り、見捨てられ感、などを淀みなく語る。こちらから〈ここでは、ただ遊ぶとか、楽しく話をするだけでなくて、遊びや話を通して自分の気持ちや自分を見詰め直すっていうことをしていけたら……〉と投げかけると「え、それって一番難しいことなんちゃうん？」と返答。入所前の検査で高い知的の能力を示したのも納得できる気がした。ところが、箱庭に〈C子ちゃんの世界、何でもいいから作ってほしいんだ〉と誘うと「C子の世界ってないんだなー」と拒否はしなかったものの、それまでの流暢な語りとは別人のように戸惑い

「何してるかわからへん」などと言いながら井戸や家を箱庭の真ん中にちょこっと置いて「終わり」。表現される内面が小さく縮こまっているように感じる。同様に生活担当との「ふりかえり」と称する定期的な個別の時間でも体がぐにゃぐにゃになるほど喜んでいるのに、自分の好きなものや好みの話になるとほとんど話せなくなった。

C子は生後乳児院に預けられ、三歳で引き取られた後も近隣から、C子への虐待の通告が多数入るという状況で育ってきた。父のDVによる母子の一時保護もあり、親への指導にもかかわらずC子の体の痣が絶えず、一月間一時保護となることもあった。C子の母は高校中退後、夜の仕事などに就きながら父と知り合い同棲、若くしてC子を産んでいる。C子の父は、非行に走り、中卒就労後は、職を転々と変えている。家族は、父が主導で、父の決めたやり方から外れると二、三時間叱責は当たり前だったようである。C子は、問題行動はあるが叱責されるとすぐに謝る一つ下の弟と「差別されてきた」と言う。

独善的な父と主体性なく父に追随する母、それに過剰適応する弟とに囲まれ、C子は、暴力を伴ってせまってくる両親に対処するだけで必死だったろう。そのような中をくぐりぬけてきたC子に「自分」というものは育っていない。流暢に語られる大人への不信からは外に向けた怒りは感じられるが彼女の苦しみはあまり伝わってこない。

C子は入所当初、食が細い、物を敷き詰めるような強迫的な片付け方をする、とか、ホームの子どもとよく小さなトラブルを起こす、生活担当が「ふりかえり」でそのトラブルのことを扱おうとしても、理屈をこねて話を受け入れようとしない、など問題がないわけではなかった。しかし、学習意欲は見せ、日課にもスムースに乗り、大きな問題はなく、という形で過ぎていた。

訴えるが身をゆだねきれない時期（限られた人や場所で問題が表出している時期）

夏を過ぎたくらいに、不眠を訴えるようになる。実父に殴られたことを思い出し、自分がいなくなった家はどんな風なのか、弟が今暴力を受けているのではないか、など考えると深夜の○時過ぎまで眠れないことがある、これは実は入所当初より続いている、というのである。これを聞いた生活担当、副担当は、虐待のトラウマからのPTSD症状（4節［注1］）も疑われたので、精神科に受診をすることにした。学園には常勤の医師がいないため、外部の病院に通うのだが、通院中の担当との時間を大事な個別の時間と捉えてC子の求める気持ちに応えていこうということになる。通院の途中で担当とパフェを食べて、この次はどこに行こう、などとはしゃぐC子の姿があった。

一一月。心理療法の時間に明らかに様子がおかしいときがあり、プレイルームの手芸の道具の綿を大量に持ち出し自室に持ち帰ることがあった。物盗りは入所までの、C子の問題行動の一つであった。C子に何を思って盗ろうと思ったのか尋ねると、ホームの他児に綿を持っていることを自慢され、次に自慢されたときは私だって持っていると言い返せるように綿を持っていたかったと話す。こうした対抗心がC子にあり、以前の物盗りにもこの動機が強く働いていたことを話す。しかし、このように話し合ったことを生活担当に伝えることを強く拒否する。生活担当のみならず、職員全体への不信からの拒否であった（C子には言わずに生活担当とは共有しているが）。

自分に収拾がつけられなくなっている時期（生活の場全体に問題が振りまかれる時期）

同じ頃ホームの雰囲気が不穏になる。どうやら、子どもたちの中で職員への不平や施設への不満を言い合って盛り上がっているようだった。C子は中心的な役割をとっているようで、職員の誰が信用できて誰が信用できないか、などをぽろぽろ心理療法の時間でも話すようになる。日常場面でもC子は職員Xの不満を職員Yに訴え、別のところでは別の子についての文句をXやYに言い、それぞれの職員には秘密にしておいてほしい、と言う。職員たちは、あの人がそんなことするのかなどと、疑心暗鬼になりながらも（勇気をもって）お互いの話を合わせてみると、C子が事実と異なることを、さも事実かのように話していたり、誇張表現が多かったり、他児の体験を自分がされていたかのように話したりしているということがわかってくる。職員としては、知的には高いはずのC子が、人によってこれだけ違うことを言い続けたら、辻褄合わせが難しくなることに気づかないことが不思議に思われた。また、これだけ事実と違う認識をしているのなら、本児の虐待の訴え自体も父母が言っているとおり、うそではないかという疑念が湧いてくるほどであった。

C子は他者から共感されるという経験が決定的に不足していて、十分な共感能力を育めていない。対象との情緒的なかかわりを大事にできず、全能的で自己愛的な世界から抜けられないため、現実認識が弱く、ひとりよがりな受け止めをしてしまうことが多い。その上、今現在向き合っている人との関係をよくすること、その人を味方につけることに必死になり、うそをついたり、今ここにいない人のことを貶めたりして、それを実現しようとする。また、貶められたり、うそを言われた人がどのように感じて自分をどのように見るか、という想像力が働かない。C子に味方にされた人（上記ではX）と、貶められた人（上記ではY）が分断され、XとYの間に確執が起こる。C子の取り巻く者たちの対人関係が分断されるのだが結局C子はだれともつながっていないので、周囲の関係が修復すれば、自分が余計に孤立してしまうことになる。そういう事態になることの想像力があまり働かないのでC子は安易に「対人操作」を行ってしまうと考えられる。

C子は周囲の子どもとの関係にも軋轢を高じさせていく。年長児には取り込まれがちで、同年齢の子どもには表面的には楽しそうでも内心は負けたくない思いが強かった。他児の陰口をその当人にそのまま伝えてしまうなどのトラブルで、他児から疎ましがられることが増えてくる。また、ひとりの子がからかわれると、喜々としてそのからかいに乗じてしまい、みんな白けているのにまだ突っ込みを入れる、という浮いた存在になってしまうことも多く、その都度職員が介入して関係をとりもつようなことも増えてくる。

年明け。C子が施設には直接言えず困っていることを苦情解決委員会に訴え、第三者委員が来て聞き取りになる。不満はホームの子ども、職員、学校の子どものことと多岐にわたり、かつ本当のところを摑みかねる内容だった。C子は家を出て一年が経とうとしている今、自分が施設に入れられていることの収まりの悪さや施設の不満を、何らかの形にしようとしたのではないか、と推測された。そこで、児童相談所の児童福祉士にも連絡し、父母へのコンタクトをとって、C子についてどうしていくつもりか確認し、それをC子に伝えていこうということになった。

自分の内面を確認し始める時期（自己の欲求、傷みを実感するようになってきた時期）

三月、C子はこの間、ホームの子どもたちと一緒になって、複数回の万引きを繰り返したことが発覚する。万引きを振り返る中で、家族宛ての手紙を書いていることがわかる。手紙は渡せなくてもいい、でもイライラしているときに書くと落ち着くという。生活担当が読ませてもらうと、「また万引きしたけどもう二度としない」という内容だった。父宛ての手紙に「会いに来てね」と書いてあるので、〈会いたくなったのか〉、と問うと、「会いたくないが、もしここ（施設）で会ったら殴られても助けにきてくれるだろうと思って」と話す。

同時に児童福祉司も父母の意向を確かめる作業を進めてくれる。父母は、C子が不眠に対する服薬をすることについて、「虐待はC子の被害妄想であり、薬で治療するものではない、虐待はなかったと認めることがC子の治療」と主張し、服薬に不同意であった。児童福祉司は、父母は変わっていないが「家でやっていくつもりがあるのなら会って話はできる」と言っていることをC子に伝える。C子は「（家で）やったるやん」と答えたが、後に生活担当には、帰るつもりはない、いや、「あるっちゃあるけど、電話とか外出ができたらいいねん。外泊は無理やけど」と微妙な気持ちを語る。

C子の入所から一年以上が経過した今、人を振り回す言動や、大人不信の言葉、児童間の諍いなどがなくなったわけではない。しかし、入所当初、細かった食は今ではもりもり食べて完食するようになり、不眠の訴えはあるが以前よりよく寝られていて、中途覚醒もなくなった。また、「父に殴られたから」目が見えにくいという訴えについては、検査のたびに値が一定せず、悪化を確定できないでいた視力も、最近やっと確定し、眼鏡を作ることができた。不満の表明がずっと続く「ふりかえり」も相変わらずではあるが、そうかそうかと聞いていると収束していく感じが出てきている。

年度替りを前にして心理療法の意義について、C子に聞く。自分の気持ちを見つめ直すという当初の目標はほとんど取り組もうとしなかったことを心理士から指摘すると「だって自由に遊べるところ、ここしかないねんで」と答える。〈遊ぶのはホームでもできる〉と返すと「自分で自分の遊びができるやんか」

と。確かに「意味わからん」「おもろな」と食い散らかすように遊んでいたのが、一つの遊びを継続して集中してやるようになった。幼少時から親に絶えず迫ってこられたC子は、自分の思いを大切にされ、かかわってもらう時間と空間をようやく自分の大切なものにでき始めていることを感じる。

「まだこれからも」（考察）

職員ができるのは、振り回されたり分断されたりしながらも、職員が彼女の周りで（職員の人間関係そのものを壊さずに）手をつなぎ合っていること、そして徐々に育ってきたC子の意向を汲み取って、C子と職員全体と共有することである。そうすることで、C子は、人との関係はその場限りでなく一貫した継続的なものであるということを経験し、そうした経験の中で、自分の思いや感情を切り捨てたり見ないようにするのではなく、自分の中に抱えていこうとするようになる。C子とその周り全体がつながりあうことと並行して、それまで抱えないことで辛さから逃れてきたC子の分断された内面がつなぎ合わされていくことが期待できるようになる。

C子は本当に家族を求めているのだろうか。C子はまだまだ不確実であるが、「施設」を拠り所にしながら、家族とのかかわりに恐る恐る踏み出そうとしている。私たちには、C子の少しずつの歩みがC子なりの方向をもって踏み出されていることを念頭に置き、予断を持たずに、その歩みに伴走し続けることが今後の課題として問われている。

4　家族との安全な距離を見つけた子ども
――母親とのつながりを切らずに自立の道を選んだ女児

本節では、架空事例を通して、家族支援の実態を示す。被虐待児の家族は社会的に孤立している家族が多く、公的な支援を受けることに抵抗のある家族も多い。電話や家庭訪問などを通して、家族とつながる努力をし、家族が支援に乗れるようにすることが必要である。家族とのつながりを作って支援を行い、子どもがある程度成長したところで、家庭復帰ができることが家族支援の理想である。しかし、実際は親のハンディキャップなど様々な理由でそれが難しいことも多い。一緒に住むことは難しいが、細々とはいえ関係を保っていくための支援も大切であり、そのような関係が親子にとって現実に無理のない関係であることが多い。ここでは、そのような関係を子どもが自ら選んだ事例を挙げて家族支援について述べてみたい。事例は実際のいくつかの事例の経験から作った架空の事例である。

事例の概要

D子は、母親によれば、特に手がかかった覚えはないものの甘えん坊で泣き虫だったので、きょうだいの中では強いていえば一番手のかかる子だった。両親が離婚し、母親が再婚した養父と同居を始めた小学校四年生の頃から反抗、夜更かし、忘れ物、遅刻、欠席が多くなった。小学校五年生の時、いじめをきっかけに不登校気味になっている。

中学校に入学後も遅刻欠席が多かったが成績は良かった。中学校一年生の時に養父から性的虐待を受け、一時保護を経て児童心理治療施設D学園に入園した。入園直後から退園の訴えを繰り返し、登校を渋ったり、登校しても帰寮したりすることが続いた。ほぼ毎日、物を壊す・暴言を吐き暴れたり、過覚醒などの激しいPTSD症状[注1]がみられた。

D学園は大舎で運営しており、一階が男児、二階が女児のオープンな構造配置になっている。それぞれの子どもには、セラピスト、児童指導員、教諭の三人が担当として付き、心理治療の時間は、週一回授業時間帯に確保されている。在園中のアセスメント、支援方針等は、毎週実施されるケース検討会、毎日実施される朝の申し送り（課長、宿直明け職員）、午後のスタッフミーティング（課長、セラピスト、児童指導員、看護師、教頭）や随時行われる担当者会議（セラピスト、児童指導員、教諭）で更新されていく。

入園半年の時点で性被害の再告白があり、その後悪夢、睡眠障害、フラッシュバック、解離、器物破損、高笑いが頻発し、不登校も続き、日常生活では養父への怒りからくる生活全般へのモチベーション低下などが著しかった。

その後、解離状態や幻覚・幻聴の頻度は減り、段階的に登校ができるようになったが、睡眠障害などの症状が悪化したため、精神科に二ケ月入院した。退院後一時的に問題行動を起こすことはなくなったが、解離や睡眠障害はあり、無断離園、器物破損、粗暴行為も再び始まった。

母親はD子の側に立って守るという姿勢を示せなかったが、施設職員や教諭が、支援者がもっている健康的な母親イメージを日々のD子との交流過程でD子に伝えることができ、D子は「母親と適度な距離をとりながらもつながりは切らない」という選択を自ら行った。中卒後の進路は、自ら自宅ではなく治療継続できる医療機関近くのグループホームを希望し、そこで生活できることが決定してからは落ち着いて退園まで過ごした。

（2）支援の経過

D子は一時保護された当初は落ち着いて生活し、児童相談所（以下児相）の児童心理司（女性）とも話ができ、保護を受け入れていたものの、保護期間が長引くにつれ「家に帰りたい」という訴えやイライラして他児と喧嘩をすることが増えた。母親は、当初養父による性的虐待やD子が一時保護されることを認めず、児相と対立したが、児童福祉司（男性）との面接には応じていた。一時保護中の母親との面接では、性被害について、「本当かどうか分からない」「考えたくない」という発言があり、母親にD子の側に立つ余裕は感じられなかった。その後母親は、D子の一時保護所での言動から、被害による症状が重く、専門的な心理ケアが必要であるということについて児相から繰り返し説明を受け、D学園の入園に同意している。

児相とD学園は、この時点での支援目標を以下のように確認した。

①D子がD学園で安定した生活を送れるようになる（性被害に関する心理教育[注2]はD子に無理のない形で導入する）。
②母親がD子の側に立てるようになる（D子の性的虐待の訴えを受け入れる）。
③母親が養育環境改善を図る（養父の性的虐待否認への対処、ネグレクト状態改善）。
④D子と母親が落ち着いて面会できる。

⑤母親の態度に変化がない場合は、D子が家族（養父以外、特に母親）と適切な距離をとりつつ、自立していける退園先を検討する。（D学園は中学卒業までに退園することになっているため）

D子は性被害を告白し、一時保護、施設入所を自ら選んだが、被害体験の聴取を契機に体調を崩している（嘔吐、胃炎）。小学校時代について、「お母さんにかまってほしくて悪いことをした」と話すほど母親への思いはあったが、被害について母親が信じてくれなかったこと、養父の居る家には帰りたくなかったことから施設入所を自ら選択した。入所について、「仕方ないという気持ちと拒否したい気持ちが混ざっていた」と言う。一時保護中から児童精神科医（女性）による投薬、面接が行われた。

学園は家とは違う安心できる場所なのか　D学園入園直後から担当指導員（女性）に、「お母さんに会いたい」「あいつ（加害者）が家に居るのに、何で私がここに居なければならないの」等の訴えを繰り返した。加害者を連想する男性教諭に苦手意識を持ち、登校渋りがほぼ毎日、服を破る・物を壊す、暴言を言い暴れる、体をかきむしるなど激しいPTSD症状がみられた。特に消灯時は過覚醒の状態となった。この時期のD子の母親への気持ちには、依存と不安の強い葛藤があった。それは、母親が性被害を信じてくれなかったというショックと見捨てられ不安、家に帰りたい・母親に今すぐに会いたい気持ちと、会うことへの不安等である。一方、母親は、母親面接場面で施設や児相の職員に、「どのように育てたらよいか、D子は難しい子」「（養父は）飲むと暴力が出るので悩んでいる」と本音で話してくれるようにもなった。

D子にとって性被害体験を述懐することは容易なことではなかった。性被害のような外傷体験については、本人が少しずつ安全な感覚を確認しながら小出しに出てくることが一般的であることや、被害体験に関して話し合ったこと自体が曖昧な記憶でしか残らない可能性もあることから、心理教育については、入園期間を通して、繰り返し実施することが重要と考えた。心理教育のポイントは以下のとおりである。

①外傷体験を受けた子どもに現れる症状（再体験・回避麻痺・過覚醒、解離、再演行動等）の解説や生活全般について身につけてほしい知識の説明を行ったり、回復に向かうために一緒に考えたり（安全・安心な感覚を得る、被害を語ることができる、被害の記憶を過去のものとして今の安全・安心感覚と対比できる）、落ち着く工夫を実践したりする。

②性被害の影響からくるD子の歪んだ認知（考え）（「自分は汚い」「自分が悪いことをしていたから性被害を受けた」、「言わなければよかった」、「被害を話した自分はずるい」「された自分が悪い」等の発言）に気づいて修正したり、してしまった暴力や性的問題行動を振り返ったりする。

③極端な認知（考え）を修正（白か黒かの発想、頑張りすぎる時期とお手上げの時期が交互に出現する等）する。

④フラッシュバックによる混乱から抜け出し、安全な今現在を実感するための工夫を考え、実践してみる（予兆・不穏になる手がかりとしての体感の確認、対応法等）。

⑤自己理解を促す（客観的に自分を振り返り、成功体験を確認し、自尊感情を高める）。

被害のあったクリスマスの時期になると不安定になり、大量服薬を企てることがあった（記念日反応）。「（性被害を思い出すような）クリスマス会には出たくないから、学校にも行きたくない」との訴えが始まり、「クリスマス会にまた同じことが起きる。加害者が来る」と言って寮で暴れることが続いた。また、

「クリスマス会に出られないように大変なことを起こすから」と、自殺企図をほのめかすこともあった。この時、担当セラピスト（女性）は「今年のクリスマス会は、被害のあった昨年とは違うと思う。同じことは起きないよ。今のようにクリスマス会を避けていると、クリスマスの時期になると一生怖い思いをすることになって、被害体験に縛られることにもなってしまうのでは」とD子に投げかけた。D子は「（被害体験に）縛られずに生きたい」という気持ちを言うことができ、その後少しずつ登校できる日が増えた。クリスマス会は途中退席となったものの、「少し、自信がついた気がする」と語った。

睡眠不十分やフラッシュバックは、ほぼ毎日続いたが、服を破る・物を壊すは、一週間ほど続いた後に徐々に減少した。この時期の対応としては、被害を受けた人はこういう心理状態になることが多く「あなたが特別なわけではない」という被害に関する心理教育の実施、母親、加害者、性被害に関する気持ちの整理、生活リズムの安定（就寝時間、登校、休息）であり、職員がD子の状態像と症状に関する共通理解を持って対応した。具体的には、朝に行われる申し送り、午後のスタッフミーティングで、行動の報告、見立て・対応法の確認を行った。教室においても不安定な行動は頻繁に繰り返されるため、教諭との連絡・協議は入所中、ほぼ毎日放課後に行われ、登校できない時にはD子、児童指導員、セラピスト、教諭の四者で話し合う場を設け、D子のペースで登校できる方法を話し合うようにした。それでも、教室で様々な指導を行うことが通常の教育における支援イメージであるために、時として教諭の登校勧誘がD子には負荷が大きいということがしばしば起きた。このような時には、すぐに児童指導員、セラピスト、教諭の三者で集まり、D子の状態に関するアセスメントや対応法について協議することを、セラピストが中心となって繰り返した。

入園後のこのようなD子に対して、D学園で検討された支援計画の主なポイントは、以下のとおりである。

①医療を継続しながら、PTSD症状軽減を第一目標に、日課は柔軟に対応したり、個別対応を強化したりする。

②児童相談所（児相）が母親（今までの養育の大変さを受容しながらD子との関係を整理）、学園がD子（被害体験に関する心理教育と生育歴を振り返り、母親や性被害に対する気持ちの整理）という役割分担とする。母親面接・母子合同面接は、基本的に児相、学園の担当者が同席し、児相または地元市役所等で実施する。[注3]母親面接では、母親の訴えるD子の養育困難さ等を傾聴しながら、D子の近況・見立てを伝え、母親が養育者としての立場を取れるよう支援する。

③D子が自己決定できるように、母親への思い（依存、不満・怒り）を表現することや、[注4]PTSD症状コントロールのための支援を行う。

ようやく打ち明けた　入園半年を過ぎた頃に、更なる重篤な被害体験の告白があった。就寝時、担当セラピストに「もしもの話しだけどね」「もし、本当にこういうことがあったらどうする？」というような言い方だった。担当セラピストは内心動揺しながらも、D子の話を信じ、安定感を保ちつつ、D子の負担を心配しながら聞き取りを行い、児相や医師の協力を仰ぎながら対応した（婦人科検診や被害確認面接、法的対抗措置の説明等）。この後、D子の悪夢、睡眠障害、フラッシュバック、解離が毎日のように続き登校できず、ほぼ居室で寝ているような生活が続いた。この頃から、「私は本当によくなるのかな?」と、職員に確認するような、症状克服について肯定的なニュアンスの発言が聞かれるようになった。

しかしながら、性被害について受け入れられない母親の態度は、「かまってほしいのかな」という言葉に表れていた。母親は、「(D子との面接について)会ってどう声をかけたらいいのか分からない」と言ったり、D子の症状を医師から説明を受け、「被害が本当にあったのか、ますます分からなくなった」と言ったり、という混乱した状態だった。

この頃、D子が自らの症状を理解でき、フラッシュバックを自分でコントロールする動機付けが高まり、自ら実践できるように取り組めるようになるために、再度心理教育を実施した。この取り組みにより、母親への思いや性被害体験に関する気持ちの整理をしたり、適応を狭めることになりやすい自分の考え方や感じ方のくせ(認知、思考の特徴)に気付き、修正したりすることに取り組めるようになった。D子が語った母親への思いは、告白したことで母親との面会が更に遅くなるのではないかという不安、養父に家から出て行ってほしい気持ちはあるものの母親が認めるなら仕方がないという気持ち(不安、怒り、自己犠牲、自責、諦め)など、だった。そして、「お母さんと会ったら、被害のことは言わずに雑談をしたい。お母さんは変わらなくていい」(否認)という考えを語った。

解離状態になることはほぼ毎日あったが、嘔吐や器物破損は数回程度で、自傷もなかった。二ケ月後から短時間ずつ登校できるようになった。

母親の現実を目の当たりにする　入園一年過ぎに母親との面会[注5]が可能になった。一回目の面会では、「お母さんが優しくてびっくりした」「(母親の涙を見て)被害をなかったことにしてでも家に帰りたい気持ち」(否認)と言い、極端に自責的になった。二回目の面会で、D子は自分の話した被害を母親が全面的に信じている態度に見えないため怒った。母親から見捨てられた感覚、「(母親との今後の関係は)このままで良い」と頑張ってきたことへの投げやり感の表出があった。さらに、加害者への怒りから生活へのモチベーションが低下するなど、不安定になることが続くため、母子との交流に関する気持ちの整理や生活リズムの安定のための現実的な話し合い(登校渋り、対人関係、フラッシュバックの対応等)を繰り返した。

その後、母親からの手紙に安心するが、「でもお母さんに本当の気持ちを言うことはできない」と不安、困惑、諦めの様子で言う。学校の保育実習事前学習(男児人形の沐浴体験、受精の話など)でも不調になり、器物破損や高笑い、解離状態で朦朧となる状態となったが、D子には「介護士になりたい」という夢があったため、実習参加を強く希望し、無事参加できた。この頃、器物破損は一回、自傷はなく、嘔吐が数回あり、解離状態になることはほぼ毎日あった。このような状態のため、母子面接場面に母方祖母を招いたりしてD子の安定を図った。母、母方祖母と外出して落ち着くこともあった。このような経過の中、母親面接で語られた母親の言葉は、「今の生活は変えられないから、D子が家に戻るのは難しい」というものだった。

夏休み明けから解離や服破りが増加。消灯時に解離状態からの飛び出し、憑依したような口調で怒鳴る、幻覚・幻聴の訴えが繰り返された。嘔吐症状も約一ケ月続き、登校をやめ一時静養とした。一ケ月後から段階的に登校し、宿泊研修には参加できた。その後、症状悪化のため病院を受診した際、性被害が話題となったことで症状が悪化し、自傷や粗暴行為が抑制できなくなったため別の病院精神科に二ケ月入院となる。D子入院時に母親は、「入園して悪くなったのではないか」「養父と別れてD子を引き取った方がいいかも」と言うこともあった。

母親と離れて暮らすことを決める　精神科退院後一時的に暴れることはなくなり、段階的に時間を延ばして登校した。しかし、解離や睡眠障害はみられ、寮から無断で出ていくこともあった。D子はその頃、「(母親との今後の関係は)一生分かり合えるのは無理かも」「楽しい話ができれば」「楽しいことが一緒にできる関係でいたい」と言っている。進路については、高校の体験入学、病院やグループホーム見学を行いながらD子や母親と一緒に検討した。母親は、「(進路について)自分のことは自分で考えてほしい」とD子に伝えている。また、母親面接では、他のきょうだいの養育が大変なことを話したり、「自分ひとりでの生活は大変だから、離婚はない」「D子は施設より病院が良いのでは」と話したりして、D子を引き受ける姿勢ではなかった。D子は悩んだ末、中学卒業後は自宅ではなく治療継続できる医療機関近くのグループホームを希望し、母親とは適度な距離をとることを選び、高校進学は症状が落ち着いてからとした。そのことを面接で母親に伝え、母親は受け入れた。

その間、器物破損、粗暴行為、自傷、解離症状は相変わらずあり、登校渋滞もあったが、進路が決定してからは落ち着き、卒業式に参加して退園することができた。グループホームでは、慕う同性の先輩ができ、生活が徐々に安定した。

（3）児童心理治療施設における家族支援

児童心理治療施設には、心理治療を必要とする症状、行動のある子どもが措置され、それらが改善されれば子どもは家庭に戻るか、それに代わる児童養護施設等に措置変更されることになる。近年の入園ケースはそのほとんどを被虐待児が占め、発達障害を併せ持つ子どももD学園では半数以上となってきている。このような状況での家族支援の実施は、不登校ケースが中心だった時代に比べ、定期的に来園できる保護者が少ない、入園後の保護者自身の積極的関与に関する動機付けが乏しい、外泊できるケースが少ない等、様々な困難を抱えることになった。しかしながら、児相は、虐待ケースに対する様々なレベルでの家族関係の再構築を期待して措置するので、入園前から退園に至る、児童心理治療施設としての家族支援を模索することは依然として重要な課題である。

紹介した事例では、母子関係は直接交流できる程度に改善したものの、母親が寄り添って子どもを守る、という行動をとるには至らなかった。その結果、子ども自身が母親と距離をとり、安全な生活を維持しながら親子のつながりは切らないという選択をしている。これよりもさらに厳しい、家族との交流が望めないような、自らの出自も分からないような、家庭復帰など望むべくもないケースを考えると、たとえ理想化したイメージを投影している場合であっても、現実の家族とつながりをもつことが、子どもに生きる力を与える意味は大きいと思われる。

村瀬嘉代子（一九九七、二〇〇三）は家族支援の要諦について、調査研究・事例考察に基づき、「現実の家族のあり方は家族像の形成に大きく影響することは事実であるが、臨床的には、たとえ現実の家族は復元や大きな変容はかなわずとも、子どもの心の内での父母・家族の捉え方、イメージの在り方の変容が行動の改善や精神的治癒の要因になりうる」（村瀬、二〇〇三、八八頁）と述べている。施設における生活臨床では、良い家族イメージ（一般的な母親、父親イメージをベースにした）の形成支援が重要となってくる。D子の場合は、暴れ、暴言・暴力を振るい、自傷に及んでも一貫してD子に寄り添い、彼女の怒りを受け止め、守り、理解しようと、日々の生活を共にした施設職員、教諭の存在が、D子の安全感、被保護感、自己肯定感、大人への信頼感を向上させ、支援者が持っている健康的な母親イメージを伝えることができ、D子が母親への期待の取り消しを行いながらも母親とのつながりを切らない選択ができたのだと考える。

重篤なケースの多い児童心理治療施設における家族支援では、家族との交流が望めないようなケースであるほど、生活における育て直しの過程であるスタッフと子どもとの日々の交流の中で、肯定的な家族イメージをスタッフから子どもにどう伝えていくかということを大事にしていきたい。

［注1］　外傷的な出来事を経験、目撃、伝聞した後、一ケ月以上続き、生活に支障が及ぶような症状がある場合にPTSDと診断される。症状としては、①再体験――記憶が生々しく思い出される、夢に見る等、②回避・麻痺――出来事に関連することから避ける、孤立感、将来をイメージできない等、③過覚醒（覚醒亢進）――入眠・睡眠維持の困難、怒りの爆発、集中困難、過度の警戒・驚愕等、の三種が伴う。また、身体症状や心理的症状を示すこともある。心理的症状には、罪悪感、解離（記憶がとぶ等意識が分離される）、離人感（ガラス越しに景色を見ているような感覚等）、悲嘆反応（長期にわたる悲嘆の持続）等がある。

［注2］　トラウマケアに関しては、心理教育から始めるのが基本である。心理教育では一定の理解の枠組みを提供することにより、子どもが現在の自分の心身状態を知り安定を得ること、職員の支援の意図・意味を理解すること、

その後に起きる症状や出来事を予測して、それに対処する力を育てること等を狙う、これらを通じてトラウマ症状に圧倒されている子どもに、困難に取り組む力と症状が改善していくという希望を与えることを目的としている

[注3]　母親は、D子を拒否している訳ではないのだが、D子との波長が合わない養育経験や目の前のことに振り回されやすい傾向から、なかなかD子の訴えを受容できなかった。母親の困り感を聞きながらも、D子の側に立つ視点を提供することに努めた。

[注4]　担当職員との良好な関係の中で、D子は自己肯定感、大人への信頼感や被保護感を徐々に向上することができた。それに力を得て、母親に対する依存と不安という強い葛藤的な状態から、否認、怒り、不安の表出を経て、母親の現実像を受け入れ（期待の取り消し、諦め）、母親と適度な距離をとるという関係の取り方を自分で選択していった。

[注5]　入所一年後から母子合同面接を設定した。親子間の認知・感情・行動の異同に注目し、母親がD子に心配している気持ちを伝えられるよう、D子は母親に対して安心を感じられる点・感じられない点の両方について認識できるよう、それぞれに支援した。

第II章

問題に取り組む——虐待・障害・暴力

中村有生
平田美音
堀　健一

1 広汎性発達障害を疑われる子どもの育ち

中村有生

（1）広汎性発達障害の特徴

まず、広汎性発達障害の特徴について整理しておきたい。広汎性発達障害の基本的な症状は「社会性の障害」、「コミュニケーションの障害」、「想像力の障害とそれに基づく行動の障害（こだわり行動）」である。これらに加えて支援者がよく理解しておかなければならないことは、広汎性発達障害を持つ子どもの体験の仕方である。滝川（二〇〇四）は、広汎性発達障害を持つ子どもたちの体験世界の特徴として、「依存性の乏しさ」「不安緊張の高さ」「感覚・知覚の過敏さ」「情動の混乱しやすさ」「強いこだわり」があり、これらが絡み合って独特の行動のあり方を見せると述べている。対人関係への関心の低さからひきこもりがちになる場合や感覚過敏から情動不安定になる場合、強いこだわりから日常生活に適応が難しい場合、対人関係の理解が難しく対人トラブルを起こしてしまう場合など子どもの示す様子は様々である。このような問題が大きくなり、家庭や地域での生活が困難になった子どもが児童心理治療施設に入所してくる。次に、実際の事例を通じて広汎性発達障害を疑われる子どもへの支援について考えたい。

（2）支援の経過

事例の概要　広汎性発達障害の疑いがあり暴力や不登校を主訴として入所してきたE君の事例を通じて

支援のあり方について述べる。E君は中学一年生の男子で、学校での暴力や不登校が入所の理由であった。父子家庭で、両親はE君が幼稚園の年長の時に離婚し、その後は母親との交流がなかった。生育歴の確認のため、父親にE君の乳幼児期の状況を尋ねるも、養育は母親にまかせていたので、E君の状態をよく把握していなかった。父親としては母親もあまり丁寧な関わりをしていたという印象はないが、父親はE君については手がかからない子どもだったと認識していた。

小学校二年生ころより、登校をしぶり始めた。学校では時々パニックを起こすことがあるが、本人も理由が説明できず、周囲の大人も原因がわからなかった。家庭では落ち着いて過ごせており、テレビを見たりゲームをしたりして一人で過ごしていたが、友達と遊ぶことは少なかった。登校しぶりやパニックに関して、父親がE君に原因を尋ねるも、E君はうまく話をすることができず、父親も苛立ちが募ると手を挙げることがあった。三、四年生では、担任教諭がE君のペースを尊重してくれたので、本人も安定して登校できた。五、六年生で他の子どもへの暴力が見られ、興奮して話ができないことが起こるようになった。個別に関わってもらうことでE君は落ち着くことはできるがトラブルの事実関係の振り返りが難しかった。小学校六年生の後半には登校が難しくなり、父親も苛立ちからE君にきつくあたることが増え、家庭での養育の困難を訴えた。児童相談所との相談の結果、中学入学時にE学園への入所となった。児童相談所からはIQは八〇台でアンバランスな能力を示し、広汎性発達障害の疑いはあるが養育環境の問題も影響している可能性があるという所見であった。

E君は家庭を離れることに不安を感じていたが、状況を改善したい気持ちはあり入所に納得した。家族担当がそれまでの生活の情報を収集し、E君と父親と話し合って入所の目的を整理した。結果的に、入所の目標は「暴力や暴言をしないようにする。自分の気持ちを話せるようになり、相談できるようになる」とE君と父親と三名の担当職員で相談して決定した。

ここで、子どもたちの処遇を行っているE学園の紹介したい。E学園は大舎制（二〇名以上の子どもが生活空間をともにしている形態）の施設で、定員は入所が五〇名、通所が二〇名である。対象年齢は基本的には小学一年生から中学三年生である。スタッフは生活支援員と心理治療士、精神科医師、看護師などの専門のスタッフがいる。子どもの担当制度は三担当制で、一人の子どもに生活担当と心理担当、家族担当の三名が付く。生活担当は生活支援員、心理担当と家族担当は心理治療士が担う。生活担当は生活の支援を中心に行い、心理担当はセラピー、家族担当は家族支援と関係機関調整を行う。学級は施設内学級で小学生は五～八名、中学生は一〇名前後のクラスで、一般学級と同様のカリキュラムで学校教諭が授業を行っている。

いろいろなことがわからない不安な学園生活から、安心できる生活に　入所してからの日常的な生活では、まずは施設の生活に慣れることに時間がかかった。施設の日課やルールなどに関して理解できないうちは、どのように行動してよいか戸惑うことが多かった。周囲の児童の様子を見て自分で判断して動くことや、見通しを持った行動が難しかったため、テレビを見ていたり遊んだりしていても、あらかじめ決まっていた自由時間に合わせて区切りをつけることが難しく、そのたびにイライラすることがあり、施設生活のしんどさや不安を訴えた。

基本的には施設のルールや日課は子どもたちにわかりやすいように設定されており、提示されているが、

E君に理解しやすいように丁寧に説明したり、E君の居室に掲示したりしてE君が見通しを持った生活ができよう配慮を行った。入所してから半年も過ぎて施設の日課やルールが理解できて生活に見通しがもてるようになると、生活の流れとしては安定して過ごすことができるようになった。しかし、行事などで急に予定が変更されると混乱し、不安定になることは見られたため、予定変更はしっかりと伝えるように職員は心がけた。

対人関係に関しては、E君は子ども間での関係が作れず職員の後追いが多かった。E君は自分の興味のある話は機嫌よく話し続けるが、自分の知識を一方的に話し、職員がそれについて知らない場合はバカにするような態度も見せることもあった。職員が応対できない場合は、職員の注意を引くためにいやがらせを続けることもあった。学習面では書字作業は嫌がるが、基本的な漢字の問題や計算問題はできた。しかし、応用問題や作文などが苦手で取り組もうとしなかった。また、E君はお笑い番組や野球が好きで、折り紙が得意で非常に詳しく、記憶力もとてもよかった。

E君には他児への威嚇行動や暴力が見られ、興奮が激しい場合はパニックになることもあり、職員の制止が必要なときがあった。E君に話を聞くと、「自分は何もしていないのに、相手の子が急に怒り出した。自分は悪くない、相手が悪い」と話す。その際も非常に興奮しており、話がまとまりにくかった。E君は自分が叱られたと認識すると「いつも自分ばかり怒られる。みんな自分のことが嫌いなんだ。もうどうでもいい」と拒否的になることが多く、不安や緊張が高まりやすく、情動が混乱しやすい傾向が見られた。

トラブル時にE君から話を聞いているだけでは、職員は出来事の事実関係の整理が難しかった。そのため、他児からの聞き取りや学校で起こったことは教員からも事実関係の確認を行った上でE君と話し合いを行い、客観的な事実、E君の認識、他の子どもの認識を整理した。話し合いの際は、E君の気持ちを受け止めながら何が問題で、どのようすればよかったのかを相談した。

トラブルはE君が他児をからかうことから起きることが多かった。他の子どもたちもふざけ合うことはあるが、E君は引き際がわからずしつこくしてしまい、他の子どもは怒り、結果的にE君も怒ってしまうという悪循環になっていた。しかし、E君は「他の子もやっているのに、自分にだけ怒るのはおかしい」と主張した。E君は特に自分のしている行為が人にどのように受け止められるのかを理解することが難しかった。職員からは、「友達同士でふざけたりして遊ぶことはあるが、相手が嫌なほどやってはいけないし、仲の良い友だち同士だからお互いに許せるものである」と説明し、からかい行為を止めるように話をした。しかし、どの行為がからかい行為にあたるのかの理解がE君は難しく、生活場面で一つずつ教えていく必要があった。

そこで事実関係やE君の課題について生活担当と心理担当を中心にE君と話し合って整理していった。その際は図と文字とを用いて説明を行うこととした。文字で示す時は箇条書きやフローチャート形式でE君が話したことを職員が書いていった。そうすることでE君がトラブルに至る経過について理解しやすくなり、E君のトラブルのパターンを整理して自分の特徴を理解できるようサポートした。そして、実際の生活でトラブルが起こるとそのフローチャートに照らし合わせて、その場で対応した職員と振り返りを行った。

しかし、トラブル時にはE君は興奮がなかなか収まらず、相手の子どもの批判を続けるばかりで、事実関係を聞き取ることが困難であった。そのため、まずはE君のクールダウンが必要であった。トラブルが起きても落ち着いて話し合いができれば他の子どもと仲直りできることを職員が説明し、まずはクールダウンの方法を相談した。その場面から離れることや屋外に出ること、部屋でマンガを読んで過ごすなどの方法が本人から提案された。トラブルが起きてE君が興奮しだすと落ち着くために一時間以上かかることもめずらしくなく、日課通りに活動できないこともあった。普段E君は施設の日課やルールはよく守っており、他児がルールを逸脱していると執拗に指摘することがあったため、結果的に日課を外れているE君に対して不満を口にする子どももいた。職員から他の子どもへは、E君が自分の課題に向き合っていること、他の子どもの生活も守れるよう職員がサポートすることを伝えた。この点はE君の支援と全体のバランスをとるためには配慮が必要であった。施設のルールや公平さを明確にしつつも、E君に応じた個別の対応のバランスを取ることでE君に応じた適切な支援を行いながら、他児にも理解できるよう対応した。このためには、施設のルールは子どもたちの安全を守り、安心して過ごせるためのものであることを子どもと職員で普段から話し合い、それぞれの子どもたちの生活の目標と結びつけて、子どもたちが理解しやすいよう努めることが大切である。

このような経過を通して、E君の特性や体験のありかたを職員が少しずつ理解できてきた。E君は対人関係における文脈の理解が苦手であった。特に、三人以上のやりとりになるとさらに理解が難しく、自分と人の立場を比較して考えることが困難であった。また、E君は他者にどのように見られているかを非常に気にしていた。他者からの評価は気にするが、他者の気持ちを適切に推し測ることができなかったので、E君にしてみれば、ふだんの生活においても不安が高かったと思われる。E君が自分で「いろいろなことがわからず、不安だ」と言うことはなかったが、周囲の刺激に過敏であったり、施設の雰囲気や文化に慣れることに時間がかかったりと不安なことが多く、何かソワソワしていることが日々の様子であった。その感覚がE君にとっては日常的な状態であり「落ち着いて安心して過ごせている」という体験は得られにくかったのであろう。このことは、心理面接の場面では安心して過ごせていると口調や雰囲気もおだやかであったことからもうかがえる。E君にとっては、日常的な生活ですら刺激が多く、何が起きているかわからないためにストレスが高かったのである。

しかし、E君は一対一で職員に丁寧に関わってもらい、物事を具体的に説明してもらうことで状況を理解することはできた。また、自分が理解できたことは、それを受け止めて次に活かしたいという気持ちを持てていた。そして、人をからかったり、ふざけたりするという行為ではあったが、友達を作りたい、友達と一緒に遊びたいという気持ちが強かった。

ここで職員が話し合ったことは、望ましくない行動の減少をめざすだけでなく、適切な行動や対人関係の持ち方のスキルを獲得するにはどう支援すればよいかであった。E君はお笑い番組や野球などの話をするのが好きであったが、一方的で相手の話を聞かないことが多かった。このことに対して、日常場面では、雑談であってもE君の話を整理してE君に伝え直し、職員が理解できた話の内容や職員の感想も伝えた。そして、E君が職員の考えを受け入れてくれた時には職員としても嬉しいことを伝えるなどを職員全体の共通認識とした。

また施設内学級の教諭とも相談して、文章理解や言語表現が苦手なE君に対して、本人に合った課題をスモールステップで取り組んでもらえるようにした。E君は最初は嫌がったが担任教諭から丁寧に指導してもらい、またうまくできると教諭から褒めてもらうことが増え、コツコツと学習に取り組むことができた。そして、中学三年になるころには、E君はトラブルが起きても、自分一人で事実経過の振り返りと自分の考えについて文章にまとめ、他者と共有できるようになった。このことから、言語理解や文章の苦手さも、発達的な障害だけではなく、養育環境の中で適切なサポートが得られなかったこと、落ち着いて学習に取り組めなかったことによる経験不足などの影響が大きいことがうかがわれた。基本的な言語や状況認知の力が身に付くことで、状況理解の力が身に付き、不安も軽減されて結果的にトラブルの減少に有効であった。

広汎性発達障害が疑われる子どもの支援においては、上記のようなソーシャルスキルや衝動性コントロール、認知面へのサポートの他に、情緒面のケアも大切である。当初、職員から「困っていることを職員に相談してほしい」と提案しても、E君は「大人はいつも怒るだけで、相談しても意味がない」と答えた。このことから、それまでの失敗体験や怒られた体験が整理されておらず、E君の大人に頼る気持ちの乏しさや不信感の強さのなどの二次障害が背景にあることがうかがわれた。職員はE君が安心して過ごせるように協力したいということを丁寧に繰り返し伝え、一緒に考えていこうと根気強く接した。

また、E君が中学生の同世代の子どもたちから孤立気味の際も、小学生たちは折り紙が上手なE君に「教えてほしい」と関わりを求めることがあった。そのようなときにもE君から小学生への適切な関わりにはその場で褒め、また不適切な関わりにはE君が気付けるようにサポートするなど、生活の実体験の中でE君がソーシャルスキルを学びつつ、他者とうまくいく体験ができるように配慮を行った。

家庭の受け入れ準備　このような生活を続けることで、中学三年生半ばには、ほとんど暴力はなくなった。元来、明るいE君は、情緒的にも落ち着くと、一方的な傾向はあるものの職員との会話を楽しむこともできるようになった。同年代の子どもとのやりとりにおいても、ぎこちなさは残り柔軟にやりとりができるわけではないが、趣味の野球の話などで過ごせる場面も増えてきた。生活上の自分のパターンが崩れることで苛立ちを見せることは依然として続き、職員に対して不満を言い続けることはあったが、興奮して物にあたったり、暴力に至ったりすることはなく、欲求不満場面でも少し待つことができるようになった。

このようなE君への生活の支援については常に父親と相談しながら、協力して行った。入所後から、定期的に家族担当との合同面接を二週間に一度のペースで行った。父親は入所当初はE君への関わり方に戸惑いもあり、E君の言動に怒ってしまうことも多かった。またE君も父親から怒られることが多かったため、父親との関わりに不安を抱いていた。しかし、父親は職員からE君の特性を伝えられ、適切な関わり方がわかってくると少しずつE君に対して前向きな気持ちで関わることができるようになった。何度かの合同面接を経て、自宅への外泊を月に一、二回できるようになった。このように家族の関係の調整を継続的に行い、具体的な関わり方や親子の互いの気持ちも整理してくことが発達障害を持つ子どもの支援においては大切である。

三年生になる頃には、卒園後の家庭や地域での生活に向けた練習も大切であることを伝え、少しずつ課題を取り入れることを父子と職員で話し合った。父子家庭であるため、家庭でのお手伝いもしてほしいと父親からE君に希望があったが、不器用なE君はお手伝いをスムーズにこなせず喧嘩になることもあった。そのため、施設内での自立訓練の一環として、調理や洗濯などの練習の機会も設け、週末外泊の際は公共交通機関を使っての単独での帰宅の練習なども職員の付き添いで行った。E君は新しい取り組みについて最初は不安を示した。職員からはスモールステップで課題を提示し、E君にできる課題から少しずつ取り組んでいった。結果的にE君も父親への不安も和らぎ、家庭での生活を望むようになった。最終的に中学三年生の卒業時に高校進学も決めて家庭復帰となり、その後の経過も良好であった。

(3) 児童心理治療施設における広汎性発達障害を疑われる子どもの生活支援のポイント

広汎性発達障害が疑われる子どもの支援にあたっては、その子どもの特性や体験の仕方をよく理解した上で対人関係や衝動性コントロール、ソーシャルスキルのトレーニングが必要である。まずは、子どもの不安や情動の混乱の傾向を理解した上で、本人が見通しを持ちやすいスケジュールや環境の調整を行い、それらをわかりやすく提示する必要がある。そして、基本的な言語スキルや認知面も成長できるよう支援することも大切である。それらを踏まえて子ども本人とよく話し合いながら、子ども自身が必要な対人スキルのトレーニングを主体的に行えるようなサポートでなければならない。

このようなサポートは生活場面の支援だけでなく、学校とも連携をとりながら行うことが大切である。なぜなら、広汎性発達障害が疑われる子どもは場面や人が変わると応用が利きにくく、柔軟に対応することが難しいためである。対人関係や認知面の課題を、生活場面と教育場面で連続して支援を行う必要がある。特に集団活動や対人関係の練習という点に関しても学校場面の占める割合は大きい。また、E君のように言語理解に課題を持つ子どもに対しては授業での配慮や、基本的な言語能力を支援するサポートを学校の教諭とよく相談しながら進めなければならない。勉強に対して苦手意識を募らせている子どもも多いので、少しずつ取り組み自信や意欲を取り戻すことが大切である。

子どもはそれまでの生活での失敗体験などからの傷つきを抱えており、状況理解の苦手さや周囲のサポートの不十分さから、失敗体験がうまく整理できておらず二次的な問題を引き起こしていることが多い。物事の受け止め方に偏りが見られ、被害的な認識となることもあり、その修正が難しい場合がある。その結果、情緒的に混乱しやすくなり、さらに状況理解が難しくなり不適応となる悪循環に陥っている。情緒的に安定することで状況も理解しやすくなり、スキルも適切に発揮しやすくなるので、本人にとって負担の少ない環境の調整や対人関係の安心感を持てるようなサポートが大切である。できることならば過去の辛かった体験もきちんと取り扱い、整理できることが望ましいが、過去の体験を具体的にエピソードとして話すことは難しいことが多い。

このようなサポートを通じて、子どもが対人関係のつながりや活動を前向きな気持ちで楽しみながら生活できることが大切である。本人のできる範囲での対人関係を持ち、少しずつ人と共有できることがあることを本人が喜べる体験を積み重ねていくことである。しかし、その場のルールや適応的なスキルを教えようにも、本人が人と適切な関わりを持ち、互いに安心して過ごせる関わりを持ちたいというモチベーションがなければ本人は行動に移さず、逆により拒否的になってしまうので、モチベーションを高めるような生活の調整と個別支援が何よりも必要である。

このように子どもの発達特性、情緒的な問題、家庭環境や生育歴上の問題を総合的にアセスメントし、生活を通じてソーシャルスキルや情緒の問題のケアを行い、家族の課題を支援し、子どもの成長をサポートしていくことが児童心理治療施設の役割である。

2　性的被害を受けた子どもたち

平田美音

性的虐待を受けたケースは児童相談所から話があった時点でその事実がはっきりしている場合だけではなく日常の生活での行動や発することばの内容などから強く疑う場合もある。しかしどちらの場合であってもその子どもに合わせた丁寧な対応を行っていけば、結果としてその対応は似たようなものになっているのではないかと思われる。具体的なケースからその対応を考えてみたい。ただしケースの内容は特徴的なものを寄せ集めて作成されており、実在のケースではないことをお断りしておく。

具体的なケースに入る前にF学園での受け入れの流れを簡単に述べておきたい。まず児童相談所（以降児相と記す）から援助方針会議の資料を提示した上で園長、副園長に打診がある。知的な問題や非行事実などを確認し、各学年の子どもの人数など学園内部の状況と照らし合わせて受け入れる余地があると判断すれば、家庭調査書、心理判定書、一時保護所における行動観察票、学校調査票など、ケースについてより詳細な資料をもらう。その資料を参考に併設の学校を含めた学園全体で検討を行う。長年の児相とのやりとりの中である程度は当学園が適当であると思われるケースについて学園と児相の間で共通の理解ができているが、中には他の施設が受けてくれないという消極的な理由で依頼があることもある。直接面接を行っていないので十分なアセスメントは行えないが、子ども、保護者の課題を整理し、児相が施設に期待していることを実際に学園で行えるかどうかなど多面的に検討を行う。受け入れの方向性が決まったところで本人と保護者に見学をしてもらう。通う学校が普通級ではなく園内の特別支援級になることやお金の負担があることなどを含めて施設の説明を行い、子ども集団の様子や生活することになる空間を実際に見てもらった上で入園の意思確認をする。その上で受け入れ検討会議を開いて学園全体としてどのような受け入れ体制を整えるか話し合い、子どもを迎えることになる。

入所してくるまで

小学校六年生のF子は学校で保健室の先生に「家に帰りたくない。お父さんが嫌なことしてくるから」と訴えたことが発端だった。児相に連絡があり、児童福祉司が学校に出向いてF子から話を聞いた。お父さんというのは実際には養父で、一年ほど前から一緒に暮らし始めていた。母親は夜の仕事に出ており、養父と妹と三人で夜を過ごすことが多かった。最初は「Fちゃんこれから仲良くしようね」と握手したり、頭を撫でたりするぐらいだった。それがいつの間にか一緒に歩く時に肩に手をかけてきたり、膝の上に乗せてテレビを見たりするようになった。女三人の生活が長く、実父の記憶がほとんどないF子は「お父さんがいたらこんなふうなのかな」と思っていた。ところが二ケ月ぐらい前一人でお風呂に入っていると養父が「背中を流してあげよう」と急に入って来た。驚いてどうしていいかわからないでいる間に体を洗われてしまった。夜添い寝しているうちに「ちょっと寒いから入れて」と布団の中に入ってくることもあった。何だか気持ち悪いので母親に訴えたが、「実の親でもないのにあんたのことをものすごく可愛がってくれているだけじゃないの」と取り合ってもらえなかった。自分が拒否すると自分の代わりに妹が嫌なことをされるかもしれない、と思い、しばらく我慢していたがどうしても我慢ができなくなって学校の先生に話した、ということだった。F子がどうしても家には帰りたくない、と言うのでそのまま学校から一時保護された。

F子を一時保護したことを伝えるために母親に連絡をとったが、かなり混乱した様子で勝手に出て行ったとF子を責め、それを手助けした児相に対しても腹を立てていた。そのため児相との面接にもなかなか応じようとしなかった。一週間ほどしてやっと来所した母親と養父にF子の話を伝えたが、性的虐待を否定し、F子の勝手な思い込みだからすぐに返してほしい、と言うばかりだった。児相の立場として返すことはできない、しばらく施設で預かるという話をすると、母親は激怒し、「もう二度と顔も見たくない。あの子の好きなようにすればいいでしょ」と言い放って帰ってしまった。

一時保護所でのF子は職員の指示に素直に従い、周りの子どもたちとトラブルになることもなく落ち着いて静かに過ごしていた。しかし男性の学習ボランティアが来た時に、体が触れてしまうほどすぐ近くに座っていたり、テレビのラブシーンに過剰に反応したりする様子から、明らかな性的虐待を受けていたかどうかはともかく、少なくとも過剰な性的刺激にさらされていたのは明らかだった。

F子の心理的なケアと母子関係の改善のための働きかけが必要と判断されて児童心理治療施設F学園への入園が検討された。今まで学校生活は何の問題もなく過ごしていたため、特別支援級に移すことによるデメリットも考えられたが、判定書によれば心理的な混乱が認められ、このままではそのことが実際の能力を発揮するのに障害となることが予想された。また母子関係改善のためにも積極的な関わりが必要だと判断された。一時保護所の様子では対人距離のとり方など細かな配慮が必要ではあるが、子ども集団の中での生活には問題がないと思われた。F学園への入所方向で話を進め、F子に学園を見学してもらった。家に帰らない選択をしたので今後の居場所はどこでも仕方がないと思っている様子もあったが、F子はきちんと職員の顔を見て説明を聞き、聞かれたことにははっきりと返事をしていて職員からは好感を持たれた。母親は施設入所には渋々同意したが、見学には応じなかった。受け入れ会議では児相から提示された資料をもとに予想されることを検討した。一時保護所ではそれほど大きな問題行動は認められていなかったが施設に慣れて安心してくると、内面の不安定さから今後心身の不調を訴えたり、性加害あるいは被害など性に関係する問題行動が出てきたりする可能性が考えられた。そのため当初の姿に惑わされることなく、注意深く観察することが確認された。また母親にも定期的に学校や学園の行事予定を送るなどの形で押し付けがましくならないよう配慮しながら連絡をとっていくこととした。

入園後、何をしても収まらない自分

入園後一週間は一時保護所の時と同様、特に問題になることはなかった。やや緊張した表情で職員の言うことに素直に従い、他の子どもたちのやりとりを黙って聞いていることが多かった。学校でも生活場面でもとても静かでほとんど目立たなかったが、そのうち頭痛や腹痛などを訴えるようになった。熱を測ったり、湿布を貼ったりして対応していると、そういう手当を受けながら少し声を潜めて「あのね、〇〇ちゃんね」と他の子どもたちに対する不満を職員に訴えるようになった。一方で年上の男の子にはラブレターを書き、職員の目を盗んでこっそり会おうとした。何人か特定の職員に自分が受けた虐待の話をすることもあった。自分が望むようにならなかったりすると急に「こんなところ嫌だ。家の方が良かった。お母さんに電話して迎えに来てもらう」などと言い出した。「お父さんにされたというのは全部嘘。何もなかった。だから家に帰る」とまで言うこともあった。すぐに家に帰ることはできないことはわかっているはずだったが、自分が言えば戻れると思っているふうでもあった。職員によって対応が異なるとF子が混乱するだけでなく、職員も振り回されてしまうので、できるだけ担当の保育士が対応するようにし、批判を交えずに彼女の言い分に耳を傾けた。その内容をセラピストに話すことは事態を客観的に見ることの助けになり、セラピストのアドバイスとともに保育士の負担感の軽減に繋がった。

F子のイライラした気持ちには波があり、保育士に話を聞いてもらうだけでは収まらないことがだんだん増えてきた。はさみやカッターで腕を傷つけ、それをわざわざ見せに来たり、いかにも飛び降りそうな様子でベランダの手すりに乗ってみたりした。制止されると激昂し、怒鳴りながら周りの物にあたることもあった。F子の不安定な様子は他の子どもたちに大きな影響を与えた。入所前に大きな罵声の飛び交う中で生活していた子どもたちにとって、理由が何であれ怒気を含んだ大声を聞くと以前の生活が蘇って不安になる。そのためF子が大声を上げないようにF子のご機嫌をうかがうようになった。しかしF子はそんなことは全く意に介さず、はさみやカッターを取り上げられるとコップやお皿をわざと割って破片を手にして職員を慌てさせたりしていた。どうしてそうなるのかセラピストの援助があっても言語化することができず、突然湧いてくる衝動に振り回されているかのようだった。怪我については淡々と、しかし丁寧に手当をするように指示されていたが、対応する職員の方も不安が高まり、冷静に対応するのが難しくなった。衝動性のコントロールのために薬物の使用も検討された。F子は気持ちを落ち着ける一つの方法として薬を飲むことに同意したが、許可をもらうために母親に連絡をとったところ子どもに薬を使うなんてとんでもない、ということだった。再び母の引取り要求が強くなることが懸念されたが、F子の状態を伝えると引き取るとは言わなかった。施設としてできる限りのことはするが、衝動性のコントロールを行わないと事故で命に関わる場合も出てくる、と何度か説明し、やっと服薬について母親の了解を得ることができた。

母親の生きづらさとつながる

最初のうちは施設とのやりとりを避けていた母親だが、薬の件で仕方なくやりとりを重ねるうちに少しずつ自分自身のことを語るようになった。恵まれない生育環境や母、つまりF子の祖母との不仲などがあり、情緒が不安定で母親自身に精神科の受診歴があった。話を聞いているとそういうことの結果として男性に頼るようになっている状況が想像できた。F子ともうまくやりたいと思っているが、自分のことで精一杯で余裕がなく、ゆっくり話を聞くこともできなかった、と振り返っていた。F子は母親に見捨てられることを心配していたが、母親もまたF子に見捨てられることを恐れているようだった。そこでちょうど季節が変わって必要になっていた洋服を持ってきてもらうことで面会をスタートさせることにした。母親は面会の折に少しずつ職員とも面接ができるようになった。

F子の母親の両親はF子の母親が幼い時に離婚し、F子の母親は父方祖母に育てられた。しかしその祖母が何かというとF子の母親にその母親（F子の母方祖母）の悪口を言うのが嫌で、高校を中退したのを機に家を出て友達の家を転々としていた。その中でF子の父親と知り合い、F子を妊娠した。まだ一八歳だった。結婚してF子を出産したが父親はほとんど働かず、ちょっとしたことで暴力を振るうのでF子が二歳の頃、F子の妹が生まれてまもなく離婚した。その後は夜の仕事をしていて、時々お客の男性が家に入り込むことがあった。今の養父ともお客として知り合い、結婚したという。養父の性的虐待については「未だに信じられないが、頭のどこかでは事実かもしれない、と思っている。でも事実だとすれば養父もF子も自分を裏切ったことになり、それはとても認めることはできない」と語った。

私だけを世話してくれる環境

薬物を使用してもF子が完全に落ち着く、ということはなかった。F子が不安定になって職員に対して暴言を吐くと、不安になった他の子どもたちが動揺してフロア全体が騒然となってしまった。落ち着いている時のF子は下の子に優しく、面倒みも良かったのでF子のことを好きな子も多く、そういう子どもたちの動揺はより大きかった。フロアを落ち着かせるために、F子を一週間集団から離し自活訓練室で生活させることにした。自活訓練室は元々はある程度身の回りのことが自分でできるようになって、退園後の生活の不安を減らすことを目的として作られた。バス・トイレのユニットがついており、他の子に接することなく生活することが可能な造りになっている。登校も午前中に一度担任が来て話をして課題を渡し、他の子が下校した後F子が登校するようにした。自活訓練室には担当を中心として交代で訪室するように予定を組んだ。その時の様子は申し送りの際に報告し、F子の記録として通常の記録とは別に記録のノートを用意した。F子には一週間学園としてどのような対応を取るのか具体的に説明した。F子は他の子と離されることを嫌がったが、自分でも落ち着いて生活したい、と思っており、期間が一週間ということで納得した。

この一週間でF子は落ち着いたが、劇的に改善したとは言えない。やっとF子が母親以外にもF子のことを心配し、いろいろなことがもう少しうまくいくように一緒に考えてくれる大人がいるらしい、と思ってくれるようになったという程度の変化に過ぎない。治療はまだこれからである。しかしあてにならない母親だけを頼りに一人でやっていくことは非常に困難で大きなリスクを伴う。そのリスクを下げる可能性が出てきただけでも、F子のためには良かったと思う。

性的虐待を受けてきた子どもへの支援に際して

性的虐待を受けてきた子どもは様々な思いを抱えて施設に入ってくる。自分が嫌なことをされた、という単純なものではない。母親が守ってくれなかった、というが以前から母親は子どもに関心が乏しく、ネグレクトでそれまでもきちんと育ててもらえていないことも多い。実父が加害者の場合、同じ血が自分にも流れていると思い、加害者を憎むほど自分自身もおぞましく思ってしまう。養父や養父の連れ子が加害者であれば、加害者を憎むのは簡単だが、その結果家庭がバラバラになってしまってそのことに責任を感じてしまうこともある。その葛藤の苦しさに振り回された言動は周囲を巻き込む。時には母親を理想化し、関わろうとする他の大人の言うことに耳を傾けなかったり、その時々の感情の起伏の激しさに周りがついていけなくなったりする。そしていっそう孤立感を深めてしまう。

施設では他の子どもたちとの距離が近く、接する時間が長いために問題行動となりやすい。男女間の性的な問題も多い。被害を受けた子は新たな被害も受けやすい、と思っているとと誘ったのは女の子でどちらを被害者と考えてよいのかわからない、ということもある。F子のように不安定さが顕著になって自傷行為をしたり、そのことで子ども集団全体が不安定になったりする場合もある。今まで大切にされた体験が乏しいために「自分を大切に」という働きかけはほとんど意味を持たない。「大切」ということが頭では漠然とわかっていても感覚的にはわからないのでただ自分のやろうとしたことを止められた、としか思わない。本人は意識していないと思われるが傍からは〝自暴自棄〟のように見え、働きかける手がかりに乏しい。そんな中で子どもを尊重した、しかし筋の通った関わりを根気よく続けることが重要となる。

性的虐待は今まで明るみに出ることが少なく、実数を把握することが難しいので具体的な数値では示されないが、性的虐待を受けた子どもが将来的に精神科を受診することはかなり多いだろうと思われる。境界例と言われる重症神経症あるいは人格障害の人の中に性的虐待の既往を持つ人が多いとか、虐待を受けているまさにその時に多重人格を作り上げているとか言われている。確かに精神科の患者さんの中に「実は私小さい頃……」と話す人はいる。もう二〇年三〇年と経っているのに、加害者に対する怒りは収まっていない。それと同時に、そのことを誰にも言えなかったり、言った場合でも否定されたりしてたった一人でそのことを抱えて生きてこなければならなかった悔しさ、苦しみが語られる。ＰＴＳＤの考え方だけで患者さんを理解することは難しい。精神科を訪れた時には二重三重に状況を悪化させ、さらに生き辛さを増している。子どもたちがそれぞれの困難さを一人で抱え込むことなく、適度に誰かに頼って生きていくことを学ぶことができたら、そのまま放っておかれるよりはもう少し楽に生きていってくれるのではないかと思う。

3 暴力、性などの問題行動を予防する

堀 健一

ここまでは、事例をもとに個人の問題としてのひきこもり、落ち着きのなさ、性的虐待の後遺症の治療・支援について述べてきた。しかし、暴力の問題は被害者を生み、暴力をする子ども個人の問題であるとともに、暴力により脅かされる周囲の問題、施設の生活の安全、安心感に関わる問題である。また、施設の風土が暴力を起こしやすくする面もあり、個人の治療と同時に施設の風土の改革が必要である。

この節では、施設内に暴力が吹き荒れ、施設崩壊ともいえる状態になったところから暴力問題を減らすために施設の風土を改革してきた一施設の実践から得られた知見を紹介する。

1 施設での経験

筆者は、児童養護施設や情緒障害児短期治療施設で被虐待や発達障害児を支援するようになって二五年近くの月日が経過した。この間、より良い支援を目指して紆余曲折があったが、ようやくここに来ておおむね現場が安定してきた。職員が子どもを褒める回数が増え、子どもが職員と穏やかに過ごす時間が増えるとともに、子どもの問題行動の発生数が減少し（図Ⅱ-1）、不登校は姿を消して学力が上がり、ソーシャルスキルを多く身に付けるようになった。

一口に紆余曲折と言ったが、ここまで来るには多大な時間と途方もない労力を費やす必要があった。特

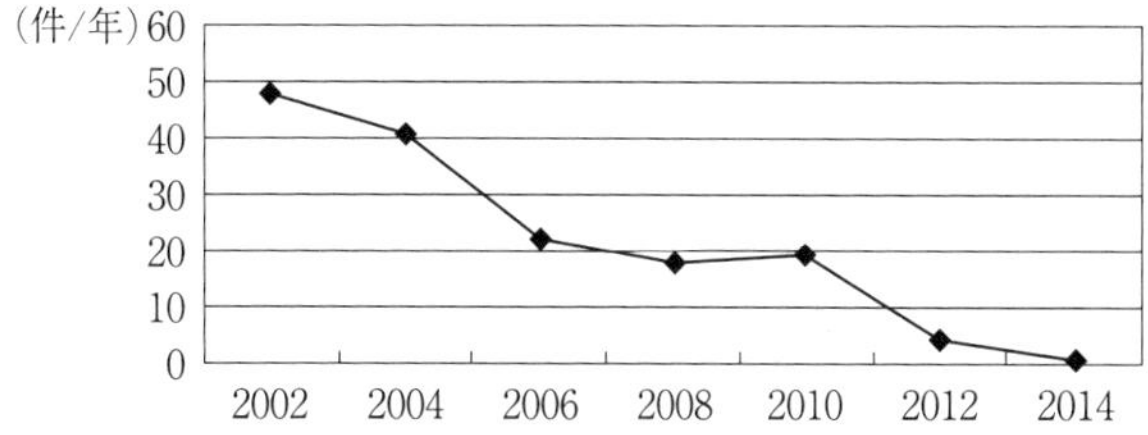

図Ⅱ-1　G学園における問題行動の発生数

に二〇〇二年から開所した児童心理治療施設G学園の状況は、筆者らの懸命な努力の甲斐も空しく大きく荒れた。暴力・暴言・盗み・性的な問題・いじめとありとあらゆる子どもの問題行動が頻発し、いつ終わるとも知れない苦悩に職員も心身ともに疲弊した。

我々は、この難局を打開するために日本のありとあらゆる機関に知恵を求め様々なアドバイスを得たが、根本的で具体的な解決策をついに見出すことはできなかった。そんな折、全米最大の家族支援を専門とするＮＰＯ「ボーイズタウン（Boystown）」の存在を知った。そして、幸運なことに、実際アメリカの現場で実習を重ねてそのノウハウを得ることができた。二〇〇四年より始まったこの学びと実践は、二〇〇六年には、子どもの問題行動を半減させ、二〇一三年度は、当初の二〇分の一以下まで発生数を減らすことができた。これは子どもを力で抑える方法でなく、子どもに前もって行ってほしいことを明確に伝え、それができれば承認して、職員と子どもが良い関係を築くという当たり前と言えば当たり前の方法であった。

しかしながら、多くの発達課題と心に深い傷を負った子どもを前にして、この当たり前のことを一貫してすべての職員が実践するのは、容易なことではない。多くの施設現場や学校現場の荒れが珍しくない日本の状況で、多くの人がこの実践の難しさを認知していることであろう。

以下に、筆者らが施設で実践してきたことの一つであるこの「ボーイズタウン」の援助モデルを紹介しよう。この援助モデルは、より一般的に使えるバージョンとして「コモンセンスペアレンティング」として紹介されているが、その根本原理は、インタラクション（相互作用）だと言われている。子どもの成長は自然発生的な面もあるが、援助者が子どもにどのように関わったかということがより重要であるという考えである。

今から百年近く前、「ボーイズタウン」の創始者フラナガン神父は、「悪い子どもはいない。子どもが悪くなるのは、悪い教えと環境があるからだ」という考えに至り、「フラナガンボーイズホーム」という小さな里親ホームをアメリカのネブラスカ州で始めた。今やこの小さな里親ホームは、大きく発展し、世界的な家族支援の団体として優れた成績を誇っている。またこのモデルは、家族支援、児童虐待の予防・治療、里親、保育など様々な分野で幅広く活用され、多くの効果を上げている。

「ボーイズタウン」モデルは、援助者が子どもに対してこれから説明する効果的な六つの援助法を実践できるよう構造化されている。

2　子どもの発達・期待値・育みの行動

発達・期待値

まずこのモデルは、「子どもの発達・期待値・育みの行動」という項目から始まる。

子どもの現場では様々な混乱やストレスが起こることがあるが、その原因の一つとして、子どもへの期待値の高さが挙げられる。「二歳の子どもに子どもだけで喧嘩の解決を求める」「機嫌が良くない三歳の子どもにすぐに返事を求める」といった子どもの発達に照らし合わせると、大人側が子どもへ期待する値が大きすぎることが度々起こる。また子どもの発達は独自性があるので、見立てを間違い大きすぎる期待値を持ってしまうと、大人にとっても子どもにとってもストレスとなり子どもの現場が荒れてくるといったことがある（図Ⅱ－2）。

それでは、適切な期待値を設定するには、どうすればよいのだろうか。このモデルでは、子どもの発達を四つの領域に分類している。その理由として、比較的目に見えてわかりやすい身体・言語発達と、目に見えにくい認知・情緒を分けることで、子どもの各々の独自の発達に気づくことが容易になることが上げられる。この気づきが、適切な期待値の目安につながる。まず、子どもの支援を考える最初に大人が子どもに求める行動の期待値に合っているかを確かめることが大切である。（参考に簡単な発達表を示す・表Ⅱ－1）

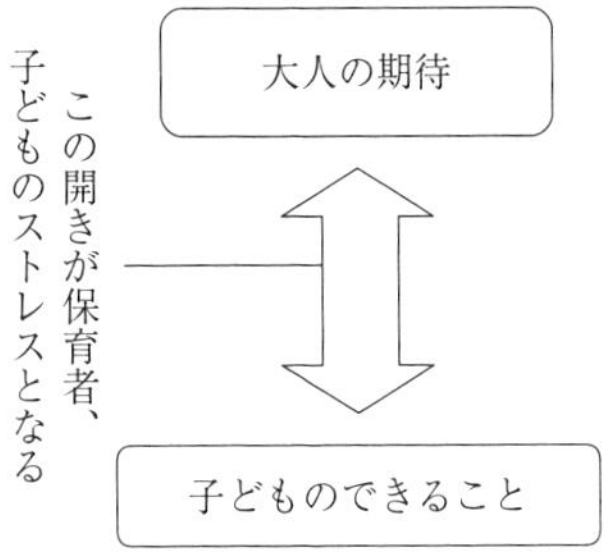

図Ⅱ-2　適切な期待値

特に要保護児童を対象とする子どもの現場では、中学生年齢であっても情緒発達が、三歳・四歳レベルの子どもが多く存在する。そのことをよく踏まえて援助しないと、大きすぎる期待値が子どもにも大人にも大きなストレスとなり、現場は荒れていく。

また、子どもへの適切な期待値の設定を簡単に確認できる方法がある。それは、支援者が教えたことを子どもと練習してみることである。子どもが教えたことを練習で簡単にできれば、それは適切な期待値の設定の目安となる。

表Ⅱ-1　発達表

	13ケ月～18ケ月	18ケ月から2歳	2，3歳	3，4歳	5，6歳
身　体	立つ・歩く・つかむ	積み木・登る・後ろ向きに歩く	走る・ボタン，スプーンを握る	跳ねる・投げる・はさみを使う	名前を書ける・靴ひもを結べる・着替え
認　識	探す・まねる・試す	見つける（隠）ごっこ遊び	想像・区別（現実）ができる	時間感覚・独り言・色の識別	足し引き算・10数える
言　語	最初の言葉	3から50語言える	簡単な文・イヤの頻発	説明できる・同じ違うを理解する	物語・共感・未来形で話す
情緒・社会	親の助けを求める	感情表現・自我	一人遊び・所有感・感情的	他児と少し遊べる・空想する	ルール認識・物事の予測

育みの行動

また、健全な発達の基礎には、子どもが大人から受け入れ愛されている実感が必要である。完全な親や支援者など存在しないので、支援者も実際の現場で様々な心境を経験するだろう。時には疲れたり、悩みが大きくなり仕事が嫌になったり、それは人としてあり得ることである。しかし、支援者は子どもの現場で様々な心境を経験しながらも子どもには受け入れ愛されている実感をもってほしいだろう。支援者が、行動としてどのように子どもの現場で振る舞えば、子どもが受け入れ愛されている実感をもってくれるのか。それが、「育みの行動」である。育みの行動は五つのポイントの頭文字をとって「SCALE」で表すことができる。

育みの行動五つのポイント（SCALE）

S・サポート　一緒にいる、より添う（多くの問題行動は、支援者が離れているところで起こるといわれている）。

C・ケア　衣食住日課の世話（特に日課を規則的にすることは、子どもの心を安定させる）。
A・アクセプト　受容共感（日常の承認を多くすれば、問題行動が減る）。
L・ラブ　目を合わせる・スキンシップ等で愛を示す（行動を先にすることで、心は良い方向に変わる）。
E・エンカレッジ　ほめて勇気づける（良い行動を見逃さず、ほめて勇気付けることで、子どもの良い行動は増える）。

日常生活や遊びの中でたくさんの「育みの行動」を行う。特に未発達な子どもの問題行動の多くは、大人の承認を得るために起こるといわれている。「育みの行動＝ＳＣＡＬＥ」が不足すれば、結局問題行動の対応に多くの時間と労力を費やすことになる。育みの行動は、支援者と子どもの健康的なつながりを深め、発達の基礎となる。

3　わかりやすく話し、結果を用いる

しつけとは？

「しつけ」という言葉からどのようなことを連想するだろうか。このモデルでは、「しつけ」のことを「教え、練習し、ほめて励ます」ことと定義している。その理由は、子どもが問題行動を起こす原因の一つとして、問題行動以外の方法を知らない、またはできないと考えているからである。例えばおもちゃの取り合いで友達を叩いてしまうということが起きたときに「何で叩くの、謝りなさい！」といった対応が普通に見られる。このモデルでは、そのような場合叩いた子どもは、友達のおもちゃがほしいときに、叩

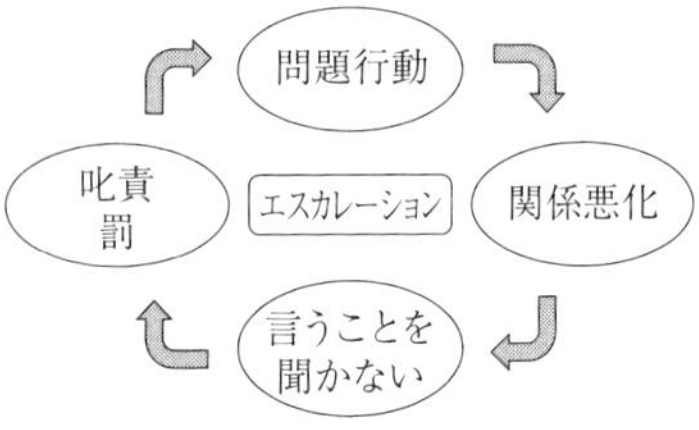

図II-3　子どもと関係が悪くなるサイクル

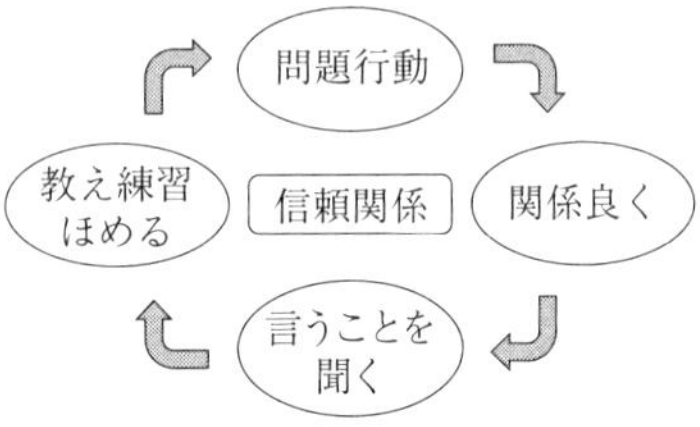

図II-4　子どもと関係が良くなるサイクル

くという行動しか知らない、またはできなかったと考える。そして、問題行動を責めて罰するというより、その代わりとなるような適応行動を「教え、練習し、それができるとほめて励ます」ことを重要視している。支援者と子どもの間でほめて励ますといった回数が多くなると、支援者と子どもとの関係が良くなり、子どもが支援者の言うことを聞いてくれる可能性が高まる。こうして大人と子どもの信頼関係が構築され、良いサイクルが生まれる。

一方叱責・罰などの関わりが増えると支援者と子どもとの関係が悪くなり、子どもが支援者の言うことを聞いてくれる可能性が低まり、さらに叱責が増えるような悪いサイクルになる可能性が高まる。（図II－3、4参照）

良い行動と悪い行動をわかりやすく話す

支援者として私たちが子どもたちに教えることは、何が良い行動で、何が良くない行動かということである。行動とは、見たり聞いたり数えたりできる具体的な人の動きである。

例えば、

「ちゃんとしなさい」は、「こんにちはとあいさつしてね」

「しっかりしなさい」は、「忘れ物がないように確かめようね」

「何でそんなことするの」は、「壁にマジックで書いているのを止めて」となる。

そして、

良い行動とは、みんなにとって安全で公平で楽しく過ごせること、

悪い行動とは、みんなにとって危険で不公平で、面白くなくなること、と定義する。

まず子どもたちには、良い行動を具体的に表現して（支援者が見せて話す）教える。そしてそれができるように練習する。このモデルは、子どもが家族や社会（学校等）の中で、良い人間関係を築き幸せな生活を送るために必要な良い行動（社会スキル）を研究し特定している。以下に代表的な社会スキルを記す。

良い行動の例

◎指示に従う（例えば、「わかった」と言ってすぐに行動する）
◎助けを求める（例えば、「～教えて」「～手伝って」と言える、喧嘩や危険な場面で大人を呼ぶ）
◎許可を求める（例えば、「～していいか」聞く）
◎「いいえ」を受け入れる（例えば、「今はだめよ」と言われると従う）
◎落ち着く（例えば、部屋に行ったり、絵本を読んだりと落ち着く行動ができる）

この他に、順番を待つ、貸してあげる、あいさつする、親切・思いやりの行動等の社会スキルがあるが、上記の五つができるようになると家族・社会生活がかなりうまくいくようになる。

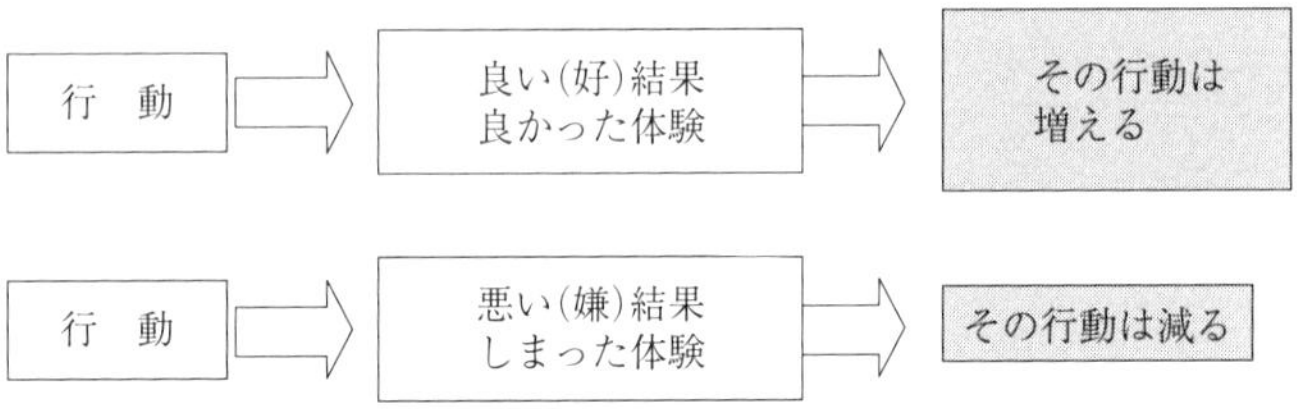

図Ⅱ-5　行動の増減

行動の定義＝見たり・聞いたり・数えたりする具体的な人の動き
良い行動の代表的なもの＝社会スキル

良い結果　悪い結果

私たちは、子どもの良い行動が増えて、良くない行動が減ることを望んでいる。それぞれの行動を増やしたり減らしたりする具体的な方法として用いるのが良い結果、悪い結果である。

ある行動の後に良い結果を得ることができればある行動は増え、悪い結果になればある行動は減る（図Ⅱ-5）。具体的には、スーパーで泣きわめくとお菓子を買ってもらえるということがあれば、お菓子を買ってもらえることが子どもにとって良い結果になる。よってスーパーで泣きわめくという行動が増える。スーパーで泣きわめく行動を減らしたいのであれば、泣きわめいた時には買わない（子どもにとって悪い結果）、買い物に協力（カートに座っている等）できた時に買うということになるだろう。

良い結果とは、子どもが好むもの、悪い結果とは子どもが好まないものである。

長く抽象的な話しより、行動と関連し適切なサイズの結果を示す方が、子どもにとってわかりやすいといわれている。子どもは、大人が一貫して結果を示すことにより、その行動が良いのか悪いのかを体験的に知ることができる。
例えば、良い結果と悪い結果には次のようなものがある。

良い結果（良かった体験）、子どもがほしくなるもの（直前の行動を次に起こりやすくするもの）

◎ほめ言葉（例えば、「よくできたね」「すごい」「かっこいい」「ありがとう」）
◎動作（例えば、笑顔、拍手、抱っこ等スキンシップ）
◎遊び（例えば、一緒に楽しい遊びをする）
◎所有物（例えば、少し特別なおやつ、高価でない買い物、おもちゃが増える）

悪い結果（しまった体験）、子どもがあまり欲しくないもの（直前の行動を次に起こり難くするもの）

◎もとに戻す責任をとらせる（例えば、掃除をする、片付けをする、謝る）
◎やり直す（例えば、走らずに歩く、投げずに置く、貸してという）
◎タイムアウト（例えば、一時楽しい遊びから離れる　年齢×一分が適当）
◎特権が減る（例えば、ゲームの延長時間が減る、特別なおもちゃで遊べない）

結果を用いるポイント

＊サイズ　結果はサイズの適切さが重要である。手伝いをしてくれた五歳の子どもに一〇〇〇円あげるのは、サイズが大きすぎる。ほめたり、一緒に遊ぶことで十分だろう。

＊関連性　ゲームのルールが守れないのであれば明日一日ゲームができないといった関連性のある結果の方が子どもにはわかりやすいといわれている。

＊即時性　すぐに結果がある方が効果的である。

また悪い結果は、子どもと話し合って前もって決まっている方が子どもの受け入れが良いと言われている。

効果的に良い結果・悪い結果を使うことで、子どもを大声で叱責したり、暴力で何かを教えようとしたりする可能性が低まる。結果だけが子どもの行動を変えるしつけ法ではないが、結果を適切に用いることで支援者は、良い行動と良くない行動を効果的に伝えることができる。

4　効果的にほめる

効果的なほめ方は、子どもとより良い関係構築、子どもの良い行動を増やすため、支援者が何をどのようにほめるのかを具体的なステップとして習得できる効果的な方法である。

一日の生活では、子どもは適応行動（例、時間を守る・残さずにご飯を食べる・「おやすみ」と言うなど）をたくさん行っていることになる。大人はどうしても問題行動に注目してしまう傾向があるので、意図的に適応行動に注目することが大切である。

生活の中で、子どもの適応行動が見られたら以下のステップで効果的にほめる。

①承認する（笑顔・抱擁・賞賛の言葉）（例えば、「すごいわね〜」）

②良い行動を表現する（保育者が具体的に見せる・話す）（例えば、「すぐにおもちゃを片付けられた

ね」）

③良い結果を用いる（即時にサイズが適当な良い結果を用いる）（例えば、「すぐに片付けられたので、絵本読もうね」）

ほめる時に理由付けを用いるとより効果的である。理由の種類は、子どもの側に立った理由が良いと言われている。例えば、

「おもちゃを片付けられたね。そうすると次に使う時にすぐに見つけやすくなるね」

「おもちゃを貸してあげたのね。そうするとお友だちが増えるかもしれないね」

ほめる割合と問題を正す割合は、幼児の場合八対一が理想といわれている。理想に近づくことは、難しいかも知れないが、少なくとも問題を正す割合よりほめる割合が多い状態を維持しよう。

5　予防的教育法

物事を予想するには、様々な情報を整理したり、多く経験を積んだり、仮説を立てたりといった多くの能力が必要なる。ボールを取ろうとして道に飛び出したらその後どうなるのか、といったその後を予想することは、子どもにとって発達上難しい場合がある。「今ほしいものを要求し、今行いたいことをする」それが子どもということなのかも知れない。

しかし、こういった刹那的な要求や行動は、後になって問題を引き起こすもとになる場合も多いため、前もって行動とその行動がもたらす結末（因果関係）を支援者が子どもに伝えておく必要がある。何が良い結末につながる行動かを子どもに前もって伝えておくことを予防的教育法という。予防的教育法を行う

ことで、子どもをほめる機会も増えて、大人と子どもが良い関係を築ける可能性が高まる。

予防的教育法のステップを以下に示す。
①良い行動を見せて話す（例えば、「遊んでいる時、お友だちのおもちゃがほしくなったら『貸して』と言ってね」）
②練習（面白く、短く）（例えば、「今から練習しましょう！　お友だちのおもちゃがほしくなりました。何て言ったらいい？」）
③承認する（ほめて、勇気付ける）（例えば、「そうよく言えたね。今度から「貸して」と言おうね」）
ポイントとして、
＊予防的教育法は、子どもが初めて経験する場面、よく失敗してしまう場面で行う。
＊予防的教育法で教えた行動が見られれば、すぐに効果的なほめ方を行う。
＊社会スキルを予防教育（指示に従う・許しを求める・助けを求める・ノーを受け入れる・落ち着く）すると効果的である。

6　問題行動を正す教育法

失敗から学ぶことも子どもが育つ過程で大切である。問題行動を正す教育法とは、どのように失敗から学ぶことを効果的に行うのかという具体的な方法である。

子どもの問題行動が起こると、多くの場合、叱責や追及など大人にとっても子どもにとっても不愉快な交流が始まる。特に子どもにとって長時間の不愉快な交流は、次の問題行動の引き金になる場合がある。

長時間の不愉快を避けるために、問題行動には、適切な悪い結果を用いた上で、次にどのようにすれば良くなるかといった前向きな提案と、それができるように練習する時間を設けた方が子どもの行動の改善につながることになる。

以下に問題行動を正す教育法のステップを記す。

①問題行動を見せて話す（問題行動を具体化する）（例えば、「あなたは、お友だちを叩いて「ばか」と叫んでいますよ」）

②悪い結果を用いる（例えば、「五分間このおもちゃでは遊べません」、おもちゃを預かる）

③良い行動を見せて話す（例えば、「お友だちにごめんなさいと謝り、今度おもちゃを使いたい時は『貸して』と言います」）

④練習（例えば、「それでは、まずごめんなさいという練習をします。次に『貸して』と言いましょう。」）

ポイントとして

＊悪い結果は、事前に子どもと話し合い決まっていることで用いやすくなる。

＊タイムアウト（活動から離れること）は年齢×一分が望ましい

＊予防教育を多くすることで、問題行動を減らすことができる。

7　自分をコントロールする教育法

問題行動を正す教育法を用いたとき、子どもの興奮が高まって前向きな解決が難しくなる場合がある。

そのような時は、まず落ち着くことに専念することである。落ち着きを取り戻すことができれば、前向きな問題解決ができるようになる。自分をコントロールする教育法は、第一ステップで大人も子どもも落ち着きを取り戻し、第二ステップで問題解決を行う。

まず、子どもの現場であなたを怒らせる言動を特定化する。どんな時、子どものどんな行為があなたを怒らせるかを特定し、どうしたら落ち着けるかを考える。

あなた自身が落ち着けば以下のステップに移ります。

第一ステップ（落ち着く）

①問題を見せて話す（例えば、「イヤと叫んでおもちゃを投げていますよ」）

②落ち着くため明確な指示をする（例えば、「まず深呼吸して五数えなさい」）

③間を設ける（例えば、「落ち着けるまで、待っています」）

④協力のチェック（例えば、「お話しができるようになった？」）

第二ステップ（再教育）

次のいくつかを選択して前向きに解決する（静まるスキル・社会スキル・結果・練習・もとの問題に戻る）

①結果（例えば、「おもちゃを投げたので五分間静かに座ります」（タイムアウト））

②静まるスキル（例えば、「これから怒ってしまったら深呼吸を三回して、五数えます」）

③練習（例えば、「それでは、次から上手にできるように練習します」）

おわりに

このようにして六つの援助（しつけ）の技術を用いることによって、子どもにとってわかりやすく一貫した関わりが、誰にでもできるようになる可能性が高まる。すべての職員がその技術を身につけて子どもと関わることで、子どもに対して援助的な施設文化ができあがる。それとともに、子どもの現場に安心と安全をもたらし職員の暮らしも子どもの暮らしも良い方向に向かっていくことになる。それは、私たちの現場でもできたことなので、他の現場でもきっとできるに違いない。幸い二〇一四年よりＢＯＹＴＯＷＮの公式認定団体が、札幌・静岡・大阪・和歌山・宮崎にあり、質の高い研修を日本でも受講できるようになった。ボーイズタウンコモンセンスペアレンティングでＨＰを検索（www.csp-child.info/index.html）すれば、研修会情報を得ることができるので、必要な方は参照されたい。

第III章

心をはぐくむ生活の器

——調査から見えてくる総合環境療法

髙田 治

1　児童心理治療施設（情緒障害児短期治療施設）の現況

前章までで、児童心理治療施設の実践を紹介してきた。実践はそれぞれの子どもの様子に合わせて個別に組み立てられるものなので、子どもによってその様子は大きく異なる。この章では、調査研究の結果をもとに、児童心理治療施設の平均的な傾向を示し、児童心理治療施設の治療について考えてみたい。治療施設における実態調査は少なく、子どもの変化を追う縦断調査はさらに少ない。実態調査の結果は、経験からくる実感の根拠を与えたり、思い込みを正したりするものであり、実践を比較検討するときの一つの貴重な資料となる。

これから調査結果をもとに児童心理治療施設に入所してくる子どもたちの現状、共同生活を基盤とした様々な支援を受けていくことで起こる変化について述べていくが、まず、児童心理治療施設の現況について述べたい。

児童心理治療施設は児童福祉法に規定され、人員配置など運営の最低基準が定められ、運営費も国の基準でおりてくるので、大きな差はつきにくいように見えるが、自治体や運営法人の考えによって各施設の実情は随分異なる。二〇一四年一〇月の実態調査の結果をもとに、施設の違いを述べてみたい。

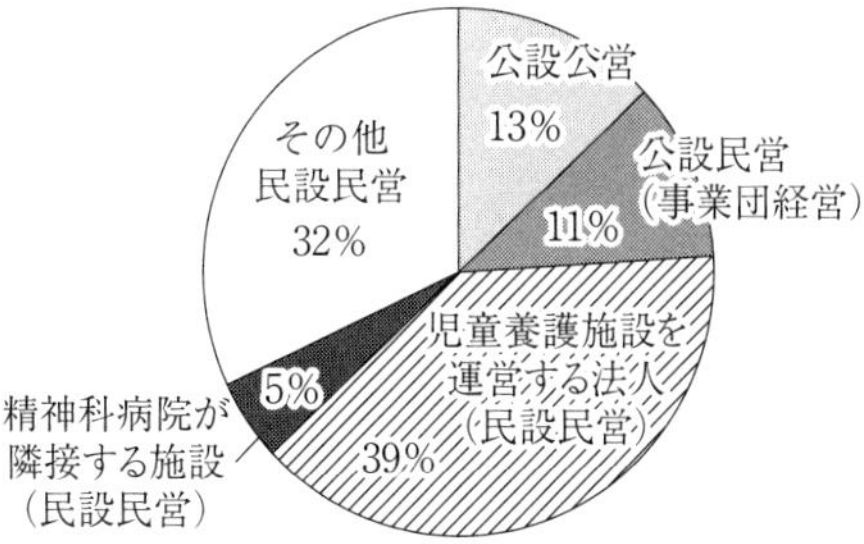

図Ⅲ-1　施設の運営主体（38 施設／ 2014 年）

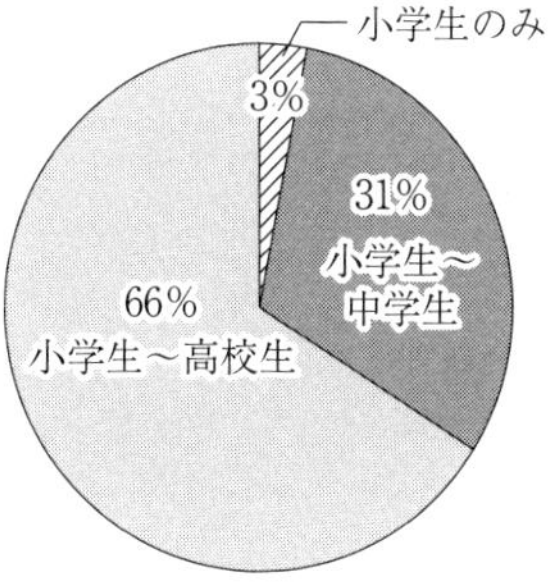

図Ⅲ-2　施設の在籍児童の年齢

運営に関して

法制化された当初は公設公営の施設が多かったが、平成になってから新設された施設はほとんどが民営である（図Ⅲ－1）。公営や事業団運営の場合、人員配置などは、それぞれの行政の考え方によるところが大きく、職員の異動もある。公設公営の施設は、中学校卒業とともに退所をさせ、高校年齢の子どもは在園できない施設が多いが、民設民営の施設は、高校年齢の子どもの在園を認めるところが多い（図Ⅲ－2）。

公設施設は運営面ではそれほど大きな特色は出しにくいが、民営の場合、法人の特徴で運営が大きく異なる。児童養護施設を運営する法人の施設では、児童養護施設の養育の考え方が土台にあり、その上に治療の観点が乗る形となる。一方、精神科医療の流れを汲む法人では、医療の観点が強く、入院治療の考え方をベースにする傾向がある。そのような違いによって、生活の場の雰囲気、日課の作り方なども異なってくる。

医師の配置が義務付けられているが、実際は、雇用に十分な国の予算が用意されていないことなどから、常勤医師を置いている施設は少ない。しかし、全国の在籍児童の四割以上が精神科の薬を飲んでいるなど精神科治療が必要であり、ほとんどの施設が、非常勤や嘱託の医師を配置している（図Ⅲ－3）。

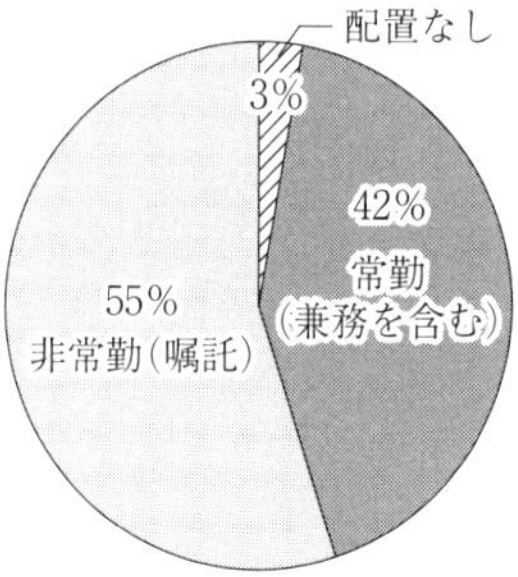

図Ⅲ-3　医師の配置の状況

また、子どもが通ってきて治療を受ける通所部門を持っている施設は、三八施設中半数の一九施設である。通所部門があれば、通所で施設に慣れてから入所に至ることもできる。また、退所後に通所部門に移ることで、家で生活をしながら日中は施設で過ごすなど段階的な家庭復帰が可能になる。一般の外来相談を受けている施設は一三施設である。通所部門、外来部門を備えることで、地域から施設、そして地域への切れ目のない支援が可能になるが、立地条件などの様々な条件によって入所部門のみの施設も多い。

生活環境について

大都市の中心街のビルの中にある施設もあれば、バスが日に何本かしか通らないような山間部にある施設もある。家族が施設に面会に来ようとしても一日がかりになる施設もある。児童相談所が隣接している施設では、児童福祉司がすぐに施設に来てくれるが、児童相談所とかなり離れたところにある施設では、児童福祉司が来ることが時間的に限られるなど、児童相談所との連携の取り方も異なっている。

また、同じ法人が運営する児童養護施設が隣にある施設が一二施設ある。児童養護施設の子どもたちと児童心理治療施設の子どもたちの関係がどのようになっているかも施設によって異なる。

子どもがどのくらいの集団の規模で共同生活を送るかも、施設によって異なる（図Ⅲ-4）。入所定員は三〇人から五〇人の施設がほとんどであるが、五〇人が同じフロアで暮らす施設や男女それぞれ二〇名程度が共同生活を送る大舎制の施設がある一方、七人程度のユニット・小舎に分かれて暮らす施設もある。ほとんどが個室の施設もあれば、三～四人部屋が主体の施設もある。大舎制では五〇人近くが大きな食堂で食事をとるが、ユニットでは七人程度が食卓を囲む形になる。浴室も数名で入るような形が大舎制では多いが、ユニット・小舎制ではほとんどが家庭にあるようなユニットバスである。

このような生活環境の違いにより、人間関係も様相も異なってくる。大舎制では、多くの子どもと職員が一緒に過ごすので関わる人を選べるし、子どもが目立たず集団に埋もれるかのように過ごすこともできる。ユニット・小舎制では、限られた職員と子どもとの関わりになり、その関係は濃密になりやすいし、埋もれることなく子ども一人ひとりの動きが際立ちやすい。

建物の構造にも違いがある。廊下が直線で見通しがよい建物では死角が少ないために、子ども同士が大人の目を離れて関わることは難しく、監視されていると受け取る子どももいれば、見守られていると感じる子どももいる。一方、死角が多い施設では、大人の知らないところで子ども同士の関わりが進み、自主性が育つ半面、いじめなどの関係が発覚しにくくなる。

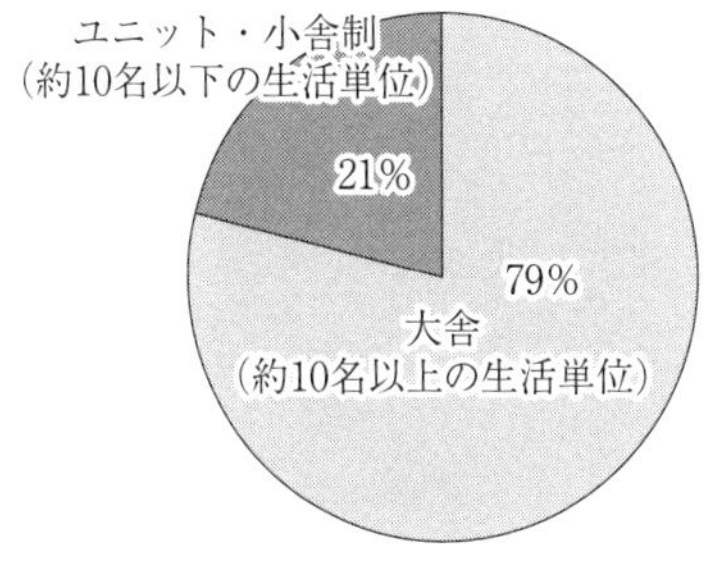

図Ⅲ-4　施設の形態

学校について

ほとんどの児童心理治療施設には、施設の子どものための学校教育が施設の中に用意されているが、学校の形態も施設によって異なる（図Ⅲ-5、Ⅲ-6）。生活をする建物の隣に学校棟がある施設もあるし、施設の

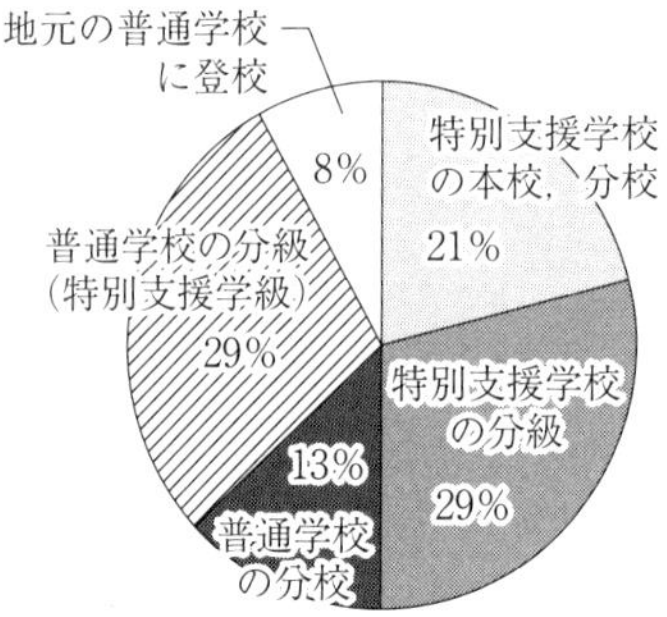

図Ⅲ-5　小学校の形態

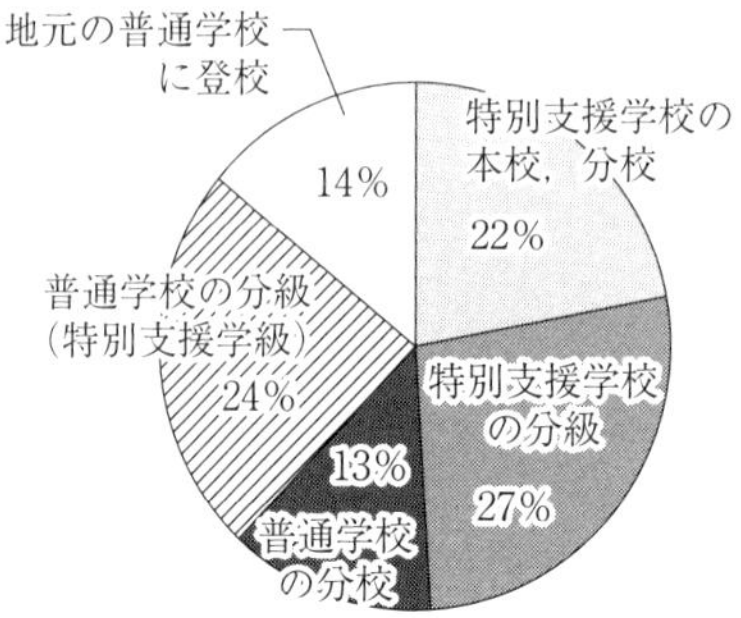

図Ⅲ-6　中学校の形態

建物の中に分教室がある施設もある。県立の特別支援学校が隣接し、子どもがそこに通っている施設もある。

学校部門は、教育委員会の管轄であり、教員は一般の教員と同じように教育委員会の人事で配属される。学校、教育委員会と施設、所管の福祉行政の関係によって、学校部門との連携に違いが出てくる。通所措置の子どもが、分教室を利用できる施設もあるし、できない施設もある。子どもに自信がついてきて退所が近づくと「普通の学校」に通う経験ができるとよいが、その時に本校に通えるかは施設と学校、教育委員会との関係によって異なる。教育部門との連携は、行政の縦割りの弊害もあり難しい場合も多いが、子どもの支援のバリエーションを広げるためにも日頃からの連携が必要である。

導入される学校教育の種別も、特別支援学校の本校、分校、地元の一般学校の分校、分教室というように、形態が異なり、それぞれで、教員の配置も異なる。特別支援学校は子ども六人に対し一人の教員配置となり、一般学校の特別支援学級の場合、子ども八人に対して一人の配置となる。分校の場合、管理職も配置され予算も多いが、分教室の場合は管理職の配置もなく予算も少ない。

施設に入所してくる子どもたちの中には、知的能力の面で特別支援学級が適当とされる子どももいるが、それよりも、机に向かっていることができずに教室を飛び出してしまったり、集団の中でトラブルをすぐに起こしてしまったりと、教室の中で授業を受けることが難しい子どもが多い。個別の対応が必要な子どもが多く、教員の数が足りないのが実情である。例えば、中学生が二〇人いる場合、一年生から三年生まで各学級を作り、知的な特別支援教育を行う学級を作れば、それだけで四名の教員が必要になるが、個別支援を考えれば四名では足りない。子ども八人に対して一人の配置では子ども二〇人に対して三人の配置となり四人揃えることすら難しい。教員の配置は毎年五月一日の在籍数で基本的には決まるが、児童心理治療施設は年度末に退所が多いため年度当初の在籍数が一番少なく徐々に子どもが増えていくことが一般的である。年度途中で子どもが増えても増員がままならず、教員の手が足りないことが起きやすい実態がある。教育委員会との協議によって特別支援学校の分校にできれば教員数は大幅に増えるが、そのような協議はなかなか難しいのが実情である。

職員体制

二〇一五年現在、ケアワーカーは子ども四・五人に対して一人の配置から三人に対して一人に移行中である。しかし、一週一六八時間（二四時間×七日）で、子どもが寝ている時間を除いたおよそ一二〇時間に対して、一人の職員は週四〇時間しか働かないわけだから、三人職員がいてはじめて一人の子どもの起きている間をカバーできる計算になる。したがって、一人の職員が三人をケアするように見えても、実態は一人の職員は三の三倍の九人近くをケアする計算になる。このような貧弱な人員配置で、子どもたちをケアすることを求められていることの無謀さをまず押さえておきたい。このような過酷な状況では職員が

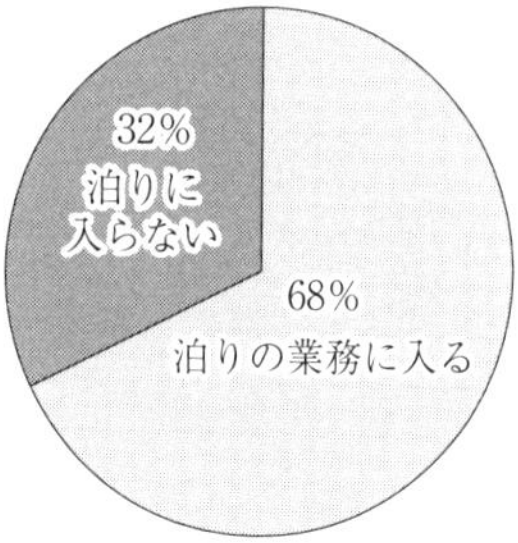

図Ⅲ-7　心理士の勤務形態

お互い支え合い協力して苦労を分かち合うことが必須である。他の子どもと同じように集団行動ができなかったり、すぐにトラブルを起こし暴力が出てしまったりする被虐待児が増えてきた頃から、人員不足を補い生活場面を落ち着かせるために心理士を生活に投入する施設が増え、現在過半数の施設で何らかの形で心理士が生活に入っている（図Ⅲ-7）。

大舎制では一〇名以上の職員で子どもの生活を回すが、ユニット・小舎制では基本的にユニットの担当となる数名の職員のみで回すことになる。共同生活の単位それぞれに泊まりの職員が必要で、大舎制では男女各一人の二人しか泊まっていない施設もあるが、ユニット制では各ユニット一人で四人以上の職員が泊まる施設もある。夜に泊まる職員数が増えると、日中にケアをする職員が減ることになり、一ユニットを一人で見る時間も増えてしまう。ユニット・小舎制の場合、職員の泊まりの日数も大舎制よりは多くなる。

児童心理治療施設に入所している子どもたちは、集団適応が悪く、人とうまく関われない子どもが多い。そのような子どもを集めて共同生活を行い、人との関わりの中で心の成長を促すことが治療の柱であるので、子ども同士や職員とのトラブルを治療に結びつけることが不可欠である。トラブルが起きた時に一人の職員で対応することはできないので、応援の職員を迅速に集められるかが、大切になる。児童養護施設ではユニット制が進んでいるが、児童心理治療施設でユニット制が進まないのは、トラブル対応に備え複数の職員を生活場面に配置することが難しいことが一因である。現在ユニット制を行っている施設では、日中はユニット間の壁をはずして大舎制に近い形にしていたり、職員が隣のユニットにすぐに行けるような職員専用の扉を作るという構造上の工夫をしたり、ボタンを押せば職員室に通報され応援が呼べるような通信機器を携帯するなどの工夫を行っている。

心理士の動き

心理職が生活に入るか否かに関しては、議論が続いている。日常の生活の影響を受けない場所で心理士と心の内側を見つめ自分のことを考えることができるように、心理療法の場を生活から離し、心理士も日常では出会うことがないようにすることが、外来機関では一般的である。この外来型の心理療法の原則を守ろうという立場がある一方で、生活に入って様子を見ることで子どもの理解が深まり、それを心理面接に生かすべきだという考えもあり、それぞれの長短が考えられる。現状としては、心理士が全く生活に関わらない施設もあるが、人員不足を補うために泊まりの勤務だけを行う施設や、心理療法を担当している子どもがいないユニットの生活に入る施設もある。さらに、心理士がケアワーカーと同様のローテーションで生活の場に積極的に入っている施設もある。このような人員配置の違いによって心理療法の考え方も異なり、週一回の心理療法の時間を確保している施設もあれば、トラブル時に心理士が積極的に危機介入を行ったり、心理療法的な視点から生活場面で関わることを重視し、心理療法に関しては子どもに合わせて柔軟に行っている施設もある。

担当制

子どもにとって担当職員は、自分のことを一番考えてくれる大切な人間である。多くの施設では、ケアワーカーと心理士がペアを組んで担当となり、別に家族担当の心理士がつく施設も多い。ユニットを見る職員グループが担当となる施設もある。いずれにしても、施設の職員、学校の教員、家族、児童相談所の児童福祉司などがネットワークを作って子どもを支えることが大切である。アセスメントを行い、治療方針を立て、子どもに合った関わりの留意点を職員、教員、家族などに伝え、それぞれの専門職や家族との調整を行うのは、主に心理士の仕事である。児童養護施設の流れを汲む施設では、生活指導員が子どもの施設での生活を考える中心となることが多いが、医療の流れを汲む施設では、心理士が子どもの生活を含めた治療方針を考えることが多い。

担当職員は受け持ちの子どもの問題を自分の支援のまずさが原因と考える傾向が強く、一人で問題を抱え込むことが起きやすい。児童心理治療施設に入っている子どもたちの中には、虐待を受けて大人への不信を持っている子どもが多い。職員が世話をしようとしても拒否することもあり、関係を作ることがなかなかできない場合も多い。また、子どもが職員によって異なる関わり方をすることは当然であるが、それが極端な子どもや、その場その場に合わせて一貫性なく振る舞う子どももいるので、職員間の情報の共有がないと子どもの理解が難しくなる。

担当職員を支えるシステムを施設として作っていくことが必要で、子どもの状態に応じてサブ担当をつけたり、問題が起きた時には対応チームを作って対応することが決められている施設もある。職員のメンタルヘルスを保てないと、子どもの支援がうまくいかないということが益々実感されるようになっており、スーパービジョンの体制を整えるなど職員を支えるための取り組みが必要になっている。

これまで述べてきたように施設により異なる面は多いが、心理治療の観点から配慮された共同生活を基盤にそれぞれの子どもに合った総合的な支援を行う総合環境療法の考え方は全ての施設が共有している。一日の生活日課の考え方など、児童心理治療施設の運営の基本は、「情緒障害児短期治療施設運営ハンドブック」（厚生労働省雇用等均等・児童家庭局家庭福祉課ホームページに公開されている）に詳しいので、ご覧いただきたい。

2　調査について

次節以降で、縦断調査などの結果をもとに児童心理治療施設について述べるが、まずは、調査について説明する（表Ⅲ－1）。資料として用いたものは、毎年行われている実態調査と、二つの縦断調査の結果である。実態調査は、全国情緒障害児短期治療施設協議会が、全ての施設の一〇月一日現在の状況を毎年調べているものである。縦断調査は、二〇〇〇年から二〇〇四年に、恩賜財団母子愛育会と子どもの虹情報研修センターの助成を受けて行った縦断調査と、二〇〇八年から二〇一一年に子ども未来財団の助成（児童関連サービス調査研究事業）を受けて行った縦断調査である。二つの縦断調査ともに全国情緒障害児短期治療施設協議会のもとに行われ、回収率が九割を超えるもので、当時の実態をほぼ表していて、貴重な資料と考えている。

①二〇〇〇年から二〇〇四年までの縦断調査

児童虐待防止法が施行された二〇〇〇年当時、増えてきた被虐待児の支援の難しさが実感され、課題となっていた。そのような状況のもと、この縦断研究は虐待経験が与える心理的影響と被虐待児の支援の効果について探る目的で行われた。

対象は、二〇〇〇年九月一日時点、全一七施設に入所していた全児童である。

表Ⅲ-1　2つの縦断調査の概要

	2000年からの調査	2008年からの調査
調査時期	2000年10月，2001年10月， 2002年10月，2003年10月， 2004年10月の5回	2008年10月，2009年4月， 2009年10月，2010年4月， 2010年10月，2011年4月の6回
調査内容	各回「子どもの状態像の調査」 初回のみ被虐待児に対して「リスクアセスメント」 退所時に「退所児童に関する調査」	各回TRF（CBCLの教師評定版） 退所時に「退所児童に関する調査」 初回のみ児童相談所に対して「入所理由の調査」
対象	2000年9月1日に児童心理治療施設に在籍していた全児童 571名（男子340名，女子231名）	2007年10月から2008年9月までに児童心理治療施設に入所した全児童 391名（男子212名，女子179名） （初回調査時に退所していた25名を除く366名が縦断調査の対象）
被虐待児の率	約53%（不明5名を除く566名中）	約71%（不明50名を除いた340名中）
平均入所年齢	被虐待児　男子168名，9.9歳 　　　　　女子130名，10.7歳 非被虐待児　男子169名，11.9歳 　　　　　女子99名，12.1歳	被虐待児　男子125名，11.3歳 　　　　　女子116名，12.3歳 非被虐待児　男子64名，12.4歳 　　　　　女子35名，13.6歳

「子どもの状態像の調査」（巻末資料1）を各施設に郵送し、職員に各子どもについて「入所後六ケ月程度に見られた状態像」と「調査時点での状態像」を評定してもらった（入所して六ケ月経たない子は調査時点の状態像のみ評定を求めた）。入所後六ケ月程度としたのは入所当初は生活環境の変化に反応して混乱したり、様子をうかがうかのように緊張して問題を見せないことが多く、半年くらいして施設に慣れ地が出てきてその子どもの本来の問題が見えてくることが経験的に知られているからである。

「子どもの状態像の調査」は、一九領域、被虐待児にはさらに「主たる虐待養育者に示す愛着と拒否」の一領域を加えた。各領域数項目ずつの全一五六項目に各領域ごとに「問題なし」と「その他」

表Ⅲ-2 「子どもの状態像の調査」の項目

子どもの状態像の調査	
領域	項目数（「その他」,「問題なし」を除く）
睡眠	5 項目
食欲	8 項目
排泄	6 項目
身体感覚	5 項目
身体運動	3 項目
身体発育	「低身長，低体重の」1 項目
情動の傾向	16 項目
大人（スタッフ）に対する態度	13 項目
大人（スタッフ）に対して目立つ行動	9 項目
他の子どもに対する目立つ行動	20 項目
社会的なルールや約束	9 項目
特定の大人との関係	2 項目
特定の子どもとの関係	2 項目
自分自身に対する構え	7 項目
認知能力（知的能力）と基本的な学習能力	4 項目
生活上の問題	11 項目
いわゆる問題行動	14 項目
主たる養育者に示す愛着と拒否	8 項目＋「養育者がいない」
児童精神科領域についての医学的ケア	6 項目
（被虐待児を対象に）	
主たる虐待養育者に示す愛着と拒否	7 項目＋「不明」

「いわゆる問題行動」以外は「あてはまる」「あてはまらない」の 2 件法
「いわゆる問題行動」は，「毎日のように」「週に 1 ～ 2 度くらい」「月に 1 ～ 2 度くらい」「何ケ月に 1 度くらい」「ない」の 5 件法の回答

表Ⅲ-3 「退所児童に関する調査」の項目

治療効果	「改善」「やや改善」「不変」「悪化」「中断」の5件法
退所の形態	「症状の改善が得られて退所」「児の激しい逸脱行為のため中断」など，14項目に「その他」を加えた15項目から選択。複数回答可。
転帰	「家庭復帰」「児童養護施設への措置変更」など10項目と「その他」から選択
進路	「就職」，在学中の学校種などを問う
退所後の援助	「施設で援助」「退所後の援助なし」などから選択

の自由記述を加えた（表Ⅲ－2）。各領域に「問題なし」の項目があるので各領域で少なくとも一つは○が付くようになっている。

被虐待児に関しては、入所前の児童相談所の記録等をもとに「リスクアセスメント」（加藤他、二〇〇〇）に回答してもらった。

その後、二〇〇四年まで毎年一〇月に「調査時点での状態像」の調査を同様の手順で行った。

また、退所した子どもには、退所時の状況を調べるために、「退所児童に関する調査」（表Ⅲ－3、資料2）について職員に回答を求めた。

② 二〇〇八年から二〇一一年の縦断調査

二〇〇八年当時は、被虐待児が入所児の過半数を超えることが常態化していて、被虐待児と虐待を受けていない子どもを分けて考える意味が薄れていた。代わりに、発達障害児の増加などが注目されていた。入所してくる子どもの質が変わり、旧来の支援のやり方が通用しなくなってきて現場に困惑が広がっていた。そのため、新たな支援を目指して児童福祉施設の将来像が議論され、児童心理治療施設の治療に関しても数量的なデータが求められてこの調査が実施された。前回の縦断調査では独自の項目を使ったが、この調査では他の調査結果と比較できるように、標準化された質問紙が選ばれた。

対象は、二〇〇七年一〇月一日から二〇〇八年九月三〇日までの一年間に当時の全三二施設に入所した全児童三九一名である。なお、二〇〇八年一〇月一日現在、退所していた児童が二五名（六・四％）おり、その二五名を除く、三六六名が縦断調査の対象となった。

二〇〇八年一〇月初回の調査時には、ＴＲＦ（Achenbach, 1991）が開発したChild Behavior Checklistの教師用を児童思春期精神保健研究会が邦訳）と、ＩＣＤ－10（ＷＨＯの国際疾病分類第一〇改訂版）による診断、被虐待経験の有無等を調べた。

その後、ＴＲＦを半年ごとに二〇一一年四月まで計六回を送付し、上記対象児童について回答を求めた。回答は担当職員を中心に合議も可とした。

ＴＲＦは世界各国で翻訳標準化されているもので、八つの下位尺度と、下位尺度を合成した「総合得点」と、「内向尺度」、「外向尺度」の三つの合成尺度がある（図Ⅲ－8）。一一三項目について、三件法（0・あてはまらない、1・ややまたはときどき、2・たいへんまたはよくあてはまる）で評定し、項目の点数を合計して尺度得点を算出し、性別と年齢層により標準化してＴ得点（偏差値のようなもの）を求めた。日本でも男女それぞれ、六歳から一一歳、一二歳から一五歳の四グループに分け各尺度が標準化され、尺度ごとに、正常域、支援の必要な臨床域、支援を考慮する境界域が定められている。

退所した児童については、二〇〇〇年の調査で用いた「退所児童に関する調査」（資料２）の回答を求めた。

総得点

ひきこもり尺度
「ひきこもる」「一人を好む」など，ひきこもりの傾向を調べる尺度

身体的訴え尺度
「頭痛」「吐き気」「疲れすぎ」など，
身体的症状を訴える傾向を調べる尺度

不安／抑うつ尺度
「完璧でなければ」「こわがり，心配性」「人目を気にする」など
不安や抑うつ傾向を調べる尺度

（以上，内向尺度）

社会性の問題尺度
「好かれていない」「仲良くできない」「からかわれる」など
子ども集団の中で孤立したり,うまく付き合えない傾向を調べる尺度

思考の問題尺度
「音や声が聞こえる」「ないものが見える」「変な考え」など
統合失調症を疑わせるほど周囲への怯えの傾向を調べる尺度

注意の問題尺度
「注意が続かない」「落ち着きがない」「衝動的」など
注意散漫や多動，衝動性の問題を調べる尺度

非行的行動尺度
「嘘をつく」「盗みをする」「酒やクスリを飲む」など

攻撃的行動尺度
「他人のものを壊す」「かんしゃくもち」「暴力をふるう」など

（以上，外向尺度）

上記，8つの下位尺度については
男女別に，6歳から11歳，12歳から15歳の4群で標準化され
臨床域は，T得点71点以上（上位2%）
境界域は，T得点67点以上（上位4%）とされている

その他の問題
「異性のようにふるまう」「不必要なものをためこむ」など

総得点，内向尺度，外向尺度は
男女別に，6歳から11歳，12歳から15歳の4群で標準化され
臨床域は，T得点64点以上（上位7%）
境界域は，T得点60点以上（上位16%）とされている

図Ⅲ-8　TRF の尺度（Achenbach, 1991）

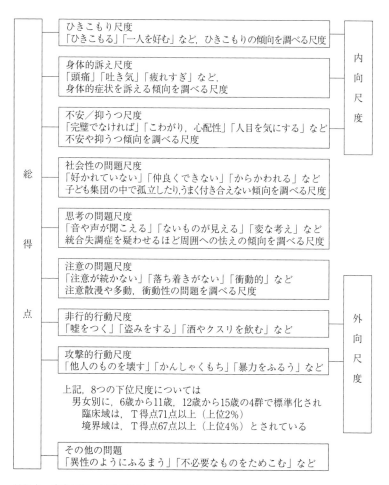

3　入所している子どもたちの状況

前節で述べたように、施設により子どもの暮らす環境は異なるが、一般的には児童心理治療施設にどのような子どもたちが入所してくるのだろう。児童心理治療施設の対象は、児童福祉法で「軽度の情緒障害を有する児童」とされている。情緒障害という言葉が理解しづらいが、実際は心理的困難や苦しみを抱え日常生活の多岐にわたり生きづらさを感じて心理治療を必要とする子どもたちが対象であり、統合失調症の急性期のような入院治療が必要な子どもや中重度知的障害を抱える子ども、暴力などの手段で他人の権利を侵害することを進んでするようになった非行傾向の進んだ子どもたちは対象から外れる。

（1）入所してくる子どもたちの変化（実態調査より）

児童心理治療施設では、毎年三月一日現在入所中の全児童に関して世界保健機関（WHO）の「疾病と関連の健康問題についての国際統計分類（ICD－10）」による診断の調査を毎年行っている。図Ⅲ－9にみるように、広汎性発達障害が増え三割に至ろうとしている。一方、他の診断名については、大きな変化はなく、愛着障害を含む社会的機能の障害が二割前後となっている。

虐待を受けた子どもの率は、二〇〇〇年に五割、二〇〇七年に七割を超えて以降、七割台で推移している。

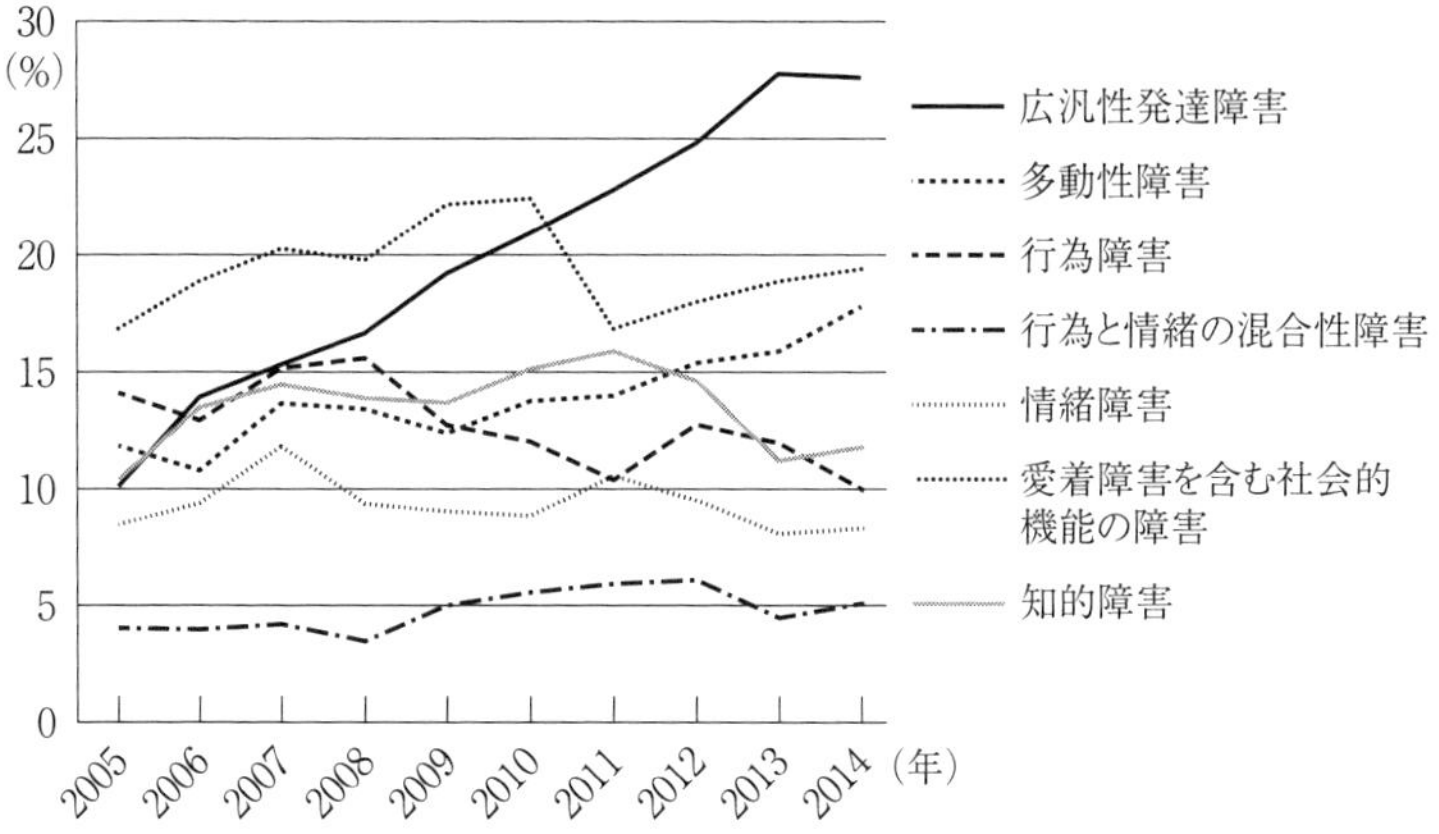

図Ⅲ-9　ICD-10による診断の該当率の推移

較検討することが主となっている。

(2)虐待を受けると、どんな生きづらさを抱えてしまうのか(二〇〇〇年からの調査から)

前に述べたように、二〇〇〇年からの縦断調査では虐待経験の影響を探ることが目的であり、虐待を受けた子ども(被虐待児)と受けていない子どもの(非被虐待児)を比較検討することが主となっている。

調査対象児の虐待を受けた率、国際疾病分類(ICD-10)による診断など

調査対象は、本章前節の表Ⅲ-1に示した通りである。被虐待児群の方が入所年齢が低いのは、被虐待児の中には虐待のため年少時期に家庭から保護されて入所した子どもが多く、不登校などで思春期になって行き詰まってから入所に至る非被虐待児との違いが一因だろう。受けた虐待の種類は図Ⅲ-10に示した通りである。

被虐待児の入所前の様子(リスクアセスメントから、図Ⅲ-11)では、四四%の子どもが発達の遅れや発育不全、持病などのハンデを抱えている。育てにくい子どもが虐待

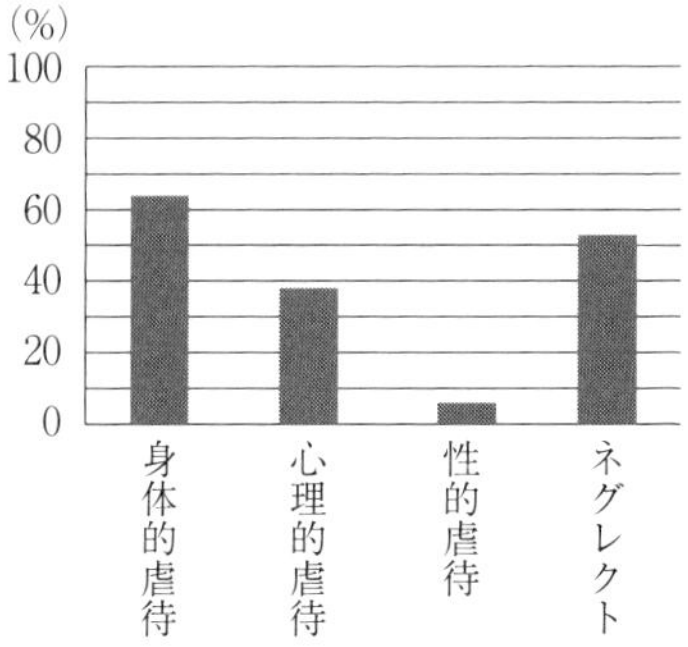

図Ⅲ-10　虐待の種類別該当率
（2000年調査，重複あり）

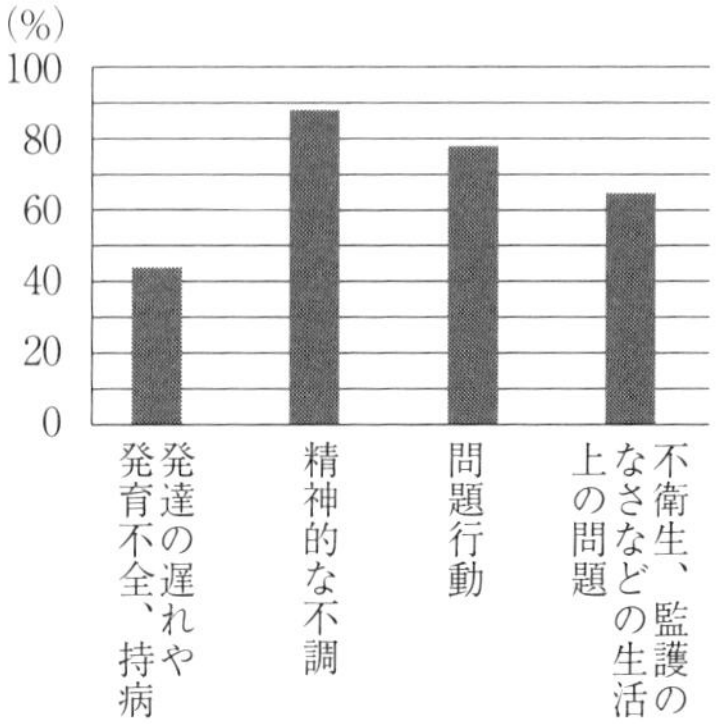

図Ⅲ-11　被虐待児の入所前の様子
（リスクアセスメントより）

を受けやすいことが示唆されている。八八%が何らかの精神的な不調が見られ、七八%が問題行動を示し、六五%が不衛生、監護のなさなどの生活上の問題を示している。

施設の生活に慣れた頃に子どもはどのような問題を見せるのか

本来の子どもの問題は入所してしばらく経ってから見えてくる。入所後六ケ月の状態（子どもの状態像調査より、図Ⅲ-12）を見ると、「睡眠」「食欲」「排泄」「身体運動」「身体発育」「特定の大人との関係」「生活上の様子」の各領域では、半数以上の子どもが問題なしと評定されている一方、「情動の傾向」「大人に対する態度」「他の子どもに対する目立った行動」「自分自身への構え」といった領域では大半の子どもが何らかの問題があると評定されている。入所している子どもたちの問題は心理的問題、対人関係の問題が主であることが示されている。

被虐待経験の有無で比較したところ、図Ⅲ-12のようにほとんどの領域で被虐待児群の方が該当する率が高く、被虐待経験が多岐にわたる問題に影響することがうかがえる。該当率の高い項目を見ると（表Ⅲ-4）、被虐待児では、落ち着きのなさや

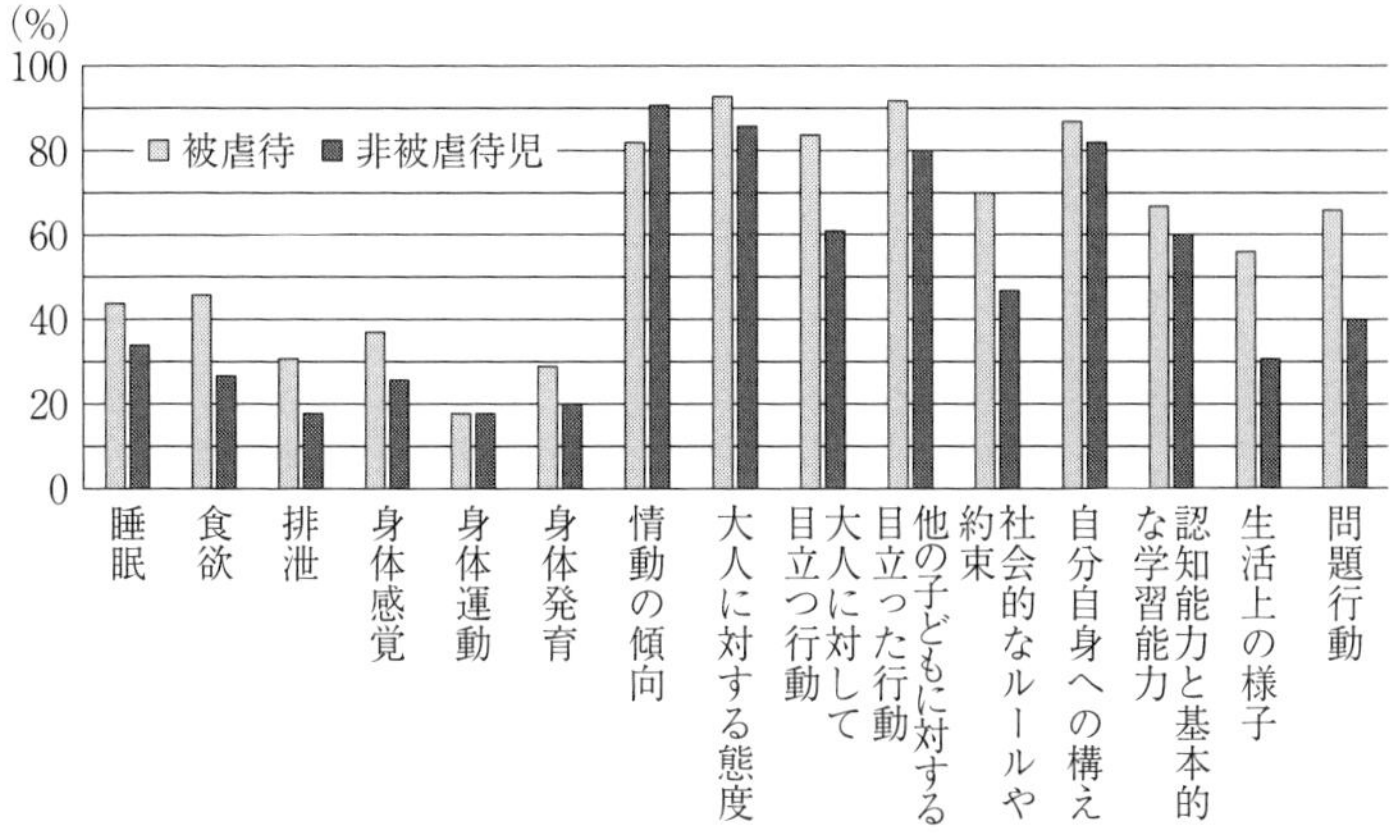

図Ⅲ-12　各領域で何らかの問題がある子どもの率（入所後6ケ月の状態）

表Ⅲ-4　該当率の高い項目（入所後6ケ月の状態）

	被虐待児	非被虐待児
該当率が 5割を超える項目	自信がない 友人関係を持ち難い	自信がない
4割を超える項目	衝動的 ルールが守れない	友人関係を持ち難い
3割を超える項目	注意の持続困難 自分のことで精一杯 知的には普通だが学力が低い 職員の顔色をうかがう 職員との関係が持ち難い 喧嘩 不自然なはしゃぎ 職員にべたべたする 子どもの中で孤立 他児への攻撃 職員の気をひく 職員に対して甘えと反発が入り混じる 寝つきが悪い 多動	知的能力は普通だが学力が低い 職員との関係を持ち難い

表Ⅲ-5　統計的に虐待の影響が認められる項目（ロジスティック回帰分析による）

寝つきが悪い
夜泣き
貪り食い
盗み食い
夜尿
痛みに敏感
過敏
衝動的
不自然なはしゃぎ
浮き沈み
大人に近づいたり離れたり不安定
大人に対して，オーバーな甘えと無視
大人に合わせていい子に振る舞う
大人への甘えと反発が入り混じる
他の子に対するひがみ
他の子が叱られるのを喜ぶ
なげやりで自分に無関心
自分の外見や人目に無関心
未来への関心ないし希望を持たない
他の人から好かれると思っていない

対人関係がうまくとれない子どもが多いことがわかる。一方、非被虐待児群では、該当率が三割を超えた項目は四項目のみであり、被虐待児との違いは大きい。被虐待児の増加が施設全体の雰囲気を大きく変えたという当時職員が抱いていた印象は、このことからも示される。

虐待を受けたことによる影響を調べるために、虐待の種別、入所年齢、性別などの要因を考慮した解析を行った[注1]（表Ⅲ－5）。虐待の種類にかかわらず虐待的養育を受けると子どもは、寝つきの悪さ、過敏さ、不安定な関わりといった問題を起こしやすいようだ。特に、「なげやりで自分に無関心」など自分に対する思いが影響を受けることは、注目される。虐待体験を受けたことにより、自分を大切にできないなげやりな生き方に傾くことが示されており、虐待の根本的な問題が浮き彫りになっていると思われる。

(3) 子どもたちはどのくらいの大変さを抱えているのか(二〇〇八年の調査対象から)

調査対象児の虐待を受けた率、国際疾病分類(ICD-10)による診断など

調査対象は、本章1節の表Ⅲ-1に示した通りである。被虐待児は、二〇〇〇年調査では五割程度であったが二〇〇八年調査では七割に増えている(図Ⅲ-13)。毎年の実態調査によるとここ数年は七割台で推移しており、二〇〇八年調査は現在の状況に近い。被虐待児が七割を超え、虐待経験の有無で子どもを分けて考える意味が薄れ、代わりに広汎性発達障害が注目され始めた頃であった。被虐待児の受けた虐待種の内訳(図Ⅲ-14)では、二〇〇〇年調査(図Ⅲ-10)に比べると、心理的虐待と性的虐待が増えている。

ICD-10の診断(図Ⅲ-15)より、何らかの発達障害があるとされた者(広汎性発達障害、学力の特異的発達障害、多動性障害のいずれかに該当する者)は四割である。不登校児童も約五割いて(図Ⅲ-13)、学校教育においても特別な支援が必要な子どもが多い(不登校と発達障害のいずれかに該当する子どもは七割になる)。地元の学校に通うのではなく、特別支援のできる学級が施設内に必要なことがわかる。

発達障害の発生率は男児の方が高いことが知られている。そこで、対象児童の性別、年齢階層別に、該当率を示した(表Ⅲ-6、Ⅲ-7)。

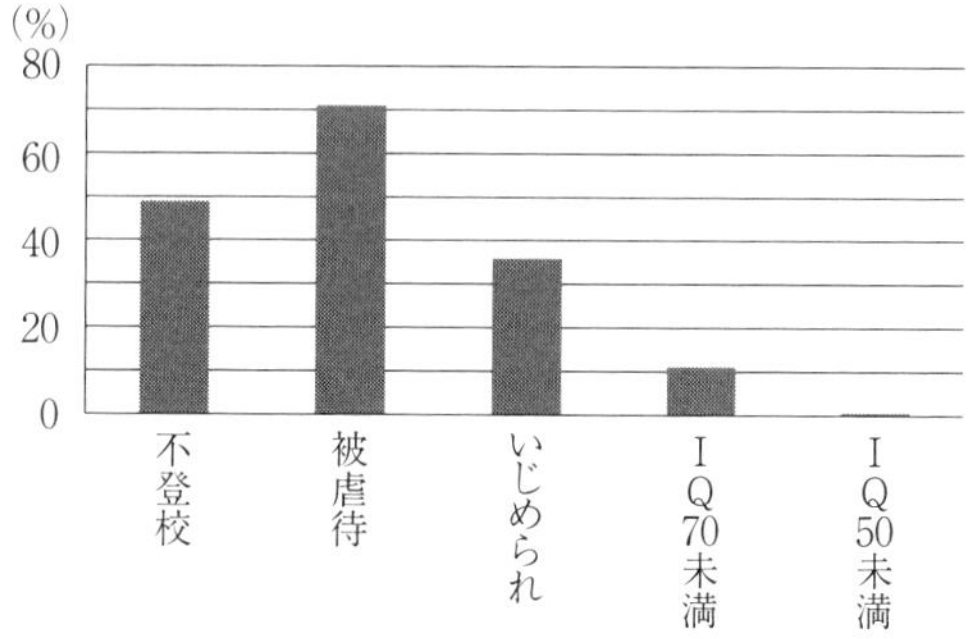

図Ⅲ-13　不登校，被虐待経験などの該当率（2006年調査）

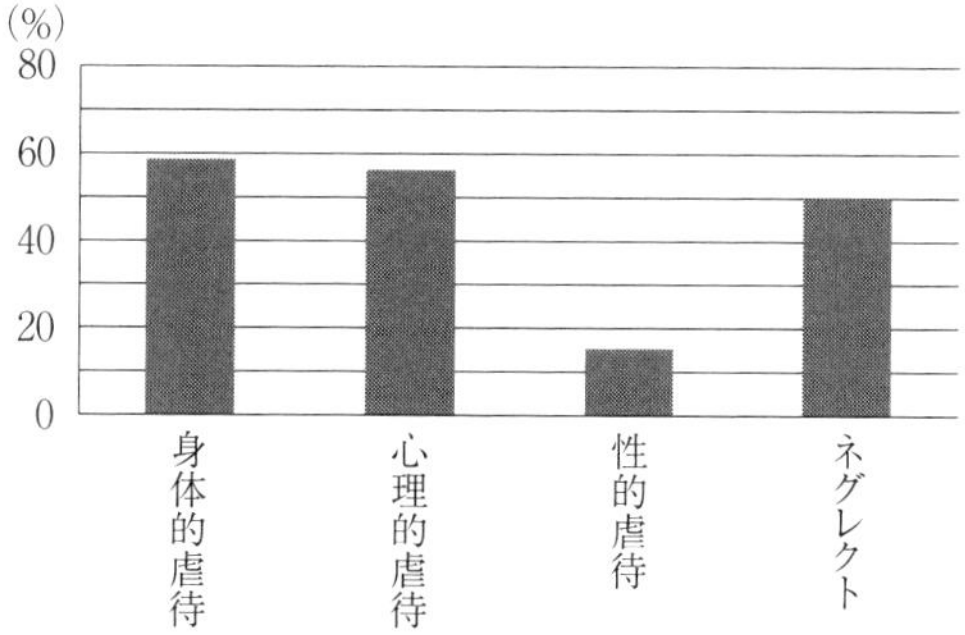

図Ⅲ-14　虐待の種類別該当率（2008年調査，重複あり）

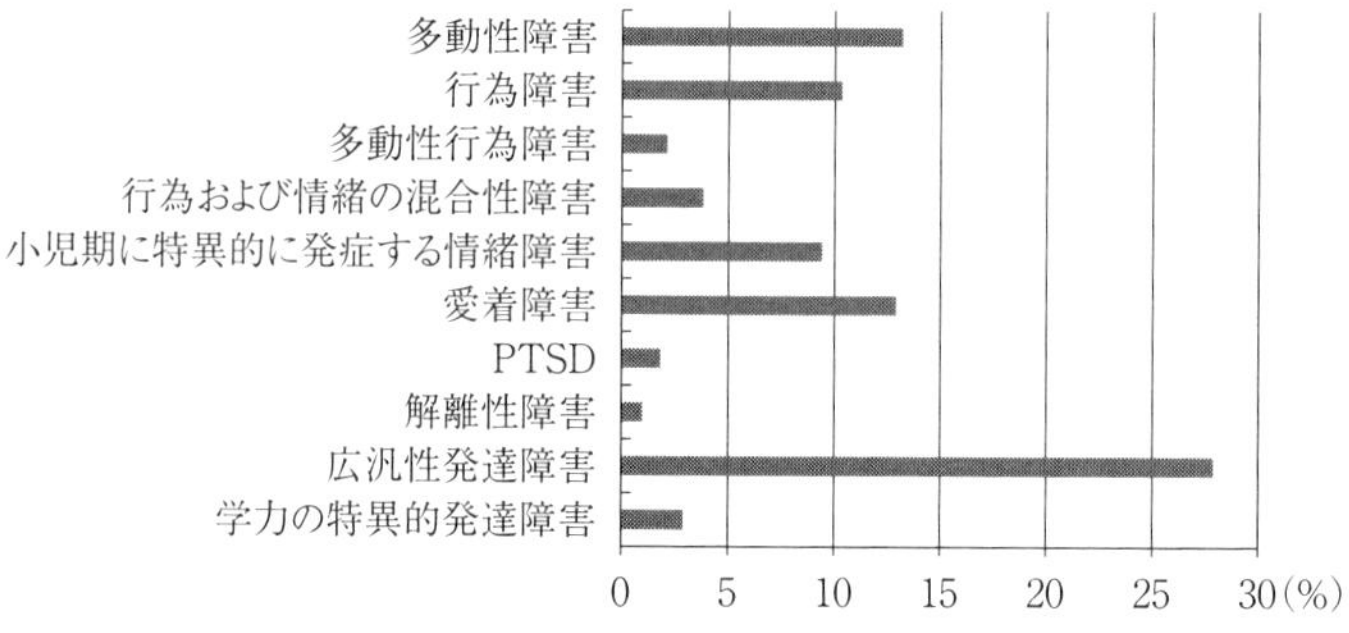

図Ⅲ-15　ICD-10による診断の該当率（2008年調査）

表Ⅲ-6　性別，年齢階層別の不登校，虐待経験の該当率（重複あり）（%）

性別	年齢階層	身体的虐待	心理的虐待	性的虐待	ネグレクト	いじめ	不登校
男	小学4年生以下 63名	54.0	38.1	3.2	39.7	17.5	28.6
	小学5，6年生 42名	52.4	50.0	7.1	35.7	33.3	47.6
	中学生以上 81名	29.6	32.1	1.2	21.0	50.6	70.4
	男合計 186名	43.0	38.2	3.2	30.6	35.5	51.1
女	小学4年生以下 31名	51.6	45.2	25.8	51.6	19.4	41.9
	小学5，6年生 38名	50.0	36.8	21.1	60.5	26.3	28.9
	中学生以上 84名	32.1	44.0	17.9	29.8	50.0	54.8
	女合計 153名	40.5	42.5	20.3	41.8	37.9	45.8

表Ⅲ-7　性別，年齢階層別のICD-10の診断の該当率（%）

性別	年齢階層	F43.1 PTSD	F44 解離性障害	F81 学習障害	F84 広汎性発達障害	F90.0 多動性障害
男	小学4年生以下 63名	1.6	0.0	0.0	28.6	25.4
	小学5，6年生 42名	0.0	0.0	7.1	33.3	23.8
	中学生以上 81名	0.0	0.0	4.9	49.4	14.8
	男合計 186名	0.5	0.0	3.8	38.7	20.4
女	小学4年生以下 31名	3.2	3.2	3.2	16.1	6.5
	小学5，6年生 38名	2.6	2.6	0.0	10.5	5.3
	中学生以上 84名	3.6	1.2	2.4	16.7	3.6
	女合計 153名	3.3	2.0	4.6	15.0	4.6

性別	年齢階層	F90.1 多動性行為障害	F91 行為障害	F92 行為と情緒の混合性障害	F93 情緒障害	F94.1 F94.2 愛着障害
男	小学4年生以下 63名	4.8	7.9	3.2	3.2	19.0
	小学5，6年生 42名	2.4	16.7	7.1	7.1	2.4
	中学生以上 81名	3.7	7.4	1.2	7.4	7.4
	男合計 186名	3.8	9.7	3.2	5.9	10.2
女	小学4年生以下 31名	0.0	12.9	0.0	25.8	16.1
	小学5，6年生 38名	0.0	18.4	7.9	10.5	18.4
	中学生以上 84名	0.0	7.1	4.8	9.5	15.5
	女合計 153名	0.0	11.1	4.6	13.1	16.3

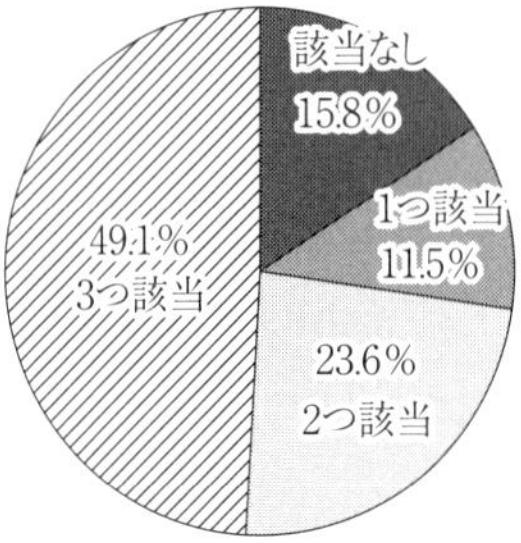

図III-16　それぞれの子どもが臨床域に該当する尺度数
（総得点，内向尺度，外向尺度）

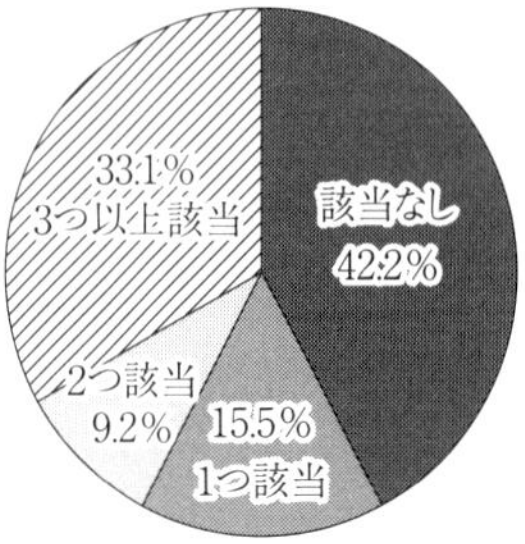

図III-17　それぞれの子どもが臨床域に該当する尺度数
（下位の８尺度）

広汎性発達障害は、男子の方が多く、男子中学生以上のほぼ半数が広汎性発達障害の診断を受けている。また、性的虐待を受けた児童は女子の方が多く、女子の小学四年生以下は四分の一が性的虐待を受けている。他に、多動性障害や多動性行為障害が小学生男子に多く男女差が大きい。また、小学生女子の過半数がネグレクトを受けているなどの特徴がある。

どのくらいの大変さを抱えているのか（ＴＲＦから）

二〇〇〇年の調査では、それぞれの具体的問題の該当率を見たが、ＴＲＦは、同様の問題を合わせた尺度であり、尺度得点が求められる。標準化されているので、一般の集団の中でどのあたりに位置するかがわかる。

支援が必要と考えられる臨床域にいずれかの尺度で該当する子どもは、八割を超える（図III-16）。また、複数の臨床域に該当する子どもも多く、子どもの問題が様々に重なっていて支援の難しさが推測される。

全体の傾向（図III-18）として、「ひきこもり尺度」「身体的訴え尺度」を除くすべての領域で一割以上の子どもが臨床域に該当して

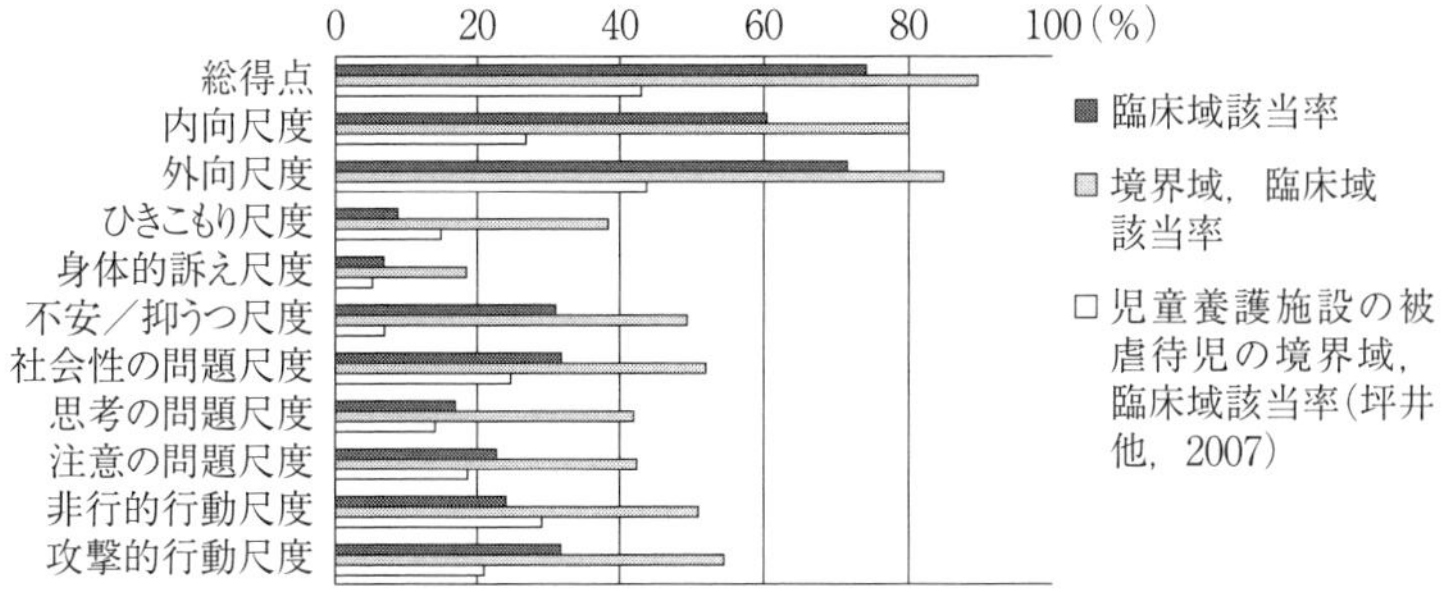

図Ⅲ-18　児童養護施設との比較（坪井他，2007；TRF の境界域，臨床域の該当率）

いて、幅広い問題領域に対する対応が求められている。「攻撃的行動尺度」「社会性の問題尺度」「不安／抑うつ尺度」の臨床域に該当する子どもが三割を超える。攻撃的になったり、子ども集団の中でうまく振る舞えなかったり、不安になったりしている子どもが多くいることが示されている。

児童養護施設の調査結果（坪井他、二〇〇七、図Ⅲ-18）と比べると、児童心理治療施設の方が、明らかに境界域、臨床域に該当している子どもの率が高い。児童養護施設に比べ、「不安／抑うつの問題」を示す子どもが多いことが特徴である。

どのような問題が併発するのだろうか

それぞれの尺度間の相関係数を調べると、「注意の問題尺度」「社会性の問題尺度」「攻撃的行動尺度」の相互の相関が高く（全て相関係数〇・六以上）、落ち着きがない、攻撃的になってしまう、周りとうまくやれないという三つの領域の問題を同時に抱えている子どもたちが少なからずいることがうかがわれる。この三つの領域は、二〇〇〇年の調査で該当率の高い項目と内容的に重なる。[注2]

落ち着きなく、人とうまくいかず、攻撃的になる傾向の子どもが

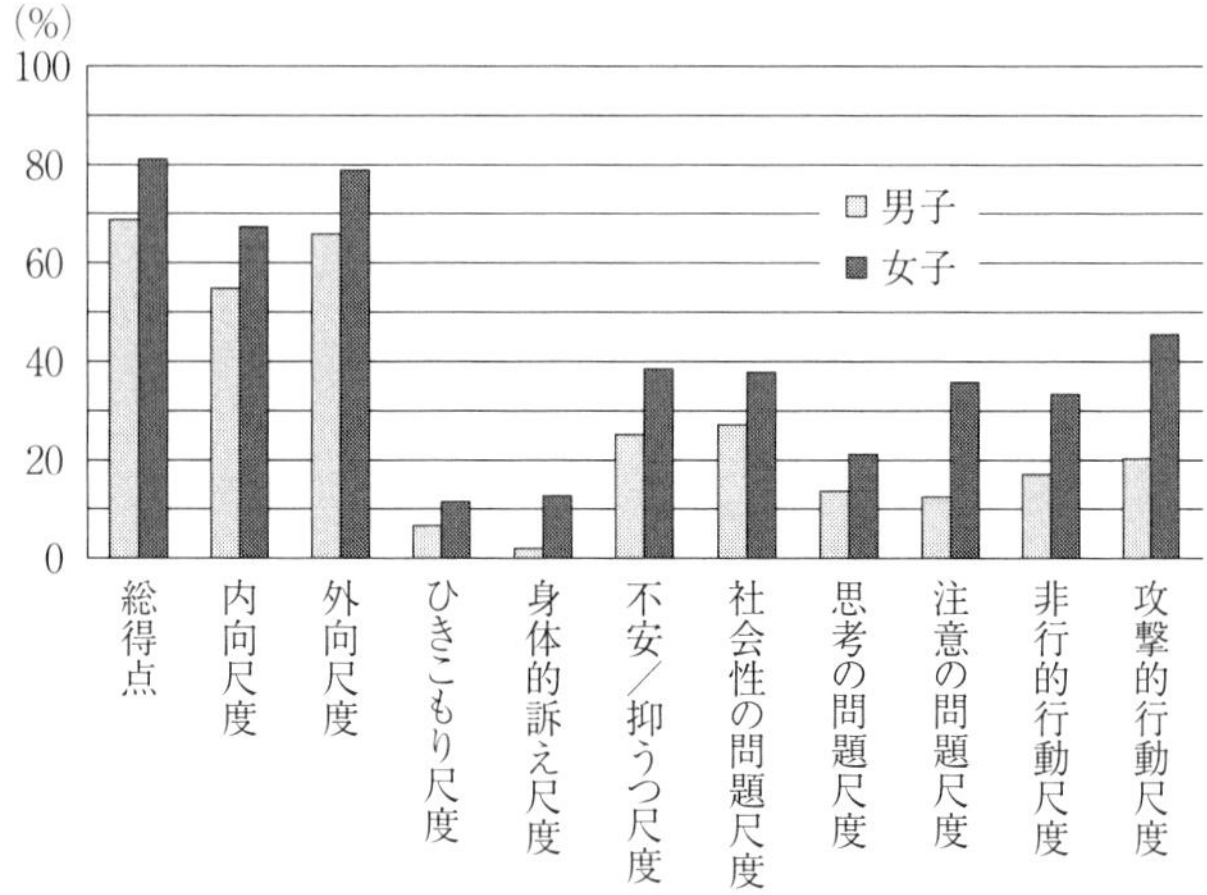

図Ⅲ-19　男女別の TRF 各尺度の臨床域該当率

多くなると、子ども集団のまとまりがなくなり、落ち着かず、トラブルが多発する雰囲気になることが想像される。この雰囲気がさらに互いを刺激しあい、落ち着かなさや攻撃性を助長することも考えられ、個別の指導だけでなく、子ども集団への働きかけが重要となる。

男女でどのような違いがあるのか

ＴＲＦにおいても、性差が見られた（図Ⅲ-19）。「ひきこもり尺度」と「思考の問題尺度」を除くすべての尺度において、女子の方が臨床域の該当率が高い[注3]（有意水準五％）。男子で三割を超える尺度はないが、女子では「不安／抑うつ尺度」「社会性の問題尺度」「注意の問題尺度」「非行の問題尺度」「攻撃的行動尺度」が三割を超えている。女子では、落ち着きなく、攻撃的で、周りとうまくいかない子どもが多く、さらに不安が強い子どもや非行傾向がある子どもも男子より多いようだ。

八つの下位尺度では一般の集団の中で得点上位二％に入る子どもが臨床域とされている。一般に男子の方が女

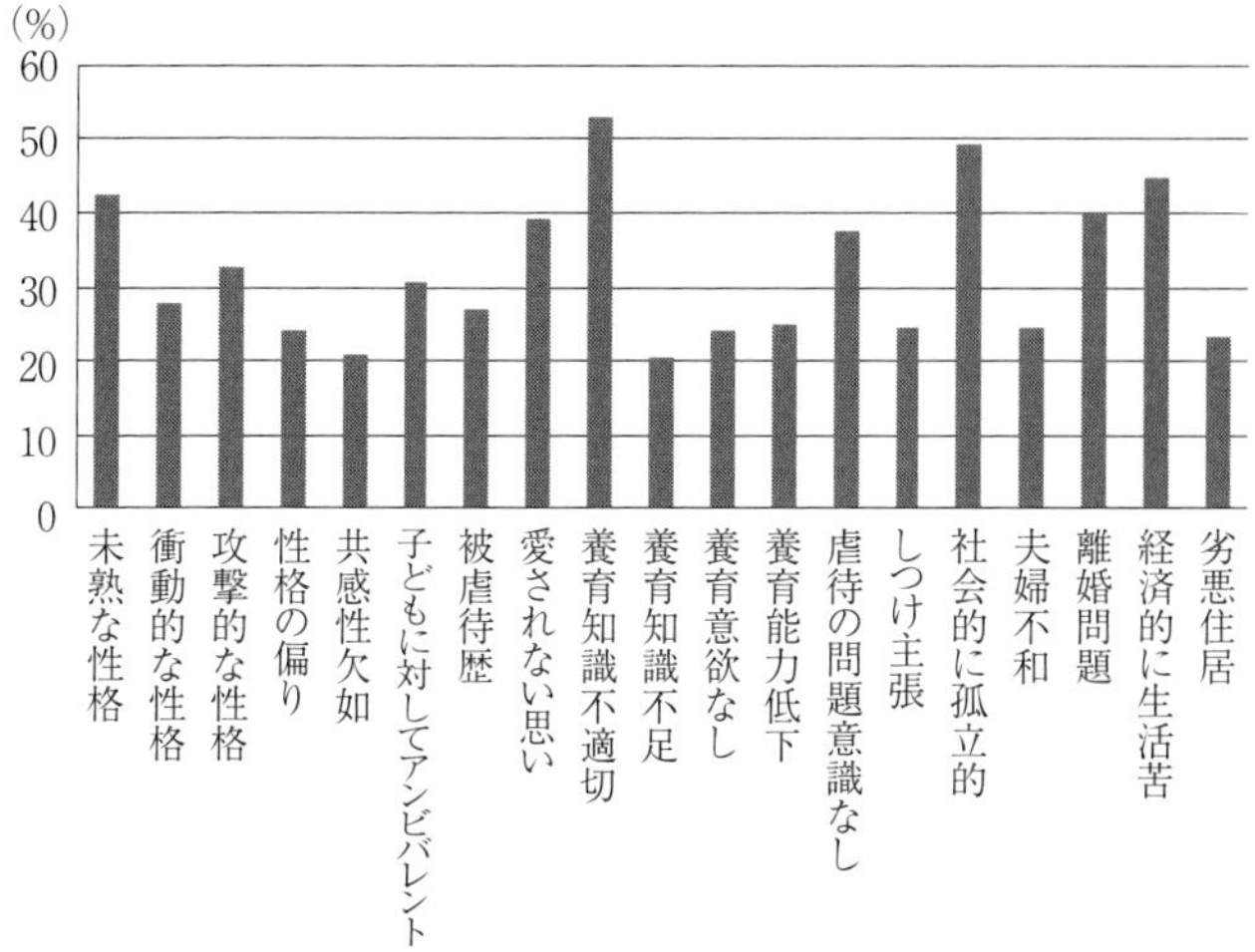

図Ⅲ-20　家族の抱える問題
（リスクアセスメントの該当率20%以上の項目）

子よりも症状の出方が激しく、問題行動も大きいので、同じ得点の男子と女子がいると、女子の方が女子集団の中で得点上位となる。家を離れなければならないほど周囲が対応に苦慮する問題症状を示す子どもは一般に女子の方が少なく、入所してくる女子は、女子全体の中では相対的にかなり問題の大きい子どもと考えられる。各尺度得点の平均点をT得点に換算すると、女子は「総得点」で八〇、「内向尺度」で六九、「外向尺度」で七一となり、男子は「総得点」で六八、「内向尺度」で六四、「外向尺度」で六七である。治療の必要な子どもが集まっているとはいえ、女子の「総得点」が偏差値八〇と考えるとその問題の大きさがわかる。

（4）どのような家庭環境で育ってきたのか

図Ⅲ－20は二〇〇〇年の調査で行った被虐待児の家庭のリスクアセスメントの結果の中で、該当率の高い項目を示したものである。虐待を行ったとされた家族では、半数が社会的に孤立し、四割が経済的な生活苦を抱えている。また、離婚問題を四割近くの家族が抱えている。虐待と貧困、生活苦の関連は指摘されているところだが、児童心理治療施設においても同様の結果となっている。

半数近くの養育者は養育知識にも問題があり、虐待の問題意識も乏しく、生活状況を含めた養育環境の問題の大きさがうかがわれる。そのような家庭に対する援助として、ケースワークの必要性は大きい。しばしば指摘される虐待の世代間連鎖が見られるのは約三割、アルコール依存は二割未満である。この数字を大きいと捉えるかは議論の余地がある。

(5) 児童相談所は児童心理治療施設にどのようなことを期待しているのか

二〇〇八年からの調査の対象児に関して、児童相談所が子どもたちの措置を決定した理由、施設に対して期待することを調べた(図III-21)。七割以上の子どもに関して「心理学的な援助が重要と考えられたため」を挙げているのは当然として、半数以上に「早期のうちに治療的支援をして問題を悪化させないため」を挙げている。また、四割以上の子どもに関して「ケアワーカーの専門性が高く、生活の中での支援が期待されるため」や「個別支援から集団生活の支援まで幅広い支援ができるため」「職員の目が行き届いているため」という生活支援に対する期待を挙げている。また、「家族への支援」「対人的・社会的スキルを育てること」も四割を超えて挙げられており、幅広い支援への期待がうかがわれる。これらの期待に応えるためには、専門性の高いケアワーカー、家族支援ができる支援者、社会的スキルを育てる専門家など、心理療法のみでなく、様々な支援技能をもつ職員が必要である。

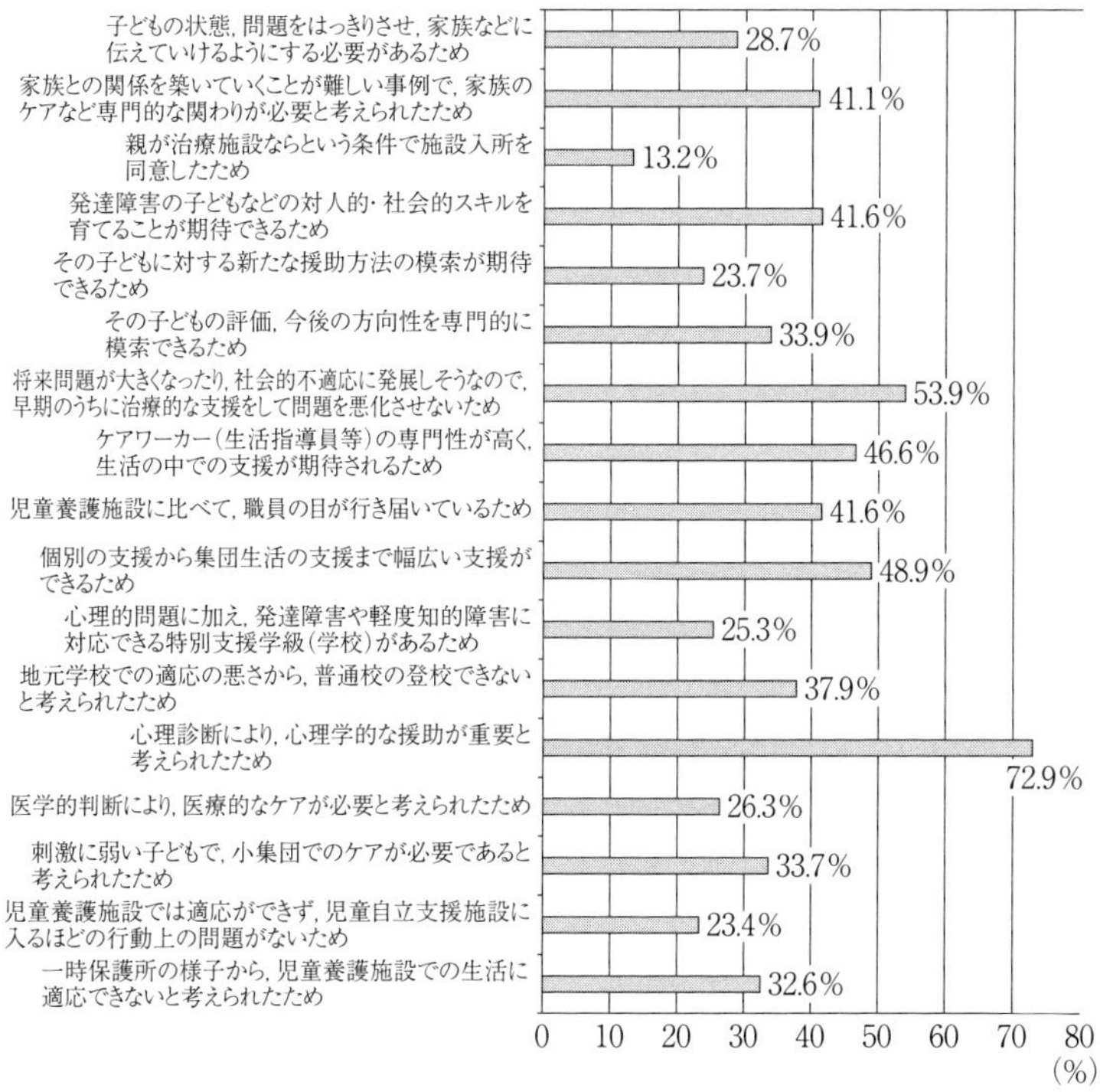

図Ⅲ-21　児童相談所が子どもを児童心理治療施設に措置した理由

また、「児童養護施設では適応できず児童自立支援施設に入るほどの行動上の問題がないため」とされている子どもが二割を超えている。実際に児童養護施設で不適応を起こした児童の受け皿になっている面もある。

(6) まとめ

児童心理治療施設には様々な心理的な面で支援を必要としている子どもが集まっていることが示された。特に女子の抱える生きづらさは大きいことがわかった。居場所がなく、落ち着けず、攻撃的になってしまう子どもが多く、施設の雰囲気も落ち着かずピリピリしたものになりがちであると推測される。不安を抱えている子どもも多く、共同生活の中で安心できる居場所を作れるように支援することが不可欠である。虐待を受けたことによる影響として、自分を大切に思えなくなっていて、今よりよくなりたいという思いも弱いことが示され、そのような子どもは支援を受け入れようとしないことが想像される。このような子どもたちには、希望を抱き、よりよく生きたいと願えるように支援することがまずは必要である。そのためには、大切にされていると思える居場所、自分の思いに応えてもらえると感じる生活環境を用意することが必要である。

児童心理治療施設の職員には、指導に従わないなど関係作りが難しく多岐にわたる問題を示す子どもと支援関係を作る技能、関係を築いていくことの難しい家族を支援していく技能などの心理学的、精神医学的な支援技能が求められている。また、加害被害関係に陥りがちな子どもたちが安全感を得られる生活環境を築き運営する技能なども求められている。このような技能をもった職員を育てるためには、現行の大学教育だけでは難しく職場教育が必要である。外部の研修会に参加するだけで身につくような技能ではなく、施設内の実地研修が不可欠である。また、施設内のことを熟知したスーパーバイザー的な心理学、精神医学の専門家が、職員へのアドバイスを行ったり、自らが子どもと関わる姿を見せてモデルとなることも重要である。職員が施設で働きながら数年かけて身につけていくものであるため、数年で離職することのない勤務環境、職員システムなどの整備が必要である。

4　入所による変化

この節では、児童心理治療施設に入所した子どもたちの平均的な変化を述べる。二〇〇〇年からの調査と二〇〇八年からの調査では調査内容も調査時の状況も異なる。二〇〇〇年調査当時は、被虐待児が一気に増えてきた時期で「施設崩壊」とも呼べるような子どもたちの乱暴行為が施設を揺るがしていた。一方、二〇〇八年の頃は被虐待児の入所率は七割台で高止まりし広汎性発達障害を疑われる子どもが増え始め、施設内での暴力の問題は残ってはいるものの収まりつつあった。時期の違いはあるものの、児童心理治療施設の治療効果について調査から得られた結果を示してみたい。

（1）入所したことによる治療効果はどのくらいあるのか（二〇〇〇年からの調査より）

職員の回想による評定ではあるが、入所前の子どもの状態と施設の生活に慣れ子どもの本来の問題が見えてくる入所後おおむね六ケ月の状態を比較した。家庭にいた頃の姿と、施設にある程度慣れてきた頃の姿の差は、生活する環境の違いと考えられる。

入所前のリスクアセスメントで問題ありとされていた子どもの中で、入所後六ケ月時点で同様の問題が消えた者の割合を消失率とする。消失率が五割以上の項目が多い（図Ⅲ-22）。家庭での養育環境が子どもたちに与えた影響の大きさがうかがわれるとともに、児童心理治療施設が家庭に比べれば、安心でき問題

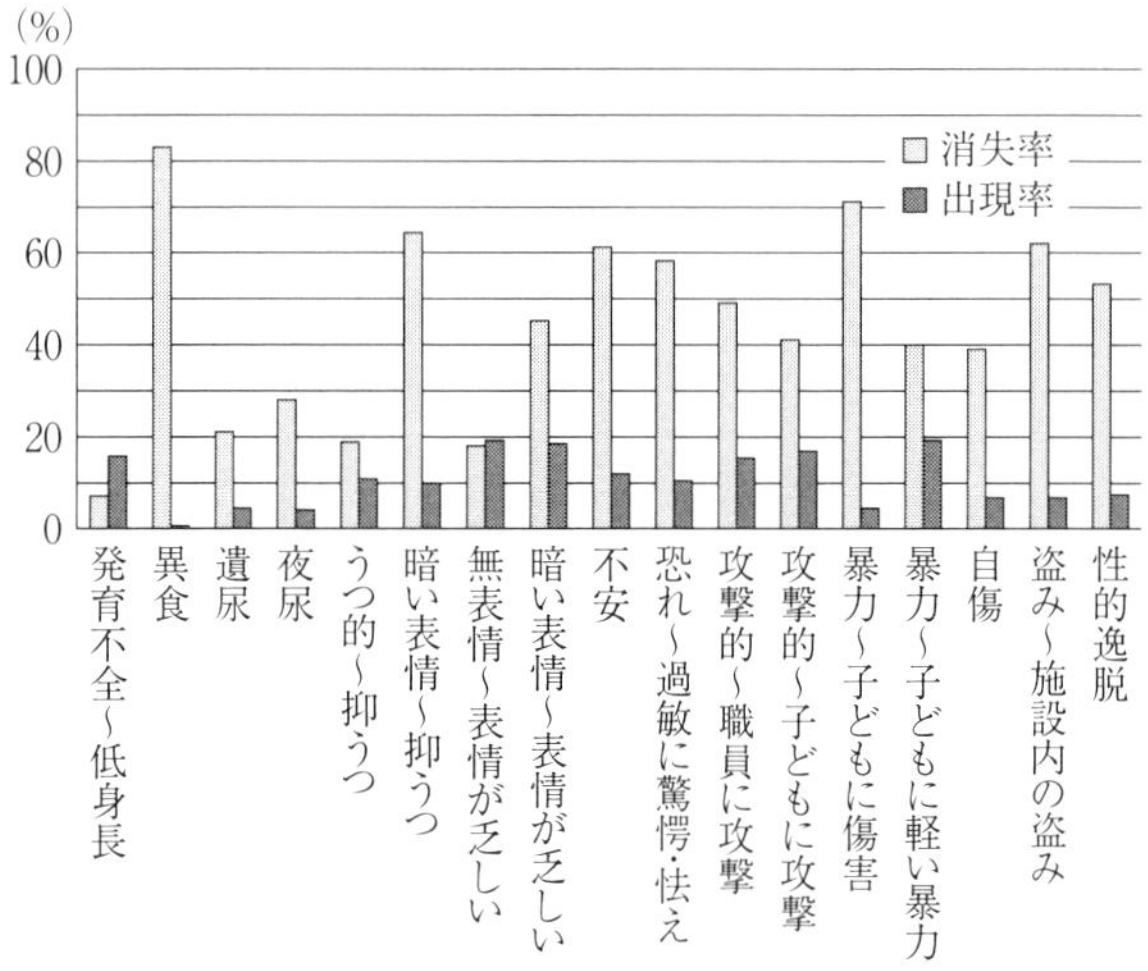

図Ⅲ-22　入所前と入所後6ケ月の状態の変化
(問題，症状の消失率と出現率)

を起こさないですむ居場所を提供していると考えられる。

リスクアセスメントでは問題を指摘されていなかった子どもの中で、入所後六ケ月の時点で問題が指摘された割合を出現率とする。出現率は、施設に入ったことによる反応であるので、潜在していた問題を引き出すことも含めて施設の問題点を表すと考えられる。半数近くは一割以下であり、消失率の方が明らかに高い。出現率の高い項目は、「「子どもに攻撃」（資料1のJ7）」「「子どもに軽い暴力」（同Q7）」「表情が乏しい（同G2）」といった項目で、他児への攻撃などは共同生活で起きやすい問題である。表情の乏しさが出現するのは施設内で委縮していることが想像され気になるが、総じて、施設の環境が問題を生みやすいとまでは言いにくい。

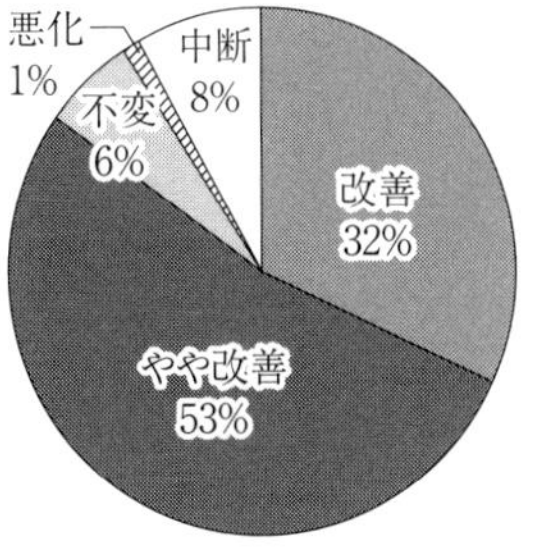

図Ⅲ-23　被虐待児の改善度
（職員の評定による，2000年調査）

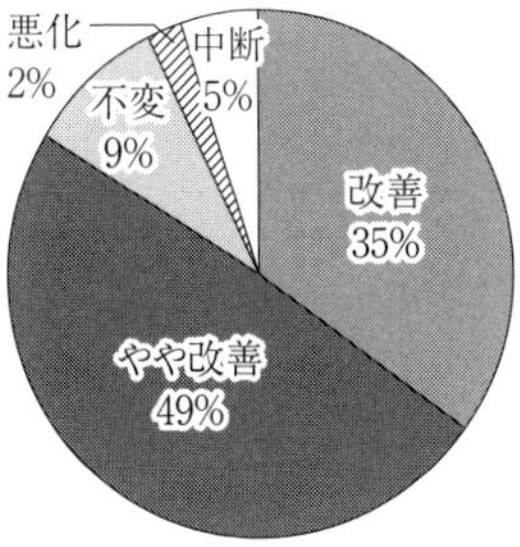

図Ⅲ-24　非被虐待児の改善度
（職員の評定による，2000年調査）

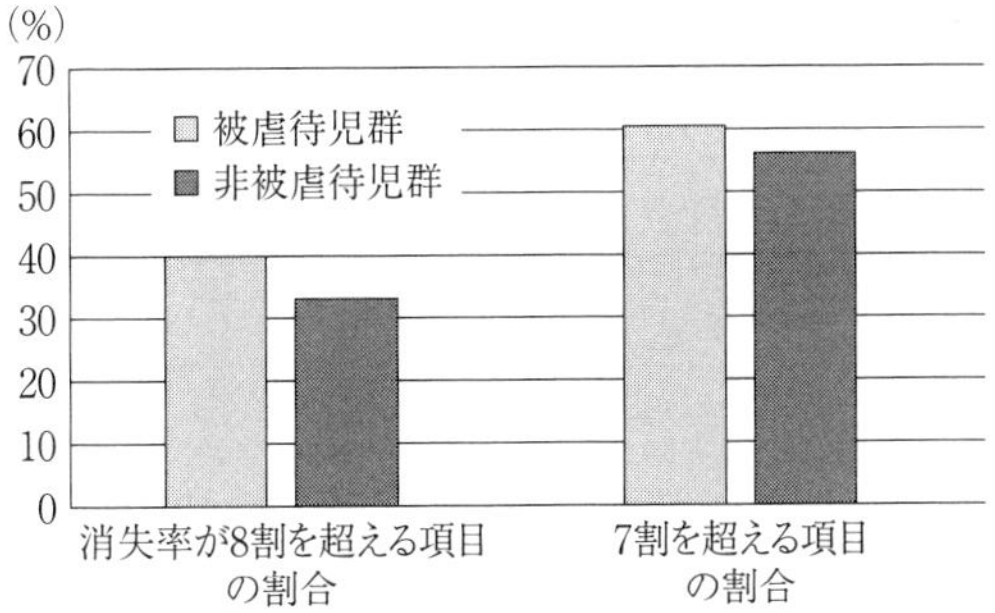

図Ⅲ-25　消失率の高い項目の割合

（2）改善の様子、被虐待児の方が改善しないのか（二〇〇〇年からの調査より）

調査期間中に退所した五六三名のデータをもとに解析した。

退所時の職員の印象

退所時の様子では、被虐待児群、非被虐待児群ともに三割が改善、五割がやや改善と職員に評価されている。悪化、中断が一割を切る結果であり、職員の印象では治療成績は悪くない（図Ⅲ－23、Ⅲ－24）。

どのくらい問題はなくなるのか

入所後六ケ月の状態で症状・問題があった子どもの中で、退所時に症状・問題がなくなった子どもの率を消失率とすると、被虐待児群で消失率が八割を超す項目は全一四七項目の約四割、消失率が七割を超す項目は約六割あった（図Ⅲ-25）。一方、非被虐待児群で、消失率が八割を超す項目は全一四〇項目の約三割、消失率が七割を超す項目は五割強であり、被虐待児群と非被虐待児群に大きな差はない。

それぞれの領域でどのくらい良くなるのか

図Ⅲ-26、Ⅲ-27は各領域の問題なしの比率を入所後六ケ月と退所時で比較したものである。退所時の状態（図の外側の線）を見ると、「大人に対する態度（対大人態度）」「大人に対して目立つ行動（対大人行動）」「他の子どもに対する目立った行動（対子ども）」など対人関係の問題と「自分自身に対する構え（自己評価）」で問題なしの比率は被虐待児の方が悪いが、改善した部分（図では、広がった領

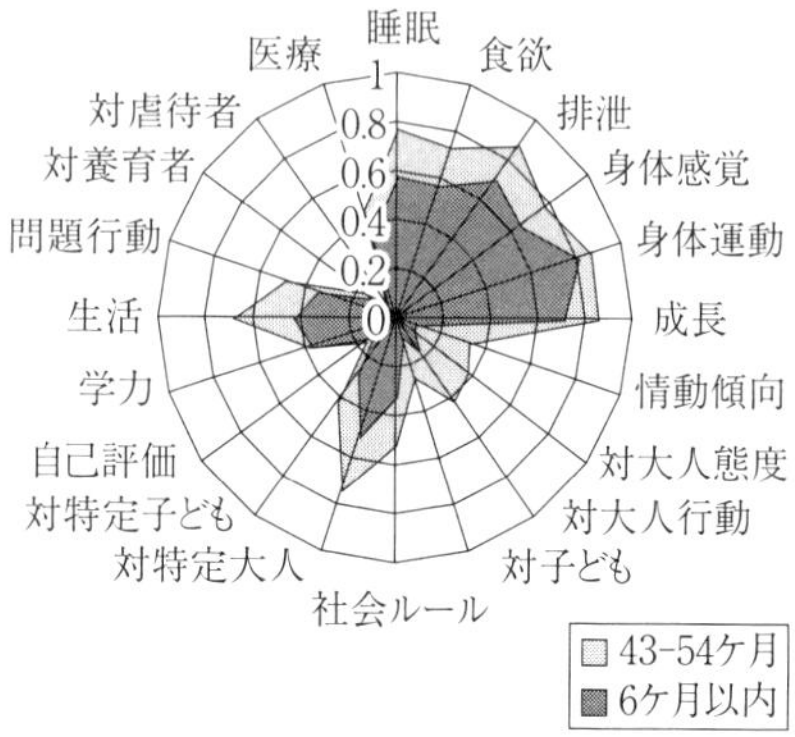

図Ⅲ-26　被虐待児の症状の改善
（各領域の「問題ない」の児童の比率の変化）

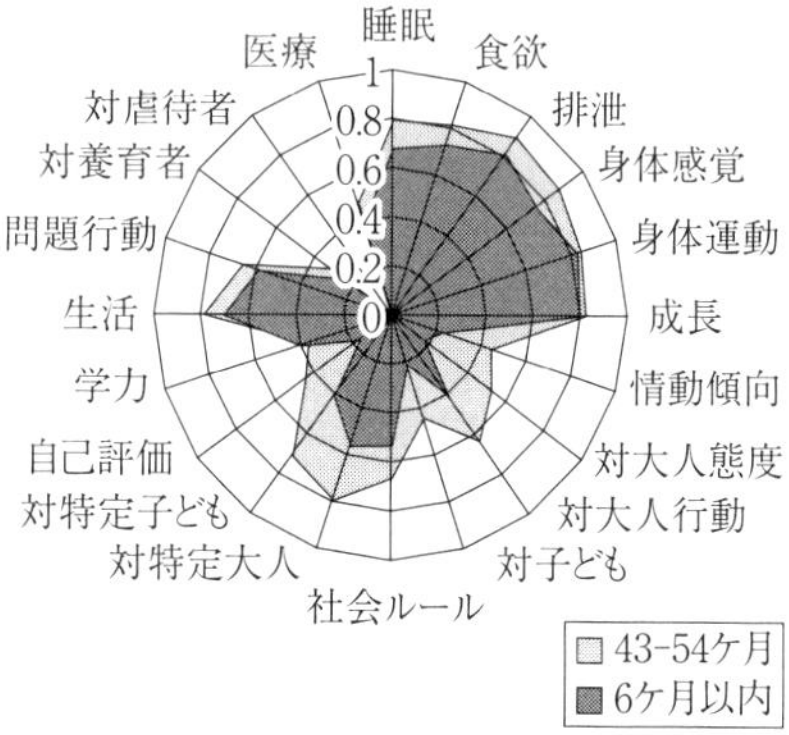

図Ⅲ-27　非被虐待児の症状の改善
（各領域の「問題ない」の児童の比率の変化）

表Ⅲ-8　症状を残したまま退所した率の高い項目

	被虐待児	非被虐待児
5割以上が症状を残したまま退所した項目	自信がない	
4割以上		自信がない
3割以上	親しい友人関係を持ち難い 能力に比べて学習の遅れ 自制できずルールが守れない	能力に比べて学習の遅れ
2割以上	衝動性 虐待養育者へのアンビバレンス 他児への怪我を負わせない程度の暴力 ハイテンション 職員に甘えと反発が入り混じる 自分のこと以外は無関心 養育者への愛情欲求が弱い 大人に対して，近づいたり離れたり不安定 他児への攻撃 注意維持の困難 大人に対する攻撃的態度 虐待養育者への愛情欲求が弱い	自分のこと以外は無関心 親しい友人関係を持ち難い 養育者へのアンビバレンス 自制できずルールが守れない

域）は大きな差はない。入所後六ケ月の問題なしの比率では二群間に一五領域で有意差（五％水準）があったが、退所時では「大人に対して目立った行動」「特定の子どもとの関係（対特定子ども）」「問題行動」など七領域に減っている。また、有意差（五％水準）のある項目は、四四項目から一〇項目（「衝動性」「ハイテンション」「大人に対する攻撃的態度」「他児への攻撃」「ルールが守れない」「親しい友人関係が持てない」など）に減り、退所時点で被虐待児群と非被虐待児群の差は小さくなっている。

なかなか良くならない問題は

二割以上の子どもが症状・問題

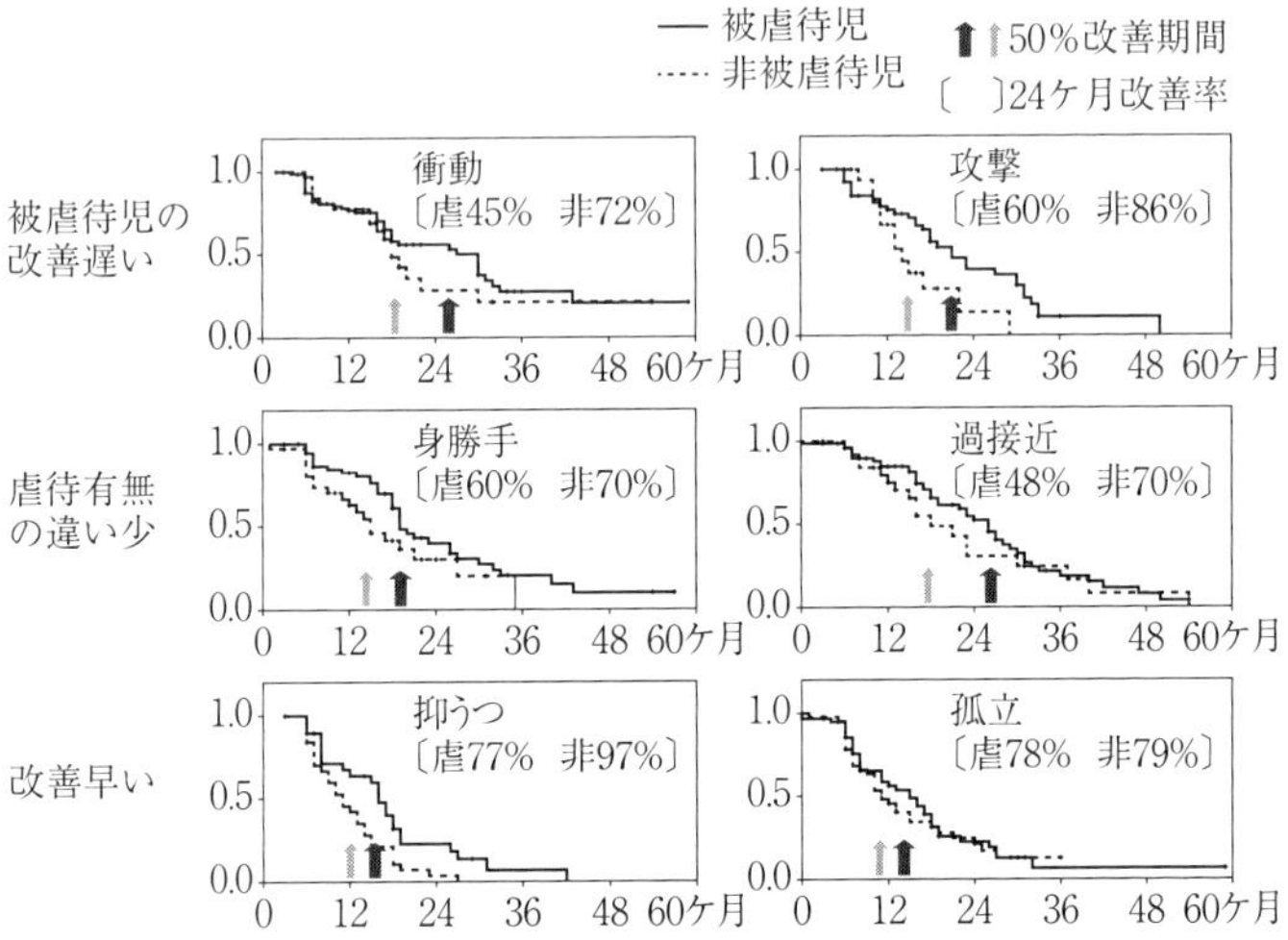

図Ⅲ-28　症状の改善率の変化

を残したまま退所した項目を表Ⅲ-8に示した。「自信がない」は、被虐待児群でも、非被虐待児群でも多く、退所前の不安を表している可能性もある。「親しい友人関係を持ち難い」「能力に比べて学習の遅れ」「自制できずルールが守れない」「養育者へのアンビバレンス」「自分のこと以外は無関心」が両群に挙がっている。加えて、被虐待児では対人関係の問題、攻撃性、衝動性の問題などが挙がっている。

退所時の状態を調べたこれまでの結果からは、被虐待児群は対人関係や攻撃性の問題などの改善の難しさは残るものの、総じて被虐待児に対する治療効果は虐待を受けていない群と比べて大きく劣るとは言えない。

どのくらいの期間で改善するのか

次に、どのくらいの期間で症状・問題が消失していくかを調べた。図Ⅲ-28は、特徴的な改善の様子を示す項目について図示したものである[注4]。それぞれ

表Ⅲ-9　被虐待児の50%の子どもが改善するまでの期間

	～12ケ月	～18ケ月	～24ケ月	～30ケ月	30ケ月～
身体		寝つけない　浅眠			
発達				低身長　学力不振	
情動	不活発	抑うつ　悲哀　不安　浮沈み　多動	ハイテンション　癇癪	不注意　衝動的　こだわり	
自己		無関心　外見に無関心　希望なし	自分のことしか考えない	自信がない	
対大人		表面的　オドオド　近づけない　顔を窺う　親しい関係がよく変わる　親しい関係を持てない	攻撃的　反発　逆撫で　身勝手　いい子を見せる　過剰な好意　気を引く　甘えと反発が入り混じる	過剰な接近	
対他児		孤立　競争を避ける　親しい友人がよく変わる	喧嘩　攻撃的　支配される　苛められる　僻み	妬み　逆撫で　親しい友人が持てない	傍若無人
社会		無断外泊	約束を忘れる　自傷	ルールを守れず　公共物の破壊　他児への軽い傷害	

入所後6ケ月の状態で該当率が10%以上の項目
下線は非被虐待児群との間で有意差のある項目

の症状・問題を抱えていた子どもを対象に、症状・問題が消失した割合を縦軸、入所期間を横軸にして、生存分析（カプラン・マイヤー法）により、入所期間によって問題が消失していく様子を示した。表Ⅲ-9、Ⅲ-10は、入所後六ケ月の状態で、被虐待児群、非被虐待児群ともに一割以上の該当率のあった項目において、症状・問題のある子どもの中で症状・問題が消えた子どもが半数を超えるまでの期間を示した表である。

一度改善すると再発しないという仮説の下で行った解析のため推察に限界はある。有

表Ⅲ-10　非被虐待児の50%の子どもが改善するまでの期間

	～12ケ月	～18ケ月	～24ケ月	～30ケ月	30ケ月～
身体	寝つけない 浅眠				
発達		低身長	学力不振		
情動	不活発 抑うつ 悲哀	不安　多動　癇癪 ハイテンション 不注意　衝動的	浮き沈み　こだわり		
自己		無関心　希望なし	自分のことしか考えない　外見に無関心　自信がない		
対大人	表面的	攻撃的　オドオド近づけない　過剰な接近　いい子を見せる　身勝手　顔をうかがう　過剰な好意　親しい関係がよく変わる　親しい関係を持てない	気を引く　反発　逆撫で　甘えと反発が入り混じる		
対他児	孤立	喧嘩　苛められる　僻み　攻撃的　支配される　競争を避ける　親しい友人がよく変わる	傍若無人　親しい友人が持てない		
社会		ルールを守れず 無断外泊　自傷 公共物の破壊 他児への軽い傷害	約束を忘れる		

入所後6ケ月の状態で該当率が10%以上の項目
下線は被虐待児群との間で有意差のある項目

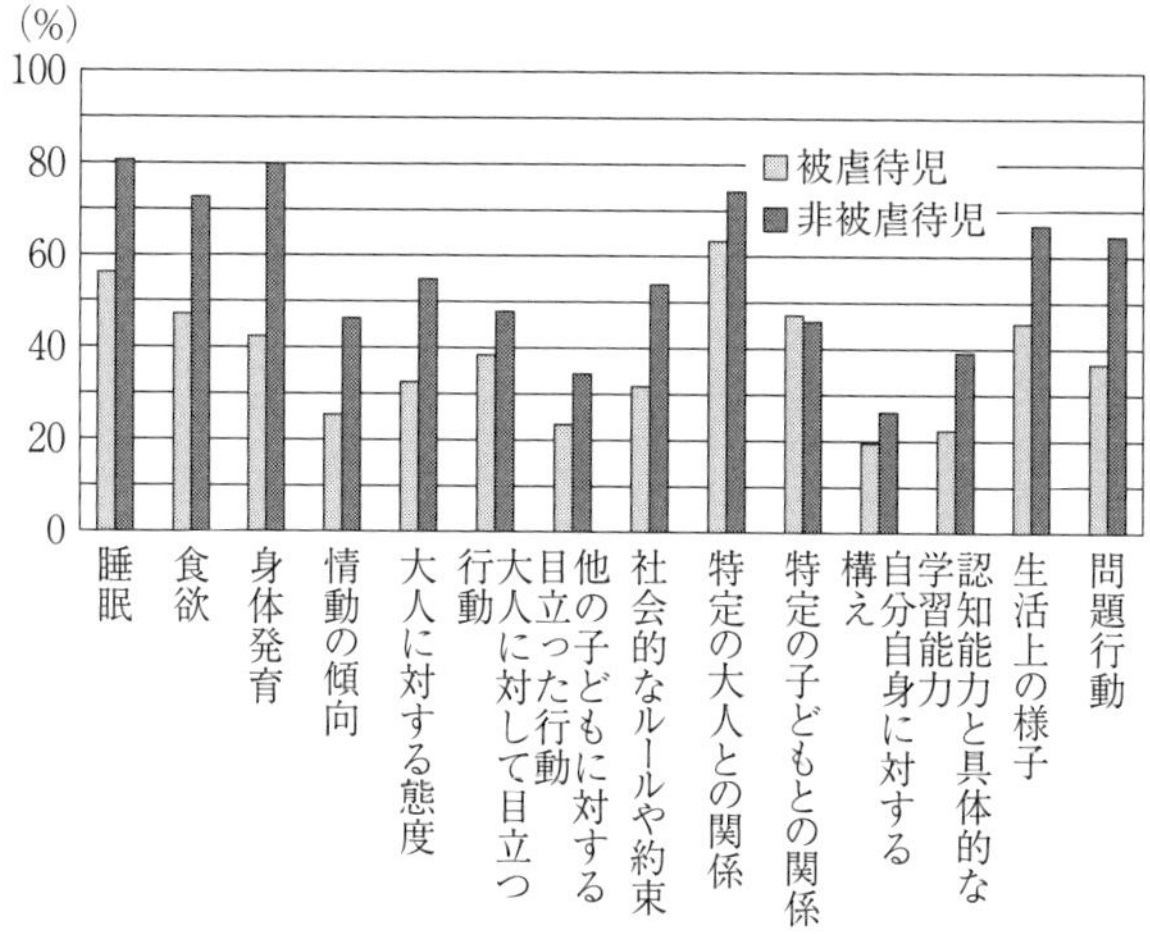

図Ⅲ-29　24ケ月で症状・問題が消失した率

意差（五％水準）のある項目は少ないが、被虐待児の方が、改善に時間がかかる傾向がうかがわれる。不活発、不安、多動など安全感と結びつくような項目の改善は両群ともに早いが、「ハイテンション」「傍若無人」「支配される」「攻撃的」など対人場面の問題では被虐待児群の改善が遅くなっている。

各領域に関して、症状・問題のあった子どもの中で二四ケ月で症状・問題が消失した率を示した（図Ⅲ-29）。全体的に被虐待児の方が消失した率が低いことが示されている。職員との持続した親しい関係の形成に比べ、子どもとの持続した親しい関係の形成の方が、改善が遅いという結果は、「被虐待児は大人との関係の形成よりも、同年齢集団との関係に問題が残る」という他の研究結果と同じ傾向を示している。

まとめ

二〇〇〇年からの調査の結果からは、被虐待児の心理的援助に関して、児童心理治療施設はある程度の効果を出していると考えられる。多少の改善の遅さはあるものの不安や不活発さなどの内向的な問題に対しては、不登校などの子どもの治療で培ったやり方が被虐待児に対しても有効であると推測される。しかし、被虐待児の特徴と考えられる対人関係の問題、攻撃性の問題、衝動性の問題などに関しては改善が遅く、この面に焦点を当てた支援の発展が必要である。

（3）どの程度良くなっていくのか（二〇〇八年からの調査より）

二〇〇〇年からの調査では、調査項目が独自のものであったため他の調査との比較が難しかった。そのため、二〇〇八年からの調査では、標準化された調査項目を用い、調査間隔も半年おきにした。

退所時の職員の印象

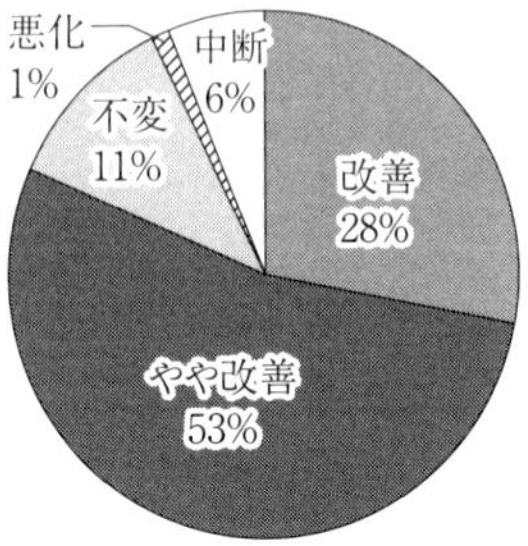

図Ⅲ-30　改善度
（職員の評定による，2008年調査）

二〇〇八年からの調査では、三九一名対象児童の中で二七一名の退所者がおり、その中の約九八％の子どもの「退所児童に関する調査」が回収されている。平均在所期間は一九・九ケ月であった。職員の印象では改善が二八％、やや改善が五三％であり、八割以上が改善傾向と見なされていた。不変は一一％で悪化は一％、中断が六％であった（図Ⅲ-30）。この結果は二〇〇〇年からの調査（図Ⅲ-23、Ⅲ-24）とほぼ同じである。

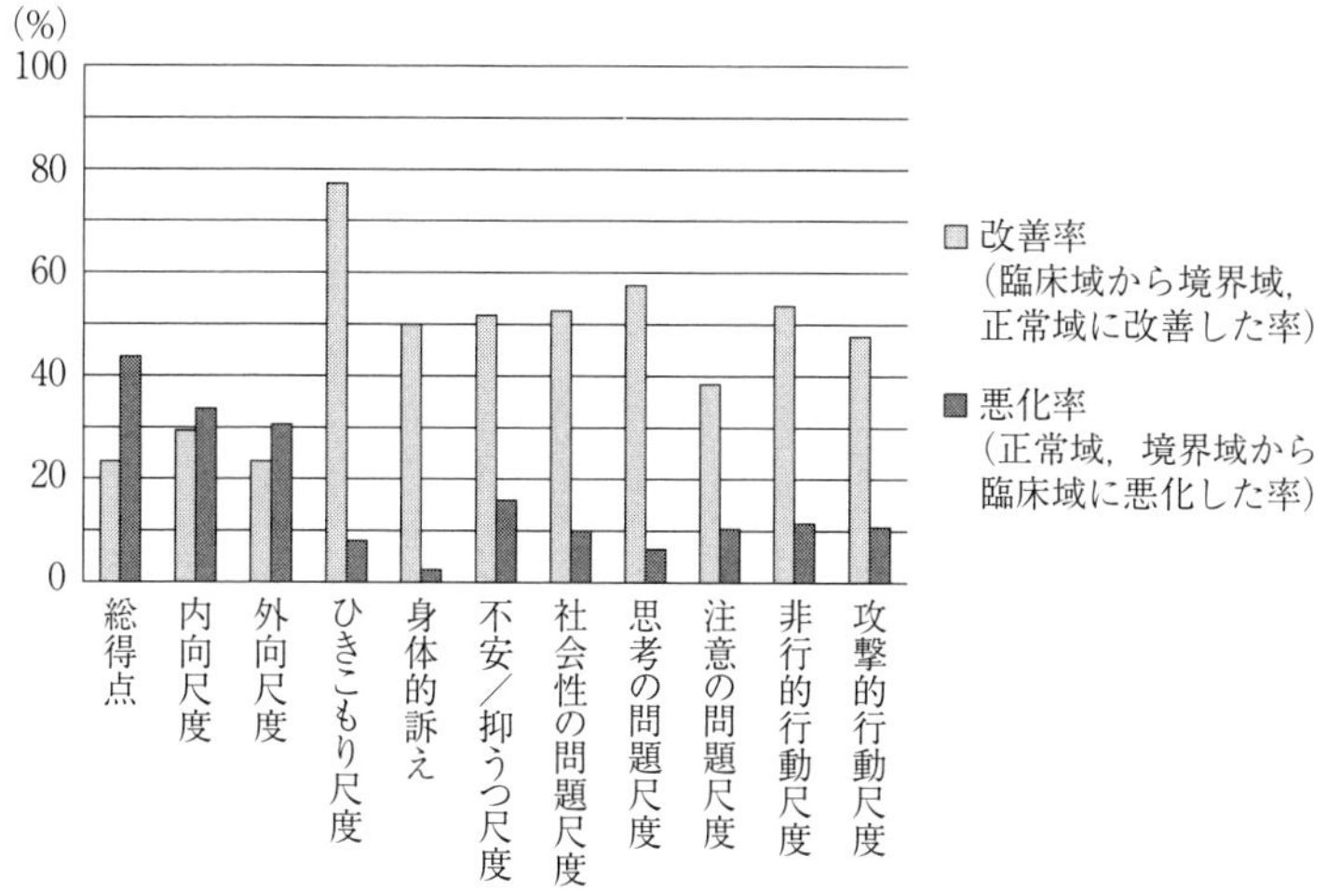

図Ⅲ-31　TRF 各尺度の改善率と悪化率

支援がなくてもよい程度に良くなる率はどのくらいか

各児童の最終調査（二〇一一年四月までに退所した児童は退所時の調査、在所中の児童は二〇一一年四月の調査）のＴＲＦの調査結果をもとに変化を調べた[注5]。ほとんどの児童が対象となるため、児童心理治療施設の支援による変化を推定する指標と考えられる。平均在所期間二六・一ケ月であった。

ＴＲＦの全ての尺度で正常域に該当した児童は二〇〇八年一〇月初回調査時の四％から最終調査時には一四％に、全ての尺度で正常域または境界域に該当する児童は一六％から二三％になった。問題が完全に解消されているというわけではない。

初回調査のＴＲＦの各尺度で臨床域に該当した児童が、最終調査時（退所時もしくは二〇一一年四月時）に正常域または境界域に該当した率（改善率）を示した（図Ⅲ－31）。「総得点」「内向尺度」（ひきこもり、身体的訴え、不安／抑うつの三尺度を合わせた尺度）、「外向尺度」（非行的行動、攻撃的行動を合わせた尺

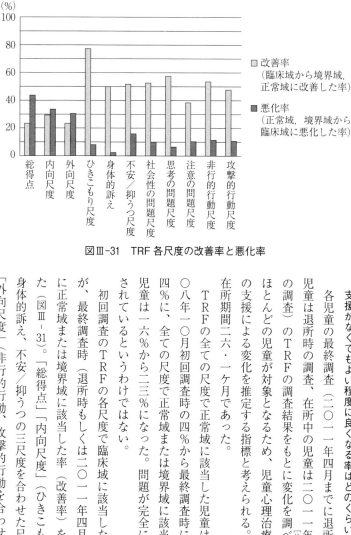

度）の三つの合成尺度では、臨床域に該当する基準がT得点で六四以上と下位尺度の七一以上より低く設定されているために、該当する率が高く過半数の子どもが初回調査で該当していた。改善率は三割未満と低く、初回調査で該当していなかった児童で該当するようになった率（悪化率）が高い。

各下位尺度における改善率は、注意の問題では三割台、「攻撃的行動尺度」で四割台と半数以下だが、「ひきこもり尺度」で七割を超え、他の尺度は五割台であった。一方、悪化率は、「不安／抑うつ尺度」「社会性の問題尺度」（孤立や仲良くできないなど集団での居場所のなさを表す尺度）、「注意の問題尺度」「非行的行動尺度」「攻撃的行動尺度」で一割台であり、他の尺度では一割未満であった。また、各尺度で臨床域に該当していた事例の初回調査時と最終調査時の平均点の差を調べた結果、全ての尺度で有意（一％水準）に改善していた。この結果は、退所児のみで分析した場合とほぼ同様の結果であった。

下位尺度では、改善率が悪化率を大きく上回り、改善が見られるが、「総得点」など三つの合成尺度では、悪化率が高い。潜在的な問題を引き出してしまう共同生活の負の影響力が考えられ、良しにつけ悪しきにつけ共同生活の影響力の大きさがうかがわれる。二〇〇〇年からの調査では、攻撃的行動などの改善が遅れることが示されていたが、二〇〇八年からの調査では、他の問題と大きな差がないことが示されている。二〇〇〇年からの調査では、問題がなくなる消失率を指標としたが、二〇〇八年からの調査では多少の問題はあっても正常域、境界域に該当すれば改善とみなす改善率を指標としたという違いがあり、そのことよる結果の違いと考えられる。

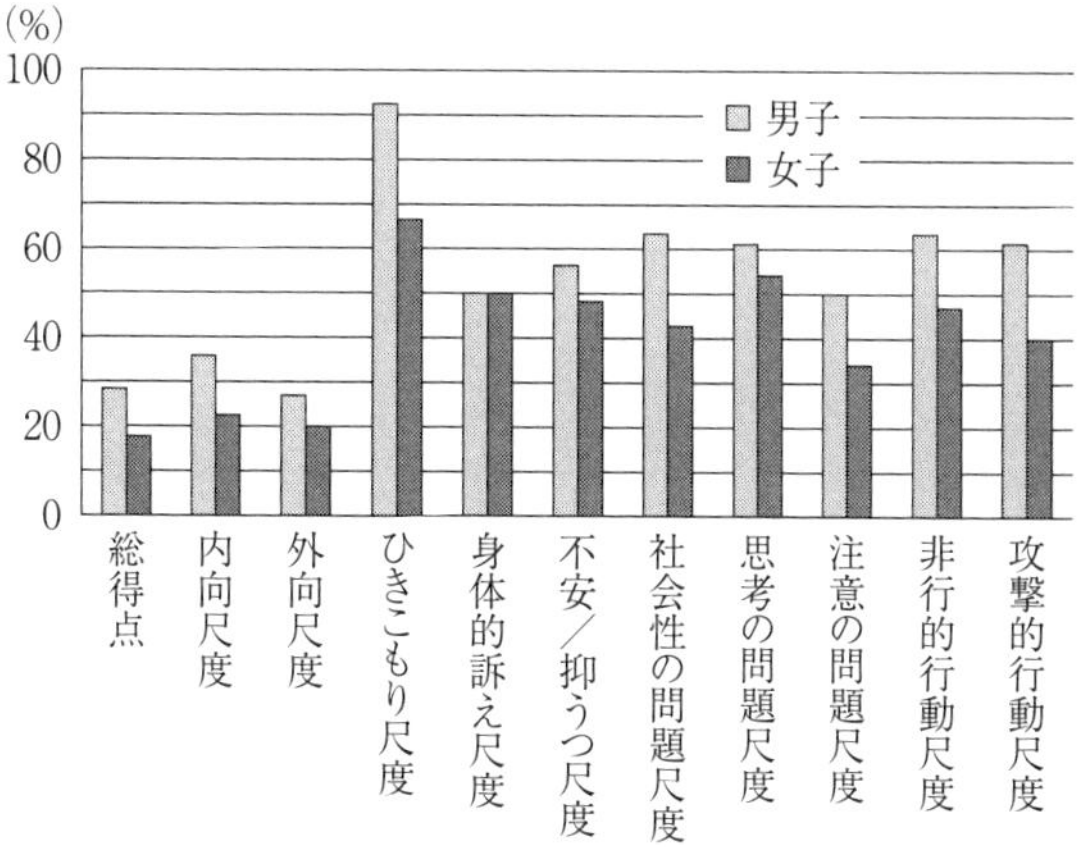

図Ⅲ-32　男女別のTRF各尺度の改善率
（臨床域から境界域，正常域に改善した率）

男女で改善に違いがあるのか

性別、年齢などによる改善の違いを調べた結果、統計的に有意な性差がいくつか見られた。ただし、本章3節「入所している子どもたちの状況」で示したように、広汎性発達障害が男児に多いなどの性差があり（表Ⅲ－6、7）、また、初回調査では、多くの尺度において女子の方が臨床域の該当率が有意に高く、女子の方が大きな困難を抱えていること（図Ⅲ－19）を考慮する必要がある。

初回調査時に臨床域に該当する子どもの初回調査と最終調査の得点の変化では、「攻撃的行動尺度」で女子の方が有意（五％水準）に改善が悪かった。[注6] また、改善率は、「総得点」「内向尺度」「社会性の問題尺度」「攻撃的行動尺度」で、女子の方が有意（五％水準）に低い（図Ⅲ－32）。[注7] 初回で非常に得点の高い子どもは改善が見られても臨床域に留まる可能性が高い。総じて女子の方が、T得点が高い子どもが多いため改善率が低くなりがちである。

それぞれの尺度に関して、初回調査で臨床域に該当した児童の初回調査と最終調査（退所時もしくは二〇一一

表Ⅲ-11　男女別の TRF 各尺度の平均点の変化
（初回調査で臨床域に該当した子どもについて）

尺度名	初回調査時の得点から最終調査時の得点を引いた値の平均	
	男子	女子
総得点	17.06	12.22
内向尺度	3.33	3.56
外向尺度	6.69	3.70
ひきこもり尺度	5.23	2.67
身体的訴え尺度	3.00	2.30
不安／抑うつ尺度	5.54	4.33
社会性の問題尺度	4.67	3.50
思考の問題尺度	2.81	2.03
注意の問題尺度	6.42	4.18
非行的行動尺度	3.09	2.24
攻撃的行動尺度	11.72	6.20

年四月時）の平均点の変化を見ると、全ての尺度で男女とも改善方向が見られた（表Ⅲ-11）。男子より女子の方が改善が悪い面はあるが、女子に改善が見られないということではない。

子どもはどのように変わっていくのか

調査を始めた二〇〇八年一〇月から二〇一〇年一〇月までの五回の調査で児童の状態がどのような変化をしたのか調べた[注8]。対象者は、二〇〇七年一〇月から二〇〇八年九月までの一年間に入所した三九一名のほぼ半数一八二名（男子一一四名、女子六八名）であった。

入所直後から二年の変化を表す事例も、入所後ほぼ一年から三年の間の変化を表す事例もおり、入所初期二年間の変化の分析と考えられる。

分析のしかたについて、入所時期の影響

改善の状態に性差が見られたことから、男女別で、TRFの得点の変化を調べた。対象児童は二〇〇七年一〇月から一年間に入所した児童で最大一年の在所期間の差があるため、初回と二回目の間の変化の中

図Ⅲ-33　調査時期と入所期間の関係

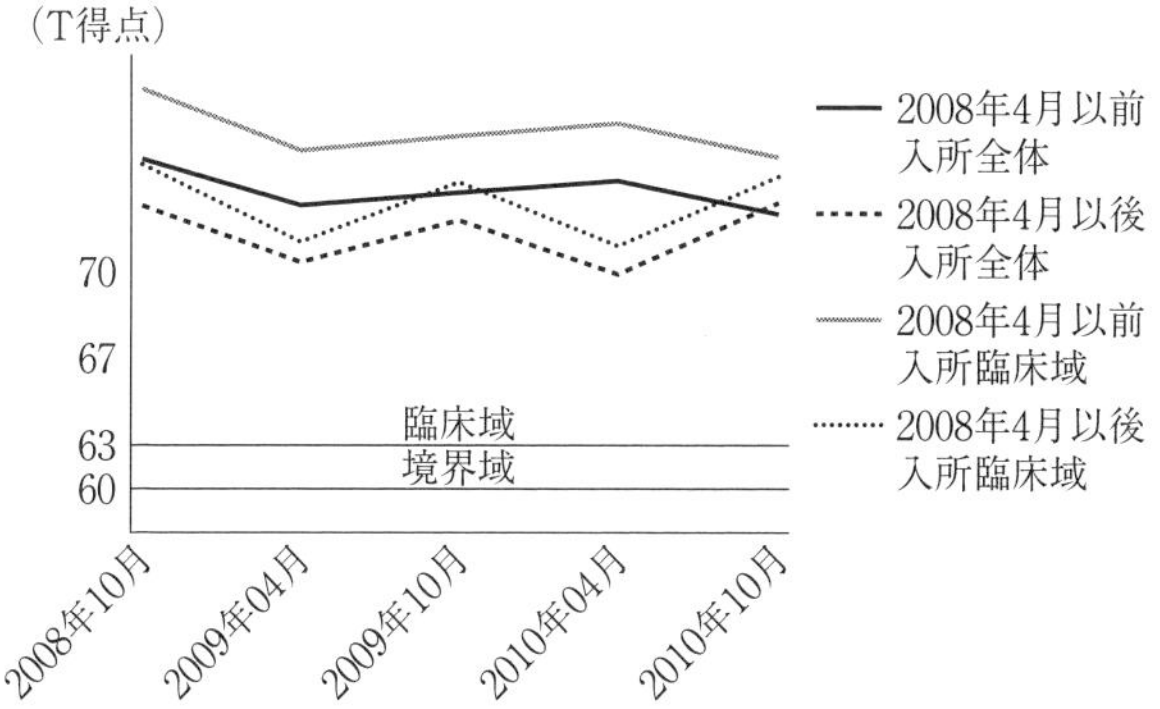

図Ⅲ-34　入所時期別の得点の変化[注 9]（女子の外向尺度）

には、入所後すぐから半年間の子どもの変化も、入所後ほぼ一年から半年間の子どもの変化も含まれる（図Ⅲ-33）。

そこで、二〇〇七年一〇月から二〇〇八年三月に入所した子どもと、二〇〇八年四月から九月末までに入所した子どもを分けて調べてみた。二〇〇九年四月で平均点が減少し一〇月に増加、二〇一〇年四月に再び平均点が減少、一〇月に増加するW型の変動が、二〇〇八年四月以降に入所した群の女子の「外向尺度」（図Ⅲ-34）、「攻撃的行動尺度」「非行的行動尺度」で見られた。二〇〇八年四月以前に入所した群でも二〇〇九年四月

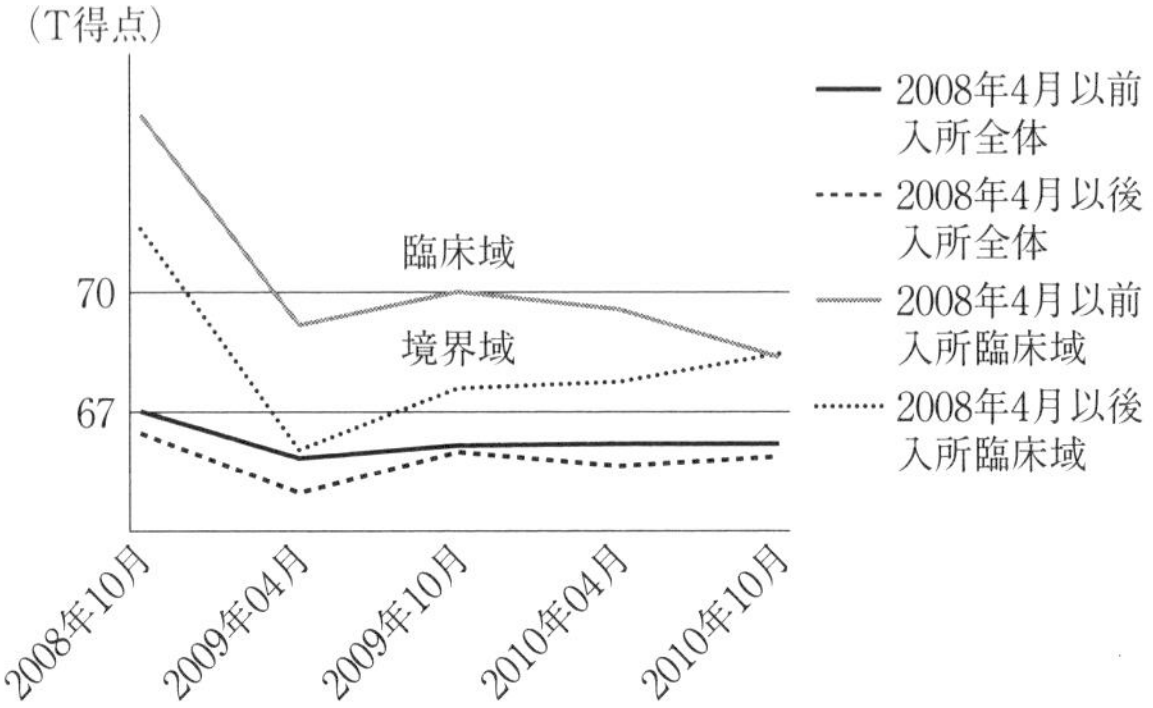

図Ⅲ-35　入所時期別の得点の変化（女子のひきこもり尺度）

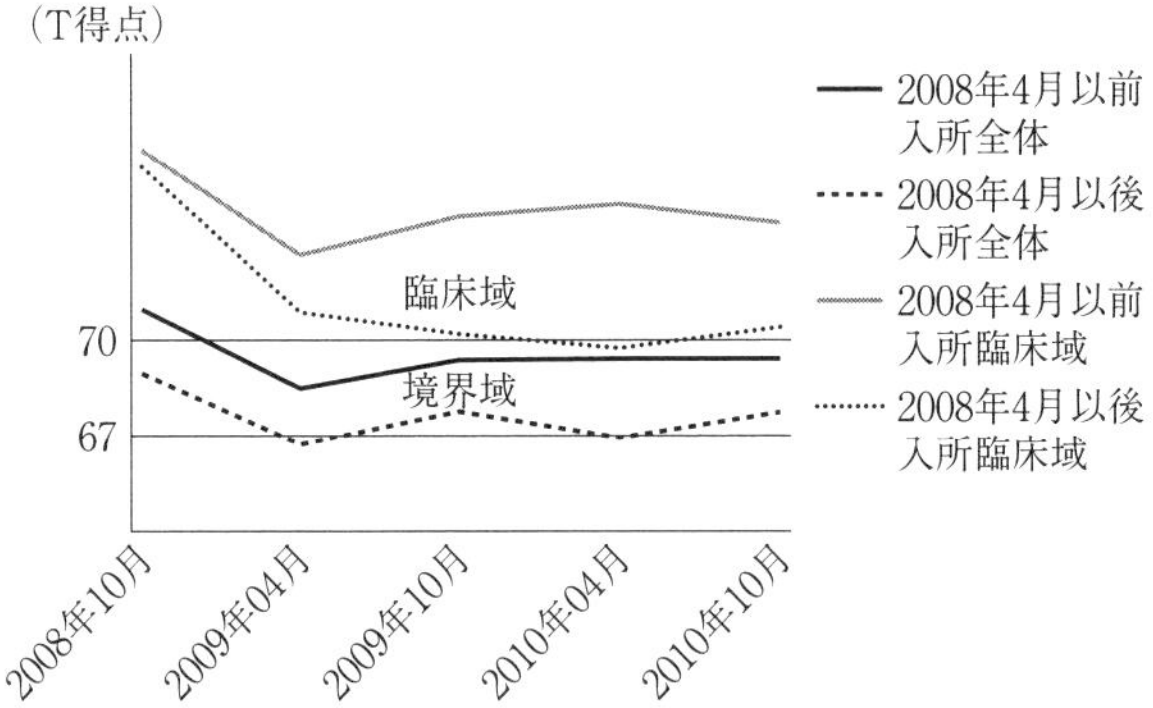

図Ⅲ-36　入所時期別の得点の変化（女子の注意の問題尺度）

に平均点が減少し一〇月に増加している。女子の「ひきこもり尺度」（図Ⅲ-35）、「注意の問題尺度」（図Ⅲ-36）、においても、二〇〇九年四月に平均点が減少し二〇〇九年一〇月に増加する変動が両群で見られる。このように入所初期に四月に向けて改善が見られ、一〇月に向けて悪化する傾向は、在所期間ではなく調査の時期によるものと考えられる。四月に児童の入退所や職員の入れ替わりにより施設の雰囲気が落ち着かなくなり、一〇月以

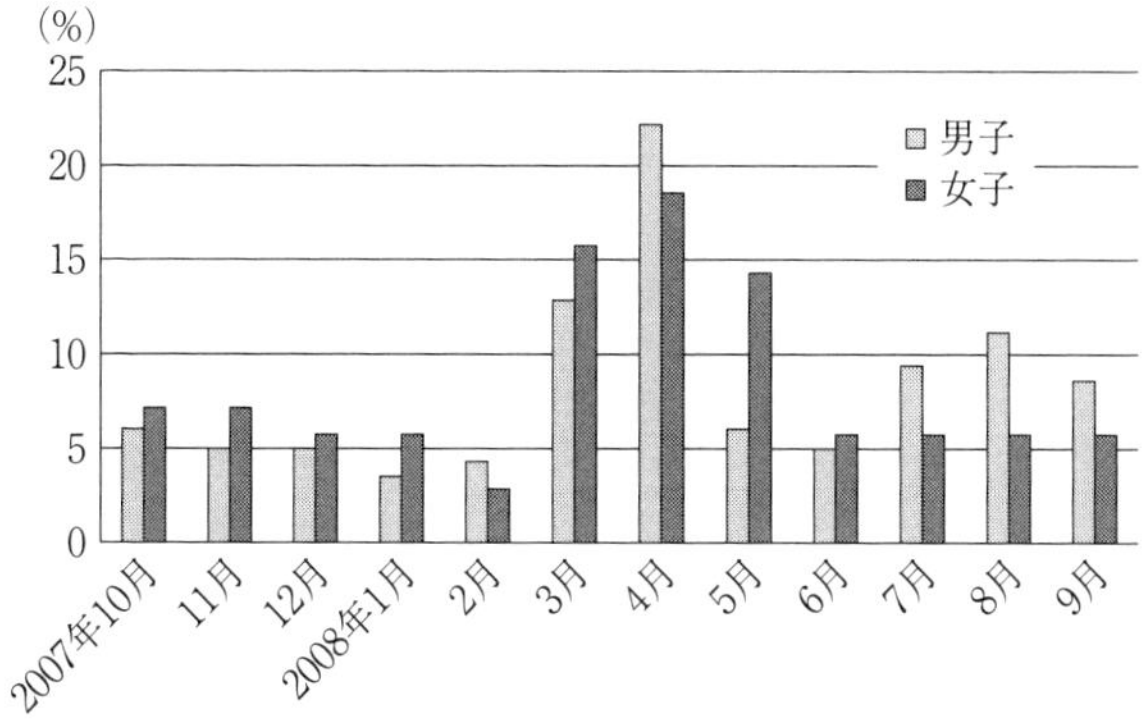

図Ⅲ-37　分析対象の措置月別人数

降施設が落ち着くことが入所初期の子どもに影響したと考えられる。

措置月別の人数を見ると三月から五月に入所が多く、分析対象となっている四四％（調査対象全体でも四四％）が三月から五月に入所している（図Ⅲ-37）。そのため、年度替わりの三月と四月で集団を分けることは無理があるので、在所期間に最大一年の差はあるものの、調査時点による得点の推移を調べることにした。

男女それぞれの変化の様子の違い

五回の得点の変化を見ると、「総得点」（図Ⅲ-38、39）、「外向尺度」（図Ⅲ-40、41）、「非行的行動尺度」（図Ⅲ-42、43）、「攻撃的行動尺度」[注10]（図Ⅲ-44、45）では、統計的に有意（五％水準）な性差が見られた。男子はほぼ回を追うごとに改善していく様子であったが、女子では毎年四月に得点が減少し、一〇月に得点が増加するW型を示している。臨床域に該当した子どもの改善の様子を調べた結果でも、「総得点」、「外向尺度」、「非行的行動尺度」に有意（五％水準）な性差が見られ女子の方にWに近い形が見られた。なお、女子では、初回と五回目を比べると得点の差がほとん

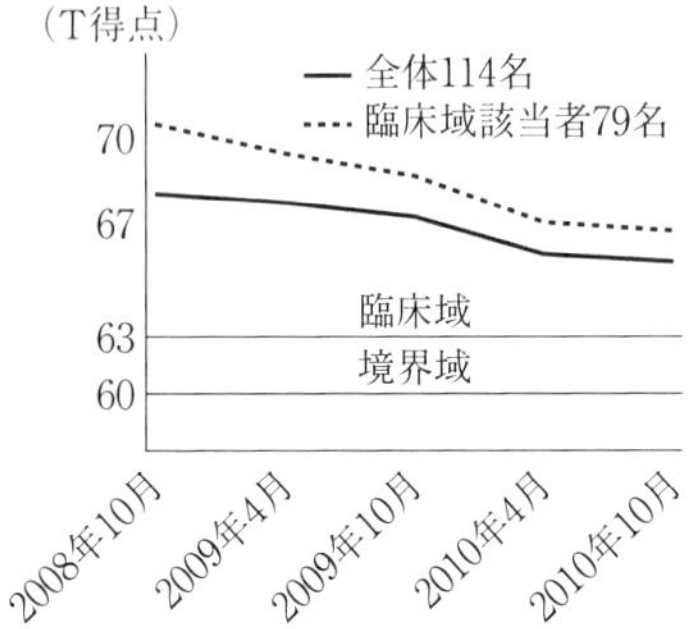

図Ⅲ-38　男子 TRF 総得点の変化

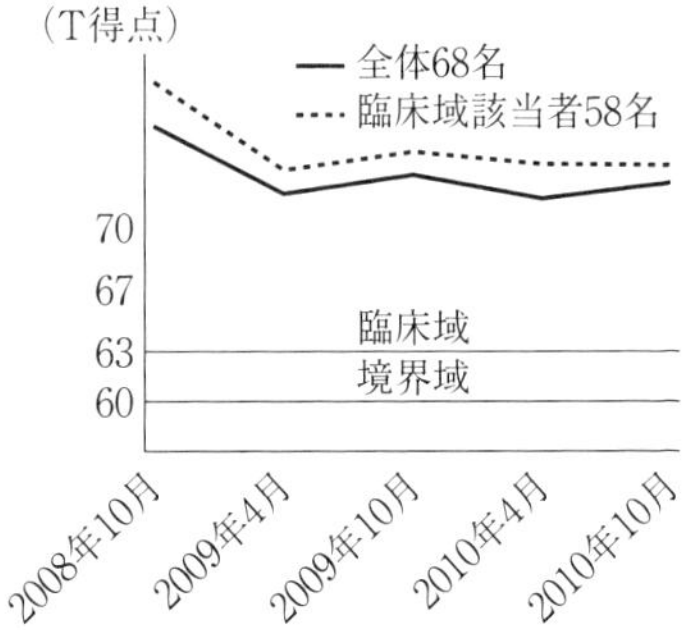

図Ⅲ-39　女子 TRF 総得点の変化

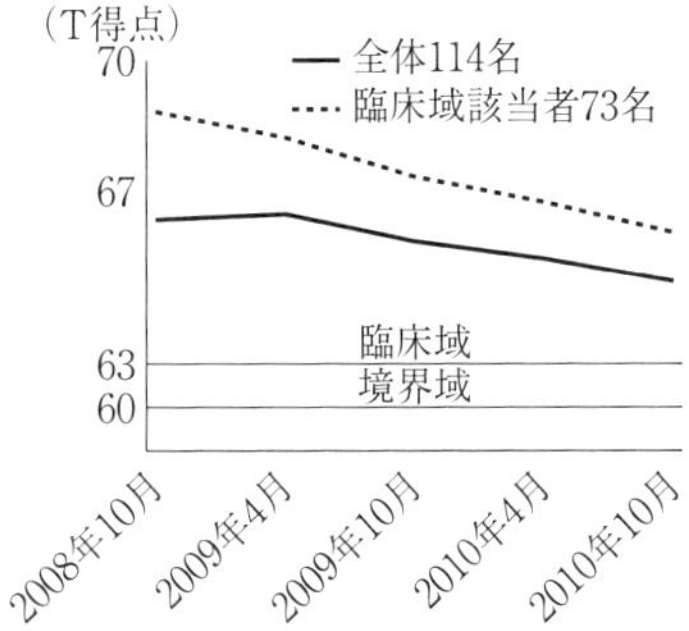

図Ⅲ-40　男子 TRF 外向尺度の変化

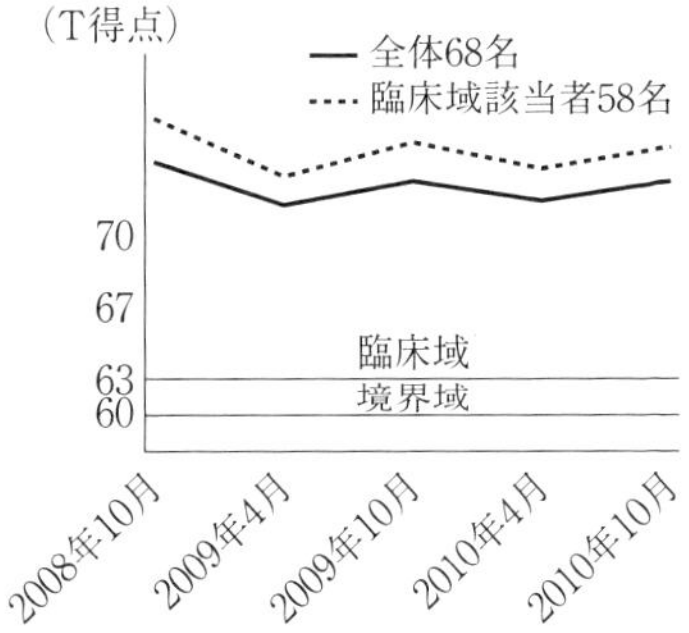

図Ⅲ-41　女子 TRF 外向尺度の変化

どなく改善がないように見え、前に女子も改善すると述べたことと矛盾する。これは、五回の調査の変化過程を調べた対象には、五回の調査までに改善して退所した子どものデータが含まれていないことによるものであろう。

環境に影響され落ち着きがますます失われ、問題行動などが出やすくなる傾向が女子では強いと推測される。女子の方が集団の中での居場所や友達関係に敏感であることは、よく指摘されることである。特に人付き合いの苦手な子どもたちを集めた施設では女子の支援はひときわ難しさがあるのだろう。

二〇〇〇年の調査結果でも、対

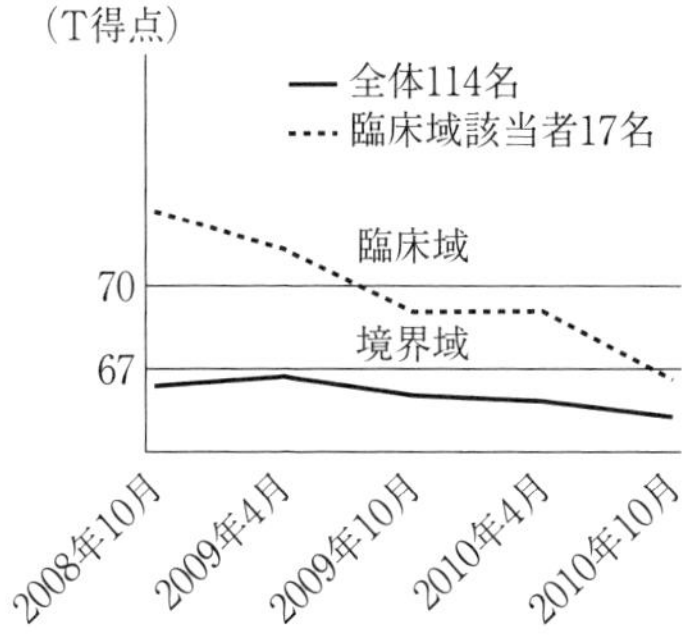

図Ⅲ-42　男子 TRF 非行的行動尺度の変化

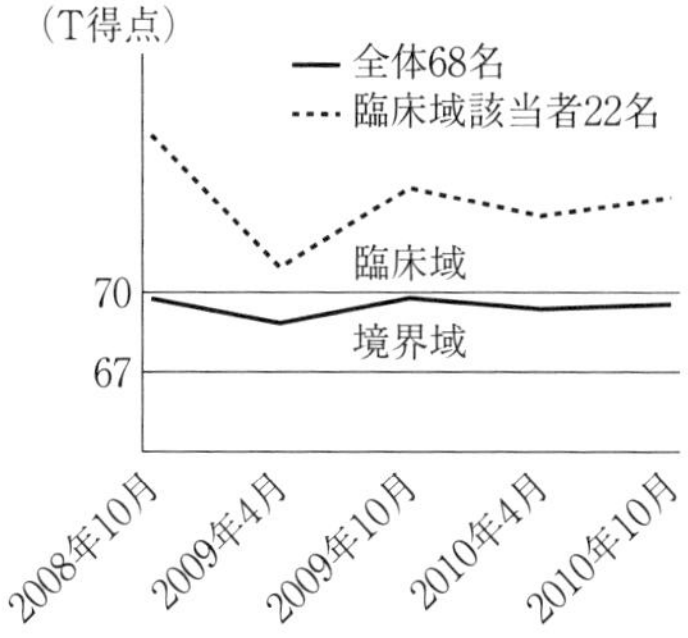

図Ⅲ-43　女子 TRF 非行的行動尺度の変化

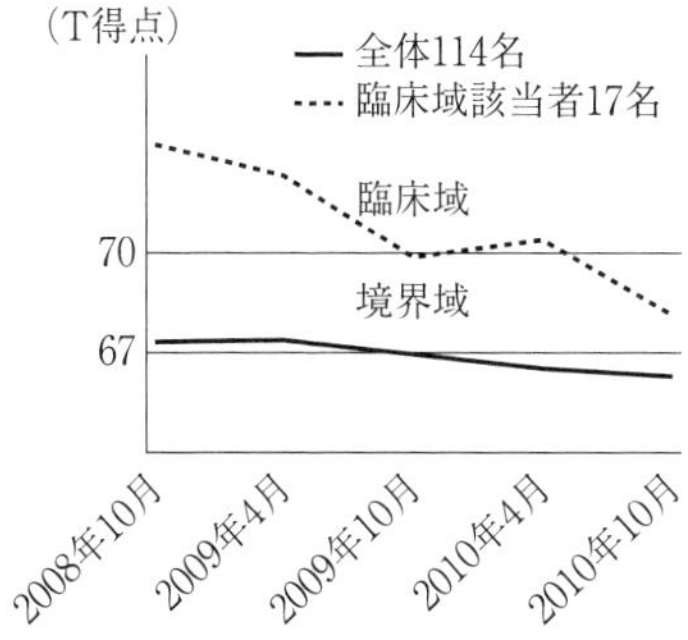

図Ⅲ-44　男子 TRF 攻撃的行動尺度の変化

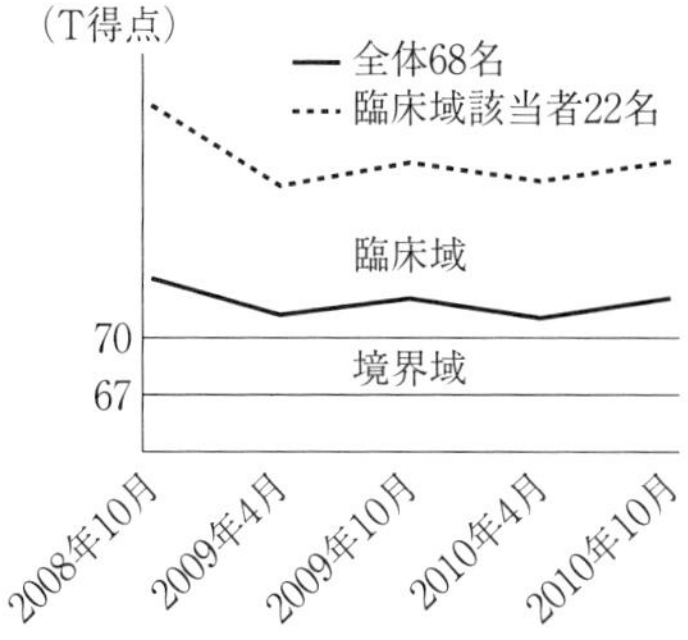

図Ⅲ-45　女子 TRF 攻撃的行動尺度の変化

人関係の問題と落ち着きのなさは、被虐待児群の特徴的な側面であり、改善が難しい問題として取り上げられた。大人数との共同生活では、人間関係が複雑で不測の事態が起きることも多いので、なるべく見通しを持って安定して暮らせるように支援することが大切だろう。

一方、「社会性の問題尺度」(一人ぼっち、仲良くできない、好かれていないなど、子どもの中で居場所が作れないことを示す項目がある尺度)、「思考の問題尺度」(強迫傾向、変な考

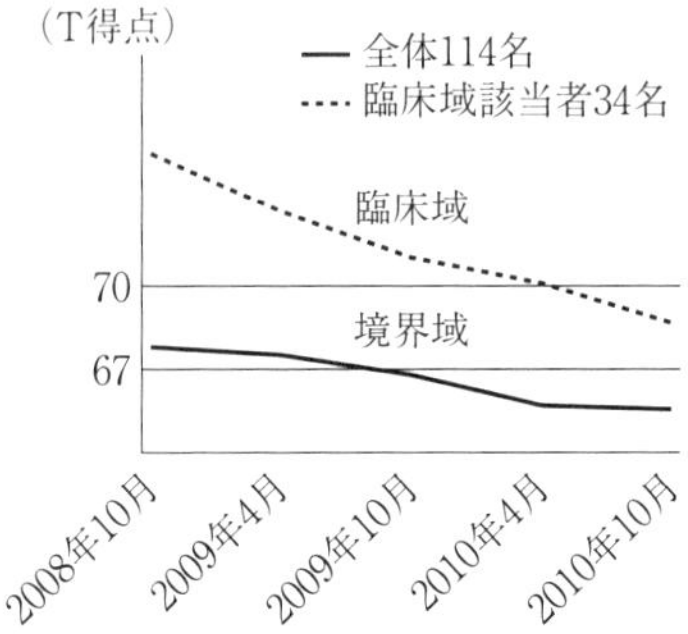

図Ⅲ-46　男子 TRF 社会性の問題尺度の変化

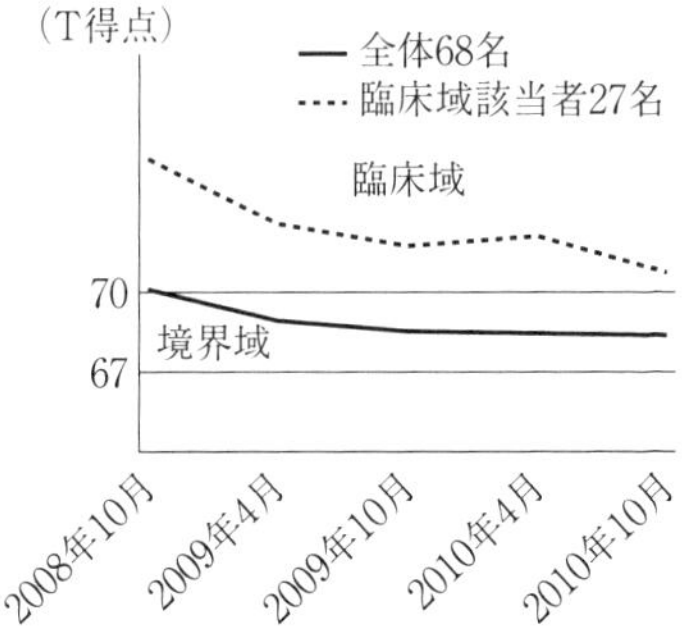

図Ⅲ-47　女子 TRF 社会性の問題尺度の変化

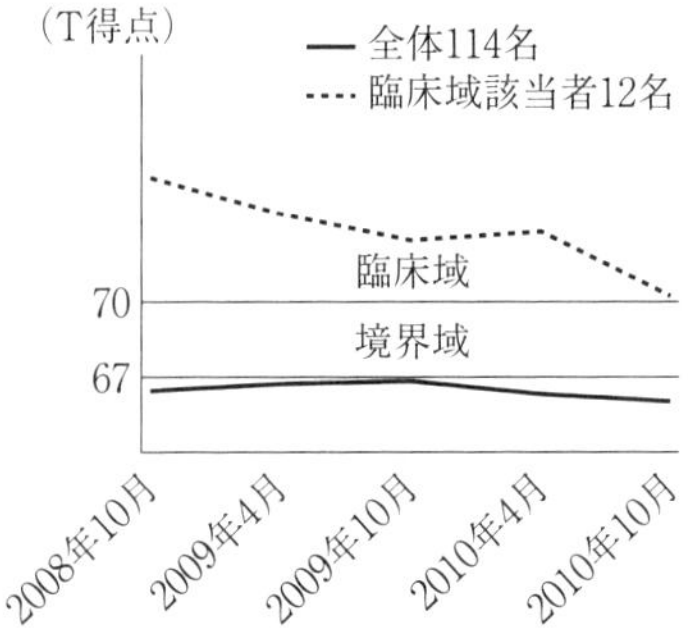

図Ⅲ-48　男子 TRF 思考の問題尺度の変化

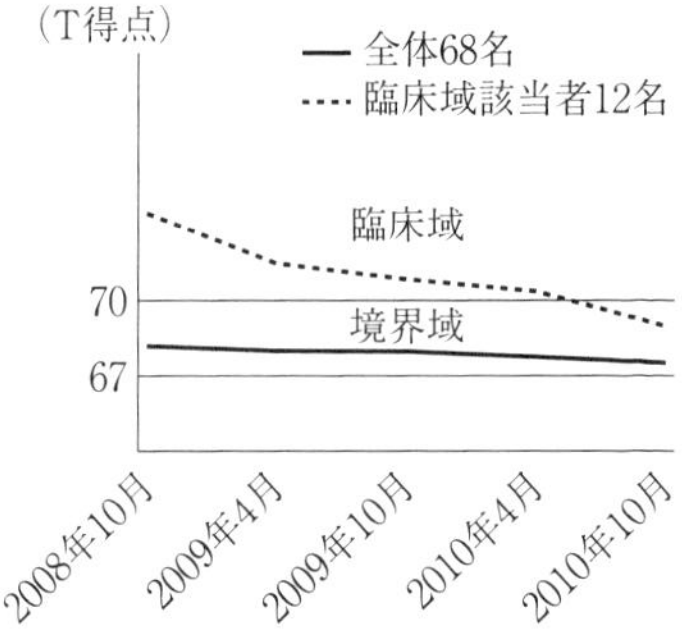

図Ⅲ-49　女子 TRF 思考の問題尺度の変化

え、変な行動、ないものが見える、音や声が聞こえるなど統合失調症を疑われる項目がある尺度）では、ほぼ直線的に改善する様子が見られ、環境に左右されにくいと考えられる（図Ⅲ-46～Ⅲ-49）。共同生活が自然と居場所作りを促すことで、周りとうまくやれず孤立する傾向が改善していくのだろう。思考の問題が改善されることも生活の場になじんでいくことが影響しているとすれば、共同生活の持つ治癒力であり、大きな意味がある。子どもの入退所や職員の入れ替わりによる集団の揺れがあっても、子どもが居場所を作っていけるのは、施設の文化、風土がしっかりしているからと考えることができる。総合環境療法において、施設の支援的文化作りが重要であることは指摘されている。表面的な揺れはあるものの支援的な風土に守られつつ、周囲に対する馴染めなさを改善し精神症状が改善していく過程を促せることは、児童心理治療施設の支援の特徴だろう。実際に、統合失調症の発症や精神的な破たんを疑われながらも施設の生活をなんとか続け、結果として発病することなく社会で活躍している子どもたちがいる。

まとめ

全体的には改善していくことが示されたが、全ての問題が改善されて退所するわけではなく、退所後の支援が必要なことが示唆されている。特に女子は、入所時点で問題の大きい子どもが多く、支援が必要なくなるまでに良くなることは難しい。変化の様子を見ても、男子は長くいるほど良くなっていく傾向が見られるが、女子は施設が動揺する上半期に攻撃的になってしまうなど主に行動面で悪化する傾向があり、環境に左右される様子が見られる。しかし、女子でも社会性の問題が徐々に改善されるなど居場所が作られることで改善していく様子が見られるなど、共同生活の治療的な面と非治療的な面が示された結果である。

5 児童心理治療施設が取り組むいくつかの課題について

前節では、全般的な子どもたちの変化の様子を見てきた。この節では、第Ⅱ章で述べた問題[注11]など児童心理治療施設の課題に関して考える。まずは、治療の中断による退所児童について考えてみたい。治療施設は、改善率を上げることとともに、悪化や中断を減らすことが大切である。

表Ⅲ-12 中断事例（49事例）の中断理由
（重複あり，%は全391名に対する割合）

児の激しい逸脱行動による中断	16名（4.1%）
児側が治療にのれなくなり中断	12名（3.1%）
家族の要因による中断	22名（5.6%）
うち家族の要因のみの中断	14名（3.6%）
うち強引な引き取り	8名（2.0%）
その他	5名（1.3%）

(1) どのような子どもが治療を中断して退所してしまうのか

二〇〇八年からの縦断調査において、二〇一一年四月までに中断した事例は調査対象三九一名中四九名（一二・五%）であった。中断の理由は表Ⅲ-12に示した。「激しい逸脱行為による中断」は一六名でそれほど多くはない。「家族の要因による中断」に該当する児童は二二名で、施設と家族との関係作りの重要性がうかがわれる。「家族の要因」のみが中断事由なのは二二名中一四例であり、聞き取りの結果、強引とも言える引き取りは八例であり、これも想像したよりも少なかった。養育者が精神障害などを抱えていて、施設や児童相談所との情報の行き違いや理解不足が起き、引き取りに至った事例が多い。強引とは言えないが家族の協力が得られな

表Ⅲ-13　激しい逸脱による中断事例（16事例）の転帰

児童自立支援施設	7名
児童養護施設	1名
知的障害児施設	2名
入院	1名
家庭復帰	5名

表Ⅲ-14　逸脱行動の種類

暴力	9名
性的加害など性的逸脱行為	5名
帰園渋りや無断離園	2名

表Ⅲ-15　激しい逸脱による中断事例（16事例）の特徴

広汎性発達障害	10名
うち暴力	7名
うち性的逸脱行為	2名
性的被害経験あり	3名
うち性的逸脱行為	3名
TRF 思考の問題が臨床域に該当	8名
うち暴力	6名
うち性的逸脱行為	2名

かった事例には、きょうだいの退所とともに家庭に戻った事例が複数ある。児童心理治療施設は子どもの治療を目的としていることから、保護者に入所の同意が取りやすいことが、家族の要因による中断が少ない理由の一つだろう。また、入所前に動機づけをしっかりすることが児童心理治療施設では共通認識になっていることも効を奏していると考えられる。「その他の理由」は母親の退院により引き取られたきょうだい事例などであった。

逸脱行為により中断した子ども（男子一四名、女子二名）が退所後どこで暮らしているのか（表Ⅲ-13）では、児童自立支援施設に措置変更になった児童が七名で多い。中断事例について聞き取りの結果、逸脱行動の内容としては、暴力が九名、性的加害などの性的問題が五名であり、激しい暴力と性的問題による中断が多い（表Ⅲ-14）。

どのような子どもが逸脱行為で中断に至ってしまうのか

逸脱行為による中断事例について調べたところ（表Ⅲ-15）、広汎性発達障害を疑われる児童が一六名中一〇名であり、その中の七名が暴力による中断、二名が性的逸脱による中断であった。入所前に性的被害を受けた経験のある児童は三名で、三名とも性的問題を起こしていて、性的問題の連鎖をうかがわせる。また、TRFの「思考の問題尺度」が臨床域に該当する子どもが八名で、六名が暴力による中断、二名が性的逸脱による中断である。「思考の問題尺度」は幻聴や幻覚、強迫観念、強迫行為，自傷など統合失調症を疑わせる項目もあり、この尺度で臨床域に該当する子どもは、相当の不安と周囲に対する恐怖を抱えて暮らしていることが推測される。

暴力により退所となった子ども九人の中で、「思考の問題」が臨床域の子ども六名はすべて広汎性発達障害を疑われる子どもであった。広汎性発達障害を疑われる子どもが施設に馴染めず周囲に対して恐怖感を抱き、二次障害として「思考の問題」を起こすとともに、その恐怖に対抗するかのように暴力をふるってしまい中断に至ってしまうという想像が浮かぶ。当然のことではあるが広汎性発達障害を疑われる子どもたちが安心しやすい施設の生活環境や子ども集団を作り、適応できるように支援していくことが課題であることが示されている。

入所間もない中断が多いのか

在所期間別に見ると、在所期間が短いほど中断が多いと予想されたが、中断率を見ると半年未満で多いものの半年以降にその傾向は見られなかった（表Ⅲ-16）。入所一年以内に退所した事例は八七名であるが、一人もいない施設がある一方、多数いる施設もあり、施設による差が大きかった。当然であるが、入所六ケ月以内では治療効果はあまり高くなく、入所初期の支援の大切さと、新入所児が適応しやすい環境を整

[注12]

表Ⅲ-16　中断事例数と在所期間

	在所期間						
	半年未満	半年〜1年	1年〜1年半	1年半〜2年	2年〜2年半	2年半以上	計
中断事例数	14	12	3	14	5	1	49
中断率（中断事例数／退所児数）	43.8%	21.8%	10.0%	20.6%	16.1%	2.0%	18.5%
退所児数	32	55	30	68	31	49	265

えることが課題である。

（2）広汎性発達障害を疑われる子どもにはどのような支援があればよいのか

「思考の問題尺度」の臨床域に該当し広汎性発達障害を疑われる子どもは、支援の難しくなる可能性があることを述べたが、実際は、そのような子どもたちでもうまく適応している子どもたちは多い。そこで、初回調査で「思考の問題尺度」で臨床域に該当しているか広汎性発達障害の疑いがある子どもの中で、入所後一年で改善もしくは問題がない子ども二六人に関して、施設職員から聞き取りを行い、支援のヒントを探った。聞き取りの中で、広汎性発達障害の子どもを支える要点として次にあげるようなことが言及された。

①　特性を理解した対応

広汎性発達障害児の特性を考慮しない対応は事態を難しくするだけである。具体的な対応が必要なこと、一度思い込むと修正が難しいこと、複雑なバランスを保ちつつ多様なことを考慮して考えることは難しいことなどを理解した上での対応が必要である。周囲からの理解が得られず責められたという経験が重なると、思春期になり周囲への認知が全般的に被害感に彩られてしまうこともある。過去の思い出も被害的なものに再構成されることも起こる。そうなると修正が難しく適応がますます困難になる。

職員や家族が広汎性発達障害の理解ができるように心理教育などの支援が必要である。

② 入所の動機がしっかりしていること

家庭と異なる環境の中で暮らすことの戸惑いや不便さは大きい。環境の変化に対する適応力の弱い広汎性発達障害児にとっては特に不安は大きくなる。自分の将来のために施設で暮らして治療を受ける必要があることを理解できていることが必須である。

思春期に入ると「なぜ自分はここにいなければいけないのか」という疑問が強くなることも多い、繰り返し入所している意味を子どもと確認することも必要になる。

③ 家族の協力があること

家族との関係が施設の適応に影響することは多い。少なくとも施設の指導に対する批判を家族が子どもの前でしないようにすることが必要である。

④ 他の子どもたちとの関わりを求めていること

聞き取りの結果、発達障害があるとしても多くの子どもは他の子どもとの関わりを求めている。他の子どもに恐れを抱きひきこもっていたり、被害感を抱いていたりしても、関わりを求める気持ちを育てることが必要である。

⑤ 子ども集団の中に居場所を作ること

他の子どもたちから「あの子だから」というように許容されていることが大切であり、子ども集団の質が問われる。施設としてどのような子ども集団と文化を作っていくかが課題となる。クラブ活動などで自信を持たせることで集団に居場所を作ることも考えられる。

一方、二四時間一緒に暮らしている子どもたちは彼らとうまく生活するために大人に見えないところで様々な工夫をしている。そのような努力をねぎらうことも大切である。

⑥　トラブルをその場その場で繰り返し指導すること

時間が経てば、記憶が曖昧になったり、歪曲されたりして事実の確認が難しくなる。また、その子どもなりの解釈（例えば被害感に彩られた解釈）が固まってしまって、修正が難しい。その場で誤解を解いたり、適切な対応を示したりすることが必要である。

⑦　職員との関係

上記の介入を通して、職員がトラブルに介入し何とかしてくれると他の子どもたちが思っていること、本人も職員のアドバイスが役に立つと思えるような関係を作ることなどが必要である。

⑧　その子どもに独自の生活のルール作り

一人ひとりに適したルールを作るには、他の子どもたちがそれをひいきと思わないような文化作りが必要である。子ども集団がその子どもの支援の協力者となると、他の子が職員に代わりたしなめるようになることもある。

約束事は図示する、チェック表を作るなど、視覚化することが効果的である。当たり前のことであるが、できたことを評価し有能感を持たせることが大切である。

⑨　支援プログラムが日常生活と結びついていること

応用とか汎化ということが難しい人たちである。ソーシャル・スキル・トレーニングなども日常生活と結びついていないと（普段と同じ子ども集団で行うとか）効果が薄くなるようだ。個別心理治療だけで何とかなるとは思えない。生活場面での適切な対応のために医師、心理職の専門的な知識を生かす必要がある

児童心理治療施設の入所児の約七割が被虐待児であり、三割以上がいじめられ経験を持っている（本章3節図Ⅲ－13）。虐待を受けた子どもの中には、養育者の行動を取入れていて、思い通りにいかず混乱すると暴力に及ぶことが身についている場合がある。また、いじめられ経験がある場合は他の子どもに対して怯えや警戒心、被害感を持ちやすいことが考えられる。このような傾向のため、児童心理治療施設に入所している広汎性発達障害を疑われる子どもの支援はより難しくなっている。

広汎性発達障害を疑われる子どもは周りの状況判断が苦手で集団適応が悪いが、それだけに逆に他の子どもと一緒であるという感覚を強く求める姿が見られる。子ども集団を拒否してひきこもる場合を除き、集団から離して生活し続けることに本人たちが満足するようには見えない。自己評価を高めるためには、みんなと一緒であるという感覚が必要になるのだろう。施設の共同生活は、発達障害児にとって刺激が多く混乱を招きやすい面はあるが、逆に子ども集団の中に居場所を作る支援をできる面で、発達障害児の支援に有効な環境であるとも考えられる。

そこで、全国情緒障害児短期治療施設協議会では検討を重ね、「情緒障害児短期治療施設における広汎

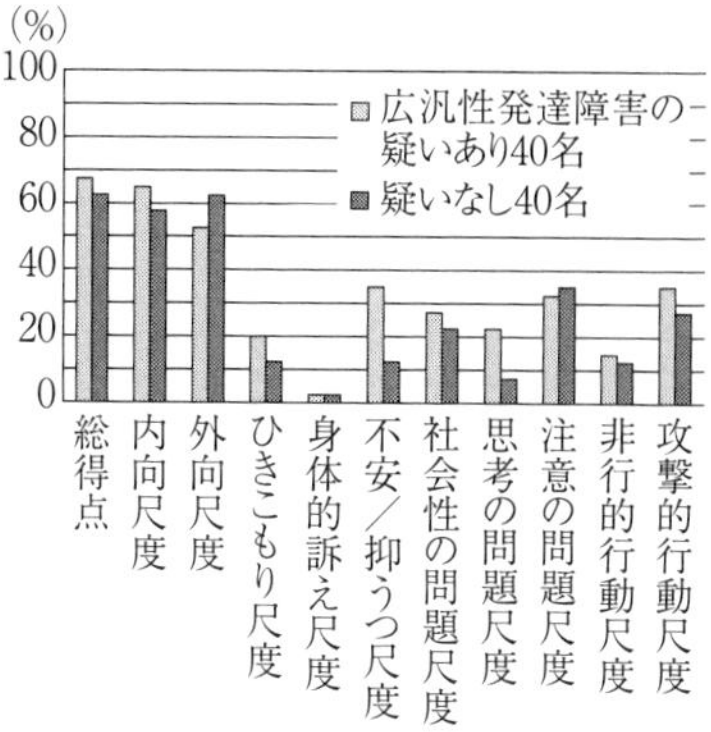

図Ⅲ-50　広汎性発達障害の疑いの有無による比較
（男子中学生の TRF 各尺度の初回調査臨床域該当率）

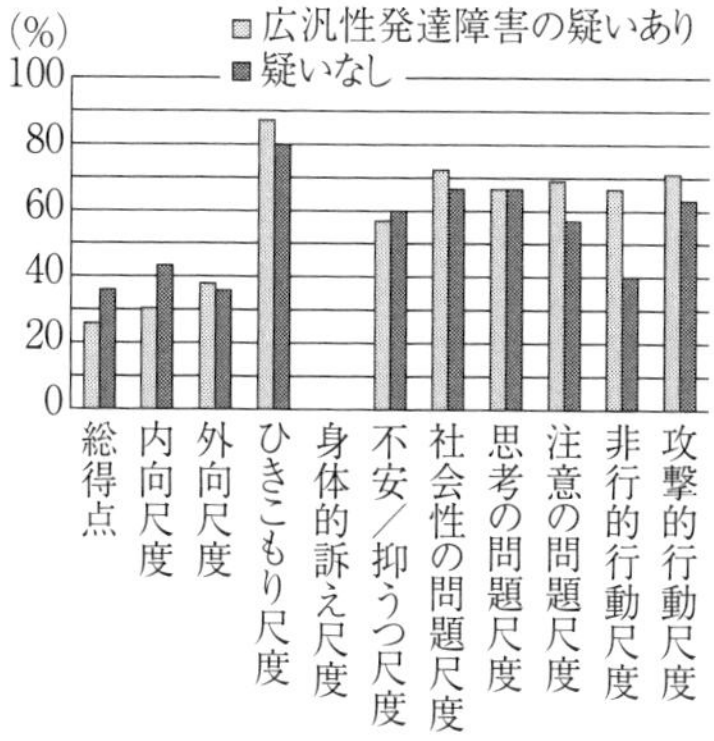

図Ⅲ-51　広汎性発達障害の疑いの有無による比較
（男子中学生の TRF 各尺度の改善率）

性発達障害を疑われる子どもへの支援の覚書」（資料3）を作成した。覚書には、前述の要点を可能にするための土台としての施設の風土作りの重要性から、タイムアウトのための部屋の準備、ルール、職員体制、情報共有に関すること、子ども集団の作り方、ケース運営の留意点などに言及があり、生活の場を支援的な環境に整える総合環境療法の一端を示している。

（3）広汎性発達障害の疑いのある子どもは改善しにくいのか

広汎性発達障害を疑われる子どもへの対応について述べたが、調査結果から考えてみたい。中学生以上で入所した男子の半数が広汎性発達障害の疑いがあることから、男子中学生の中で、広汎性発達障害の疑いがある子どもと、疑いのない子どもと比較した。

初回調査におけるＴＲＦ各尺度の臨床域の該当率（図Ⅲ-50）を見ると、「不安／抑うつ尺度」で、疑いのある群の方が有意（五％水準）に高く、不安を抱えながら生活している子どもが多いことを示している。改善率（初回調査で臨床域に該当した子どもの中で、最終調査時点で境界域もしくは正常域に該当した者の割合。図Ⅲ-51）では有意な差のある尺度はなく、不安も疑いのない子どもと同程度に改善する。このように広汎性発達障害の疑いのある子どもの方が支援効果が低いとは言えない。

広汎性発達障害を疑われる子どもはどのように良くなっていくのか

五回の調査がそろっている子どもの変化過程を調べた。中学生男子で広汎性発達障害の疑われる子ども群と疑いのない子ども群で、変化曲線に統計的に有意な差のある尺度はなかった。「総得点」（図Ⅲ-52）や「不安／抑うつ尺度」（図Ⅲ-53）などからは、入所後しばらくして改善が始まる「への字」型が見られ、前節で述べた四月から一〇月の施設の不安定期に悪化する傾向は見られなかった。施設に慣れるまで若干状態が悪化するものの、一度慣れると改善が続いていくことがうかがわれる。初回調査で不安を抱える子どもが広汎性発達障害を疑われる子どもでは多いことが示されたように、施設文化、風土に馴染むまでは大変だが、馴染めば集団の動揺にはあまり影響されず治療が進んでいくという傾向は職員の印象とも一致する。初期に悪化ししばらくは改善に向かわないため、この間に暴力がひどくなれば、中断に至る危険が強いことが想像される。

前項「中断に至った事例について」で取り上げられたTRFの「思考の問題尺度」に関しては、広汎性発達障害の疑われる子どもの方が初回の該当率は高いが、有意差はなく、広汎性発達障害を疑う子どもが思考の問題を抱えやすいとまでは言えない（図Ⅲ-50）。臨床域に該当するほどの状態になると中断の危険が大きくなるのだろう。五回の変化では、小さな動きではあるが、初めに若干悪化し、しばらく改善が見られないが、五回目に改善する様子が見られる（図Ⅲ-54）。臨床域に該当していた子どもは三人と少なく参考程度に考えるデータであるが、二回目に改善が見られた後しばらくは改善しないようであり、本格的な改善までにはしばらくかかる様子がうかがわれる。総じて、しばらくは不安や周囲への恐怖などが続くことがうかがわれる。

暴力に関連する「攻撃的行動尺度」については、初回の該当率に有意差はなく、広汎性発達障害の傾向が攻撃的行動と結びつくわけではないことを示している。攻撃性の高い子どもが中断の危険を持っていることがうかがわれる。五回の変化では、二回目に若干悪化するもののあとは改善が続く様子が見られる（図Ⅲ-55）。臨床域に該当していた六名も三回目以降に改善が始まる。疑いのない群が、若干の揺れがあるのに比べ、広汎性発達法害を疑われる群では、改善が始まれば着実に改善が続くようである。

ルールが明確で見通しが立てやすい施設の文化、風土に馴染んでいく中で、不安も薄らぎ攻撃的な行動を取らずに済むようになっていくと考えられる。思考の問題の改善がなかなか始まらないことを考え合わせると、不安を抱えながらも施設の文化、風土に馴染み、改善に向かうまでをどう支えるかが、広汎性発達障害を疑われる子どもたちへの支援の要点と言えそうである。それには、「情緒障害児短期治療施設における広汎性発達障害を疑われる子どもの支援の覚書（資料3）」に示したような施設の文化作りを土台に、それぞれの子どもの特性に合わせた生活の調整や個別支援による不安の低減が必要である。全体のルールの明確化、公平化と個別支援を両立させられるところに、児童心理治療施設の総合環境療法の特徴があろう。

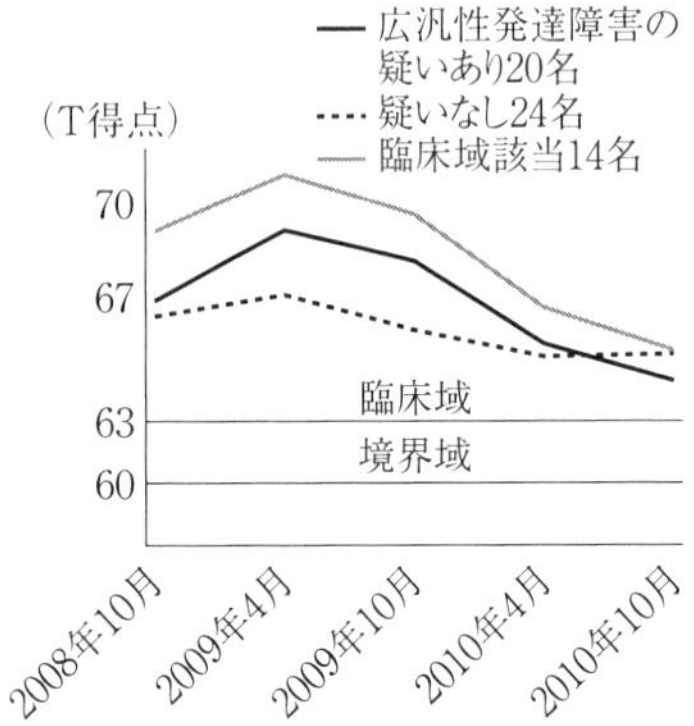

図Ⅲ-52　広汎性発達障害の疑いの有無による比較
(男子中学生の TRF 総得点の変化)

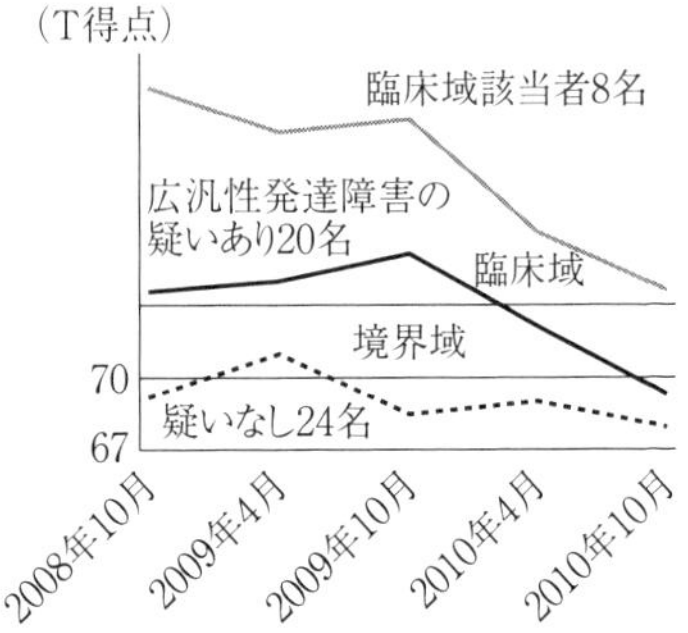

図Ⅲ-53　広汎性発達障害の疑いの有無による比較
(男子中学生の TRF 不安／抑うつ尺度の変化)

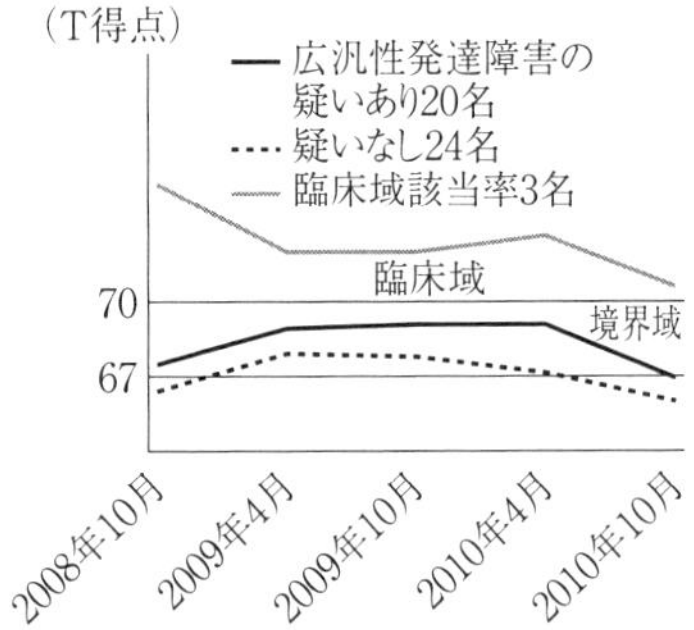

図Ⅲ-54　広汎性発達障害の疑いの有無による比較
(男子中学生の TRF 思考の問題尺度の変化)

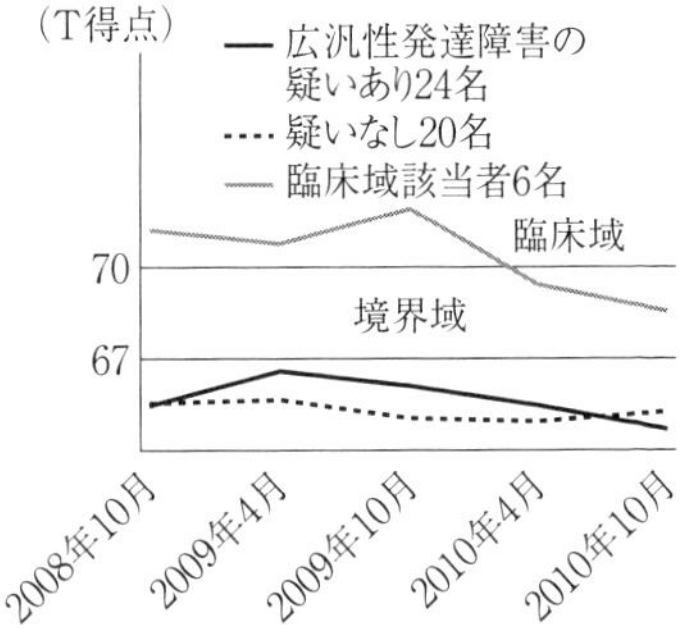

図Ⅲ-55　広汎性発達障害の疑いの有無による比較
(男子中学生の TRF 攻撃的行動尺度の変化)

（4）性的な問題を抱えている子どもをどのように支援するのか

中断事例の中には性的な問題を起こして退所になった事例もあった。性的な加害に関しては、被害の深甚さから一度でも犯すと退所を余儀なくされる可能性が高い。衝動的にそのような行為に及ぶことがないような予防的な関わりが必要であるが、そのための有効な支援法はまだ確立されておらず、今後の研究が必要である。性的な被害を受けた子どもが性的な問題を起こすことも見られたが、聞き取りでは支援の有効な要点は探れなかった。滝川ら（二〇一三）は児童心理治療施設で起きた性的問題三二事例に関して検討している。性的事件を起こさないための予防的手立てとして、①目の届きやすい施設環境整備、②性と暴力に関する枠組み（ルール）の設定、③性に関する職員間の認識の統一、④子ども間はもちろん職員間も含め得た支配服従の関係性の徹底的な排除などが挙げられている。しかし、検討はまだまだ緒についたばかりで、性的被害を受けた子どもの支援も含め今後の課題である。

性的被害を受けた子どもが性的な加害を起こすことがあるのか

性的被害と加害、性的逸脱行動の関連を調べた。縦断調査の初回（二〇〇八年一〇月）に性的被害傾向と性的加害傾向、性的逸脱傾向の評定を行った。性的被害と性的加害、性的逸脱傾向の相関は高く（相関係数は〇・六を超える。図Ⅲ-56、Ⅲ-57）、被害加害の連鎖が示されている。性的被害を受けた子どもの入所が増えれば、性的逸脱傾向が施設の中に広がっていくことが予想され、性的な問題の対応が火急の課題であることが示されている。

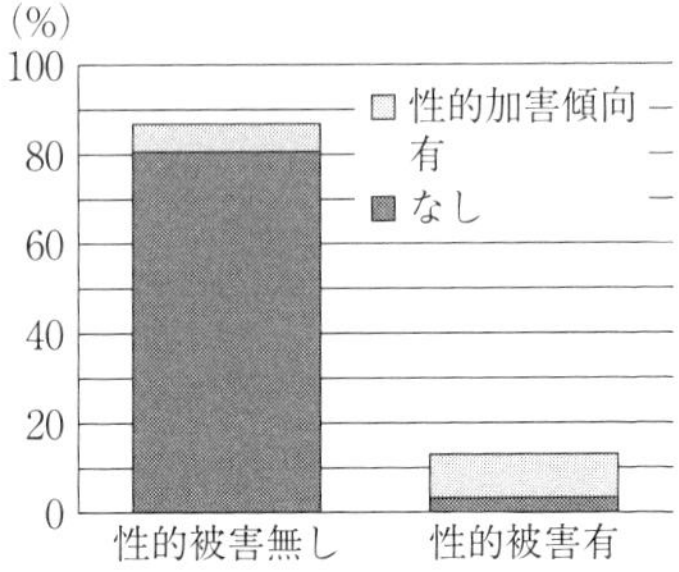

図Ⅲ-56　性的被害経験と性的加害傾向の関連

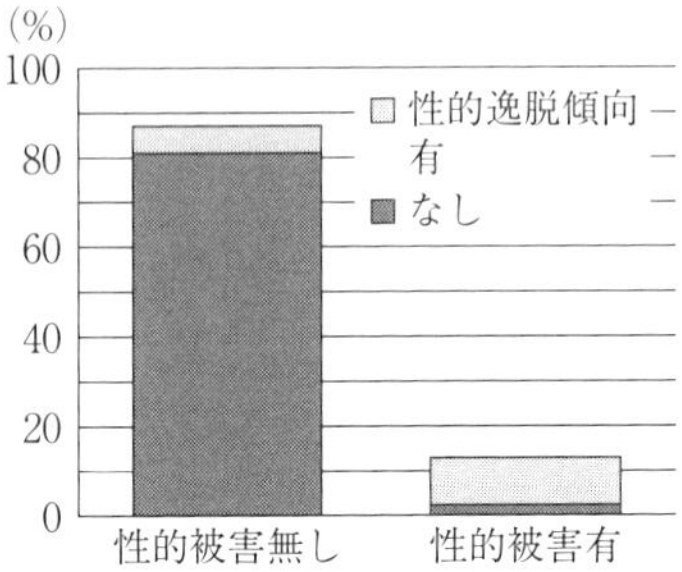

図Ⅲ-57　性的被害経験と性的逸脱行動の関連

性的虐待を受けた子どもはどのように良くなっていくのか

支援が難しいとされる性的虐待を受けた児童に関して、女子の中で性的虐待経験のある群とない群の比較を行った。初回の調査時点で、性的虐待を受けた群の方が、統計的に有意（五％水準）に臨床域の該当率が高かったのは、「思考の問題尺度」のみであった（図Ⅲ-58）。思考の問題は幻聴など統合失調症を疑わせる項目があり、相当の不安、恐怖を感じて暮らしていることが想像される。

改善率（初回調査で臨床域に該当した子どもの中で、最終調査時点で境界域もしくは正常域に該当した者の割合。図Ⅲ-59）では、「総得点」「内向尺度」「ひきこもり尺度」「非行的行動尺度」で、性的虐待経験のある群の方が有意（五％水準）に低かった。性的虐待を経験した児童の内向的な問題の改善が難しいことが示されており、性的被害を受けた子どもへの有効な心理療法の開発が必要である。

性的虐待を受けた児童で五回のデータがある者は一〇名である。性的虐待の有無で変化曲線に統計的に有意な違いが見られる尺度はなかった。「総得点」（図Ⅲ-60）と「内向尺度」（図Ⅲ-61）からは、ほとんど改善しない様子がうかがわれた。治療には長い期間が必要であることがうかがわれる。

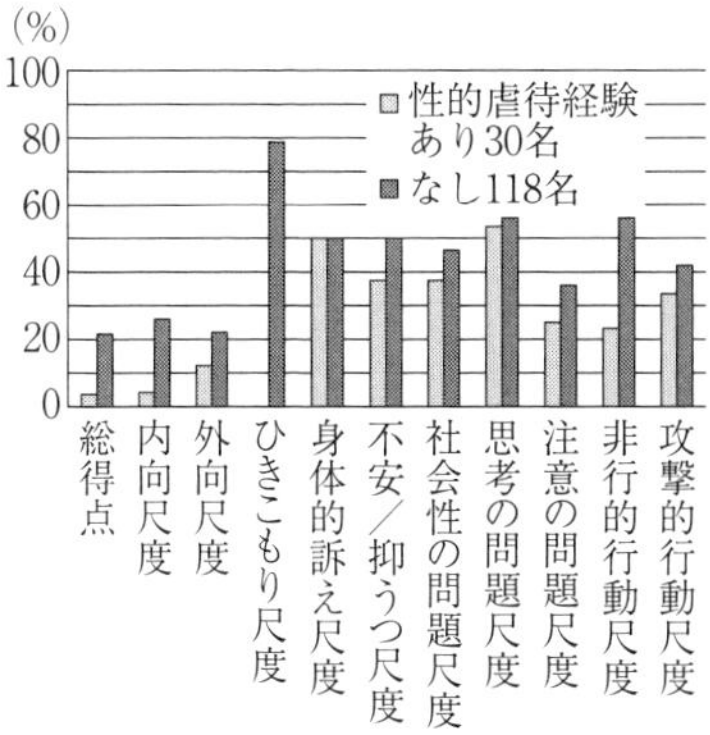

図Ⅲ-59　性的虐待経験の有無による比較
（女子の TRF 各尺度の改善率）

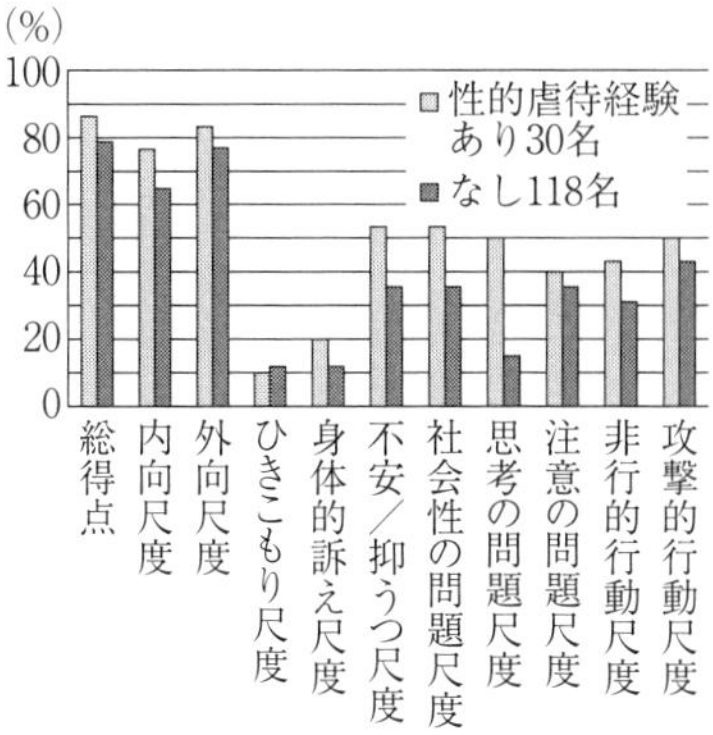

図Ⅲ-58　性的虐待経験の有無による比較
（女子の TRF 各尺度の初回調査臨床域該当率）

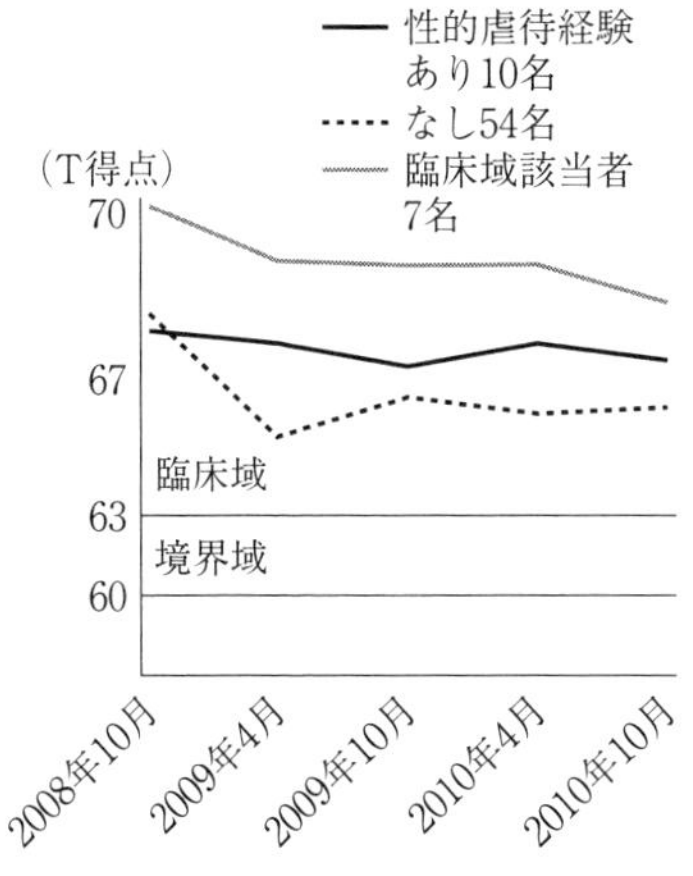

図Ⅲ-61　性的虐待経験の有無による比較
（女子の TRF 内向尺度の変化）

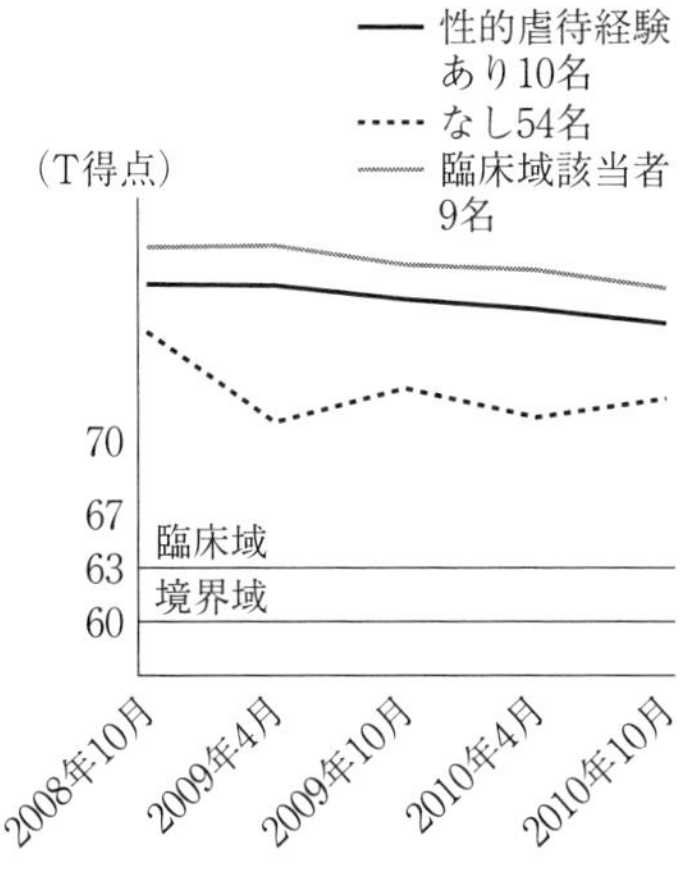

図Ⅲ-60　性的虐待経験の有無による比較
（女子の TRF 総得点の変化）

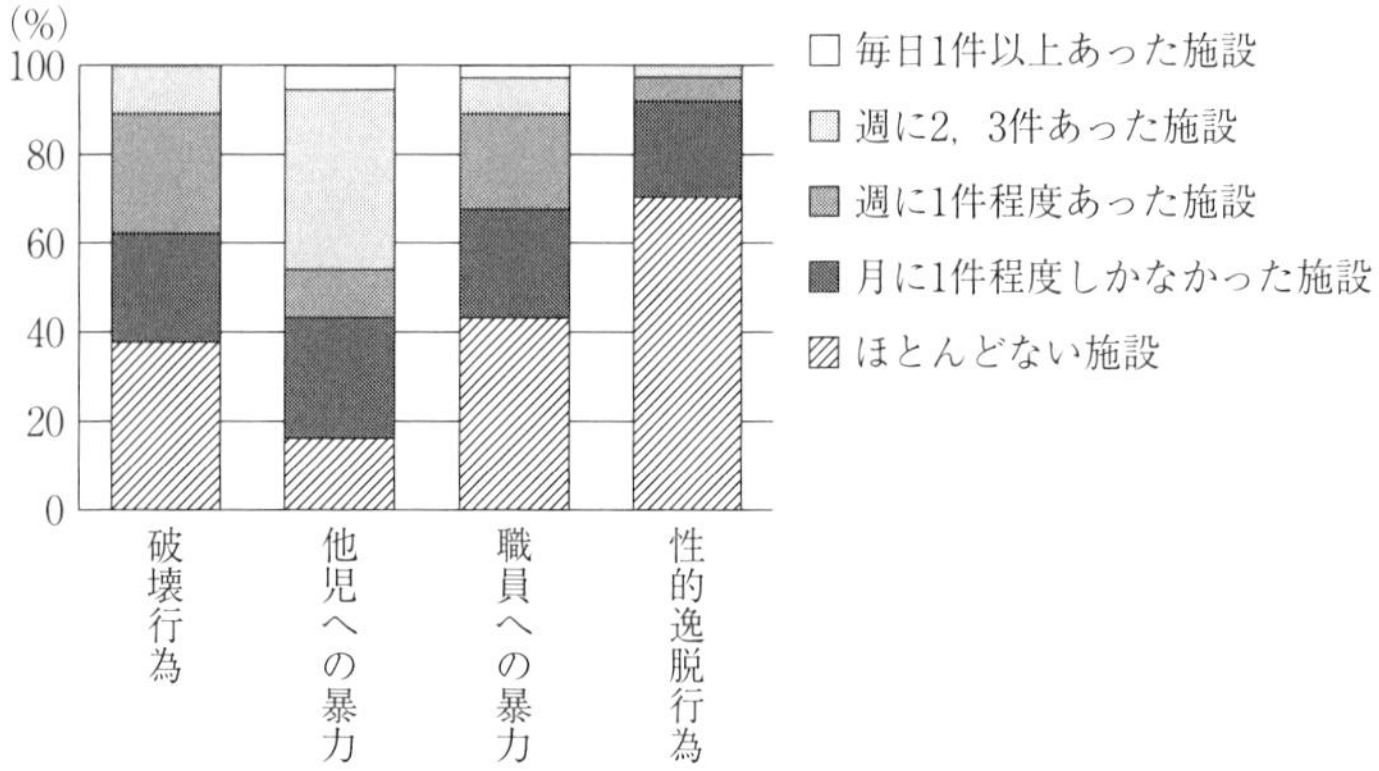

図Ⅲ-62　問題行動の頻度別の施設の割合
（2014年9月に起きた問題行動）

性的虐待は同居親族からの性的被害に限られるために、家族以外の人から性的被害を受けたものは入らない。実際に性的被害を受けた子どもはかなり多く、被害を受けた子どもが性化行動を起こすことは多く指摘されていることから、性的な被害の影響を調べるような調査が今後必要である。

（5）施設内ではどのくらいの問題行動が起きているのか

暴力の問題について、施設全体の取り組みを第Ⅱ章3節「暴力、性などの問題行動を予防する」で述べた。ここでは、実際に、施設の中でどの程度の問題行動が見られるかを示す。

図Ⅲ-62は、二〇一四年九月中にそれぞれの施設でどの程度問題行動が起きたか、その割合を示したものである。他児への暴力は半数以上の施設で週に一件以上を起きており、毎日起きている施設もある。職員への暴力も三割以上の施設で週に一回以上起きている。他児への暴力が起きていない施設は、二割程度しかないことが示されている。虐待の被害を受けてきた子どもたちは、暴力を見るだけでも不安になることが多く、安心感の損なわれた生活の中では治療も進まない。

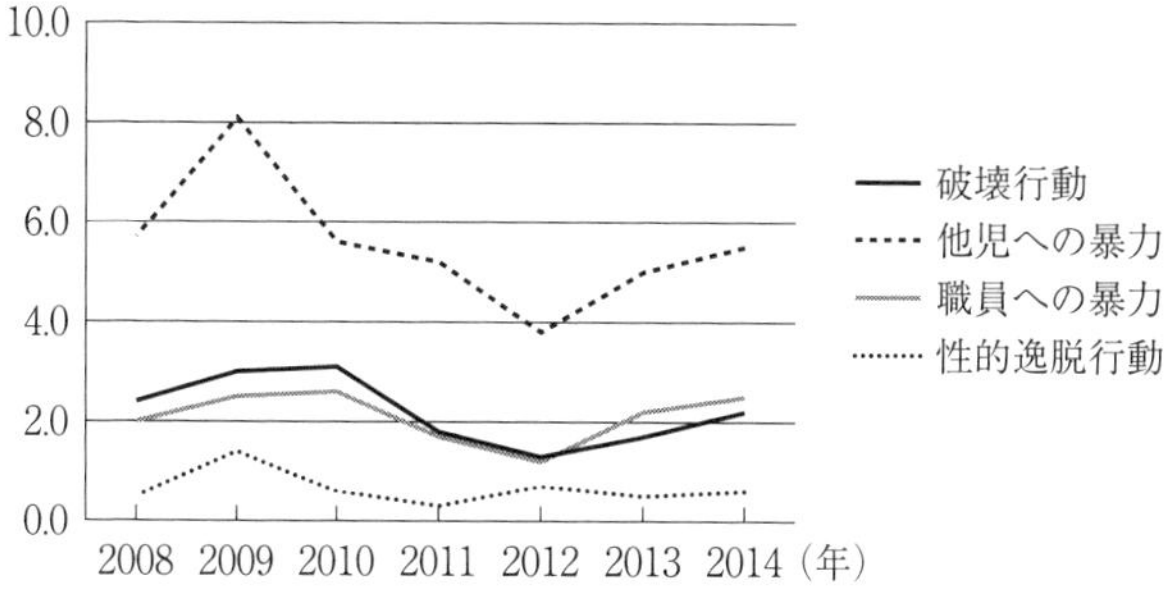

図Ⅲ-63　問題行動の推定発生件数の推移
（1施設で1ケ月に起こる推定数）

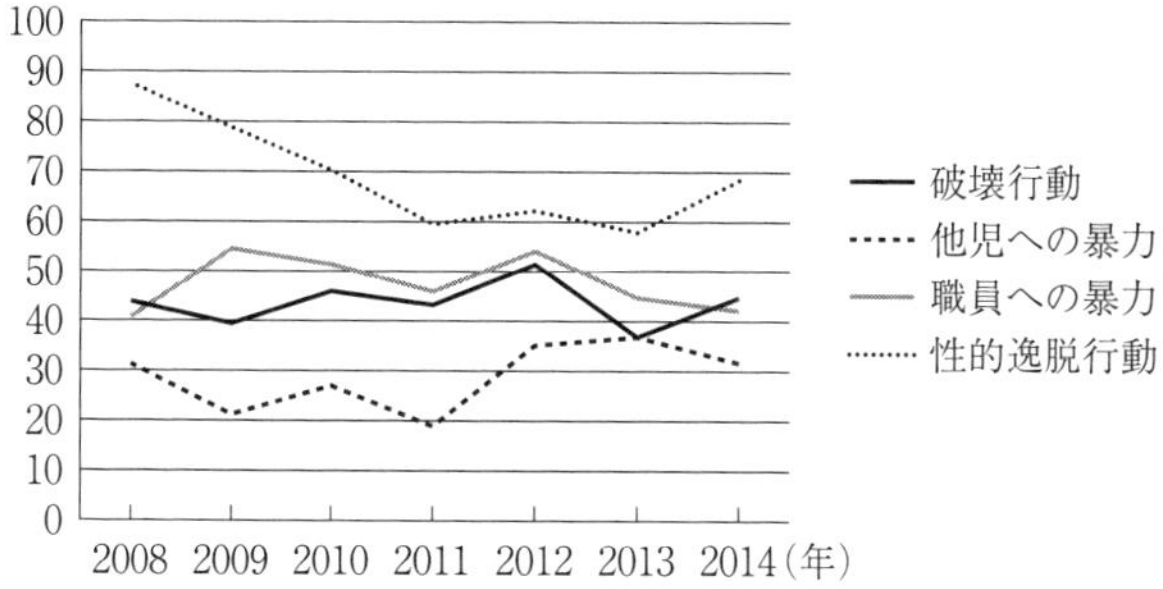

図Ⅲ-64　問題行動のほとんど起きない施設の割合

図Ⅲ-63は、各年九月の問題行動発生件数から推測した一施設あたりの平均発生件数の二〇〇八年からの推移、図Ⅲ-64は問題行動が調査時からさかのぼって一年間、月一件程度しかなかった施設の割合の推移である。他児への暴力の推定件数は二〇〇九年以降徐々に減っている傾向が見られたが、二〇一三年以降増加している。破壊行動、職員への暴力も若干減りつつあったが増加に転じている。問題行動のほとんど起きない施設の割合（図Ⅲ-64）は増減の波がある。性的逸脱行動のほとんど起きない施設は二〇〇八年から減ってきて（各施設で起きるようになってきた）二〇一二年に横ばいになったが再び増加している。

入所前から暴力をふるっていた子どもや性的な問題を抱える子どもが多いため、入所後すぐにその問題をゼロにすることは難しい。また、子ども同士のトラブルを治療の契機にしようとする発想が児童心理治療施設にはあるが、暴力が子どもたちに与える衝撃は大きく、暴力に至る前にトラブルに対応する必要がある。この結果は、暴力のない安心安全な施設生活を保障するさらなる努力が必要であることを示している。

(6) 家族支援はどのくらい行われているのか

中断の原因の一つとして、家族から協力が得られなくなったことが挙げられた。被虐待児の家族は社会的に孤立していたり、公的な支援を受けることに抵抗のある家族も多く、家族支援の難しさは指摘されているところである。児童養護施設においては、極論すれば親が虐待をしたから子どもを入所させるという形になるために、虐待を認めない親などと対立することが多く、強引な引き取りも見られる。一方、児童心理治療施設は、子どもの治療のために入る施設であり、保護者は治療の協力者として施設と関わることができるので、対立は起きにくい。しかし、実際は、心理面接のために定期的に施設に足を運んでくれる家族や、自ら治療プログラムに参加しようという家族は少ない。子どもが施設に入所してしまうと子どもへの関心が薄れたかのように、連絡が取れなくなる家族もあり、家庭訪問や電話による連絡など様々な手段でつながりを作る努力をしている。

図Ⅲ-65に示したように、虐待をしたとされた家族に対して、不定期ではあれ、施設が何らかの支援をしている割合は八割を超えている。定期的な支援をしている割合は多くないものの、虐待をしていない家

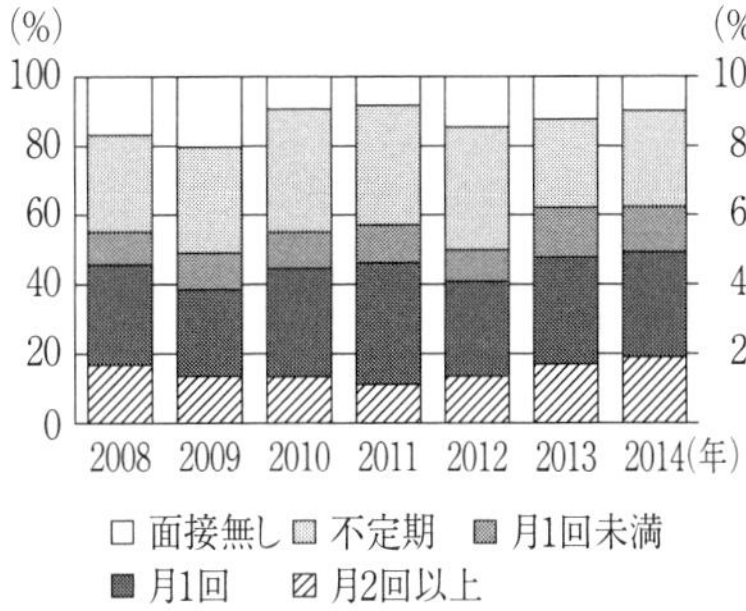

図Ⅲ-66　非被虐待児の家族に対する支援の頻度

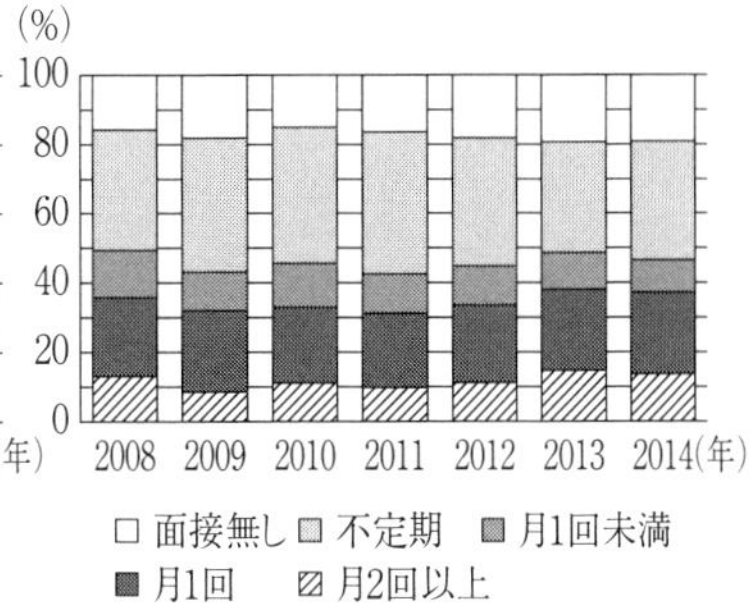

図Ⅲ-65　被虐待児の家族に対する支援の頻度

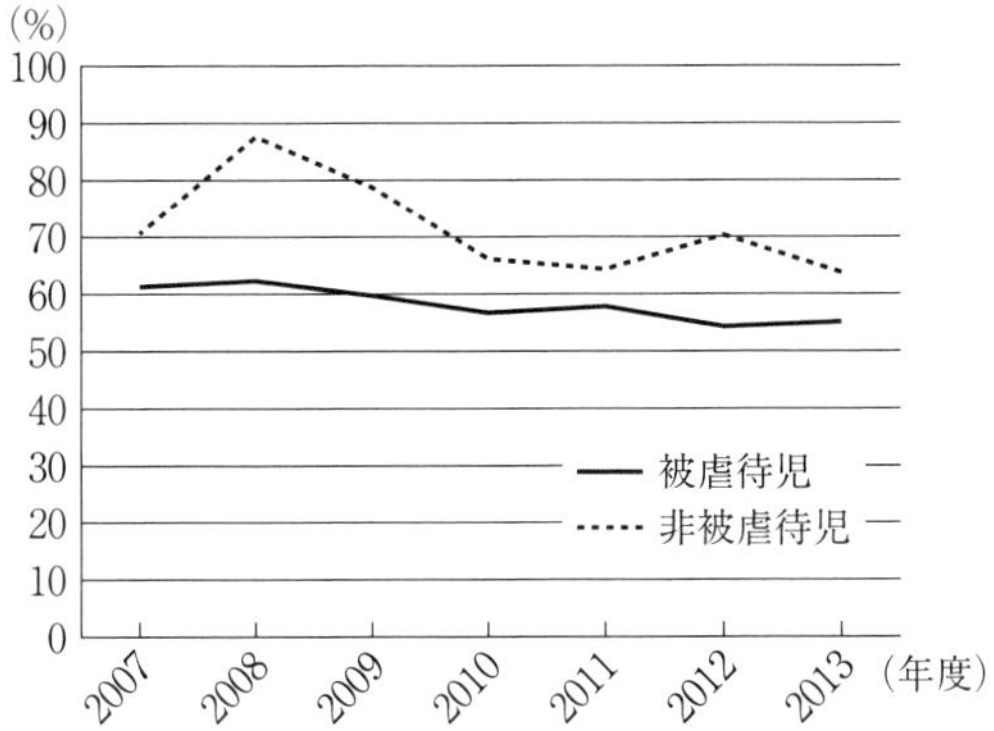

図Ⅲ-67　家庭復帰の割合の推移

族に対する支援（図Ⅲ-66）と大きな差はない。入所にあたって子どもの治療の協力者という位置づけをしていて、親に治療を迫るような雰囲気を出さないようにしている姿勢などが、つながりを保てている一因だろう。

子どもが施設での治療をうけ、併行して家族の支援が行われた結果、子どもが家族のもとへ戻ることが理想であるが、実際は図Ⅲ-67に示したように家庭に戻るのは六割程度である。虐待を受けていないとされる子どもでも三割以上が、家庭に戻っていない。第I章4節の事例で示したように、親のハンディキャップなどの理由から一緒に暮らすことは難しく家庭には戻らないものの家族とのつながりは保って暮らしていく場合もあり、家族支援の目標も子ども、家族の状況に合わせて設定していく必要がある。

（7）調査から見えてきたことのまとめ

これまで見てきたように、調査結果からは、共同生活を通して治療を行う総合環境療法の有効性が十分とは言えないが示された。女子に見られるように生活場面が全体に落ち着かなくなると攻撃的な行動が増えるなどの問題はあるが、広汎性発達障害を疑われる子どもたちに見られるように、子ども集団の中に居場所を得ると改善が進んでいくことも推測され、子どもが居場所を作れるように支援することの大切さが示された。そのためには、生活環境を整えたり、見通しの立つ生活を送れるようにしたり、施設の風土を支援的なものにすることが必要である。被虐待児は居場所なく落ち着けず人とのトラブルを起こしやすい様子を見せることが多いが、そのような子どもたちの治療には何より安心した生活の中で自分のことを大切にできるように支援することが必要である。暴力には対してはまだまだ安全と言える状況ではなく、今後の課題である。また、性的被害を受けた子どもが増えているが、不安などの内面の改善が悪く、これまでの心理療法では不十分で、心理療法の充実が必要である。

［注1］　状態像の項目のほとんどは二項のカテゴリー尺度であり、各因子との連関を調べる場合、カイ二乗検定が適当な方法である。この調査では多数の因子が相互に関連していると考えられるため、ロジスティック回帰分析のス

テップワイズ法を用いた。

［注2］　二〇〇〇年の調査で被虐待児の該当率が三割を超える項目は、以下である。

「自信がない」「友人関係が持ち難い」「衝動的」「自制できずルールが守れない」「注意の持続困難」「自分のことで精一杯」「知的には普通だが学力が低い」「職員の顔色をうかがう」「職員との関係が持ち難い」「喧嘩」「不自然なはしゃぎ」「職員にべたべたする」「子どもの中で孤立」「他児への攻撃」「職員の気をひく」「職員に対して甘えと反発が入り混じる」「寝付きが悪い」「多動」

一方、TRFの「注意の問題尺度」を構成する項目は、以下である。

「行動が幼い」「授業中の気ままな行動」「やり遂げられない」「注意が続かない」「落ち着きがない」「混乱する」「そわそわする」「指示に従えない」「衝動的」「神経質」「学習が困難」「無気力」「成績が悪い」「不器用」「やることが雑」「不注意」「一点を見つめる」「実力を出し切れない」「仕事を実行できない」

「社会性の問題尺度」を構成する項目は、以下である。

「行動が幼い」「大人に頼る」「一人ぼっち」「よく泣く」「仲良くできない」「大切に思われない」「ねらわれている」「自分には価値がない」「事故にあいやすい」「からかわれる」「好かれていない」「不器用」「年下を好む」

「攻撃的行動尺度」を構成する項目は、以下である。

「言い争い」「口答えする」「自慢する」「他人に残酷」「注意をひきたがる」「自分の物を壊す」「他人の物を壊す」「いうことをきかない」「邪魔をする」「嫉妬する」「喧嘩をする」「おしゃべり」「暴力をふるう」「規律を乱す」「よくわめく」「目立ちたがり屋」「予測できない行動」「欲求不満になりやすい」「頑固、不機嫌」「気分がかわる」「しゃべりすぎ」「人をからかう」「かんしゃく持ち」「人をおどす」「騒々しい」

傍点を付した項目は二〇〇〇年からの調査で該当率の高い項目と同様の項目である。重なる項目が多いことがうかがえる。

[注3] 統計的に五%水準で有意である。カイ二乗検定による。

[注4] それぞれの項目は、「衝動(衝動性が目立つ)」「攻撃(職員に対して攻撃的で怒りやイライラをぶつけてくる)」、「身勝手(相手の様子にお構いなく身勝手に近づいてくる)」「過接近(過剰に接近しすぎ(べたべたする、過度なじゃれつきなど))」、「抑うつ(元気がない、ふさぎ込み(抑うつが目立つ))」「孤立(一緒に遊べず、孤立している)」である。

[注5] TRFは問題・症状の有無を問う項目を数項目合わせてそれぞれの尺度得点を作るものである。各尺度に支援が必要な臨床域、支援を考慮すべき境界域が得点分布をもとに定められている。したがって、正常域であっても問題・症状が全くないということではなく、多少の問題症状があっても正常域に該当することがある。

[注6] 反復測定分散分析を行った。

[注7] 初回調査時に臨床域に該当した児童を対象に、性別と退所時または最新調査時に正常域または境界域に該当した児童の数、臨床域に留まった人数を二×二のクロス集計しカイ二乗検定を行った。

[注8] 回を重ねるごとに退所者が増え、分析の対象者が減り、二〇一〇年一〇月時点でおよそ半数が退所していた。半数を大きく下回ると対象の偏りが懸念されるため、初回から二〇一〇年一〇月調査時までの五回のデータがある児童を対象とした。なお、二〇一〇年四月から二〇一〇年一〇月までに退所した児童は退所時の状態であり、厳密には二〇一〇年一〇月の状態ではないが、分析に加えた。

また、分析の対象とする集団が全体を代表しているのかについて、各調査時点での総得点平均点と分析対象の集団の平均点を比較したところほぼ差が見られなかった。このことから、分析対象の集団(五回の調査データがある対象)はほぼ全体の傾向を代表していると考えた。

[注9] 得点の平均値を一二歳以上のT得点の基準で示した。以下の得点の変化を示す図も同様である。

[注10]　性別など児童の特性による変化過程の違いを検討するために、反復測定分散分析を行う。この分析により、変化曲線の形の違いが統計的に検定できる。形の違いであるので、常に同等の得点差がある場合（平行の関係）は形が違うとは見なされない。

[注11]　治療効果の「中断」および退所形態の質問項目のうち「中断」と記された8、9、10、12、13（11・転居年齢超過は除く。資料2）に該当した児童を中断事例とする。

「家族の要因による中断」は、10「家族の激しい非協力ないし拒絶のため中断」、13「家族側が治療に乗れなくなり中断」に該当するものとした。重複した回答がある。

[注12]　入所日と退所日については年月しか聞いていないため、実際は一年を若干超える事例も含まれる（たとえば、二〇〇八年四月一日入所、二〇〇九年四月二〇日退所のような場合）。二〇〇七年一〇月から二〇〇八年九月に入所した児童で、第一回調査時二〇〇八年一〇月までに退所していた事例二五名については、各施設に「退所児に関する調査」を送付し回答を得た。

第Ⅳ章

退園後の生活

谷村雅子

1 退園後の生活調査

本章では、退園児の実態調査に基づいて、児童心理治療施設の保護的環境から退園した児童・生徒の多くが社会の荒波の中で元気に生活していることを紹介し、そうでない例との比較から、児童心理治療施設の今後の課題を考察する。

(1) 調査の目的と方法

前章で述べたように、安心安全でかつ心理的治療の専門職員を擁する児童心理治療施設は、被虐待児が治療と教育を受けながら成長する施設として一定の効果を上げていることが、調査から明示された。しかし、この子どもたちが保護的な環境から離れて虐待された家族のもとに戻ったり一般社会に出てからも元気に生きていけることが重要である。

そこで、児童心理治療施設に入所していた児童の退園後の状態を把握し、児童心理治療施設のケアの有効性やアフターフォローのあり方などを検討することを目的として、全国情緒障害児短期治療施設協議会の協力のもとに、二〇〇〇年からの縦断研究の対象児(全国の児童心理治療施設一七施設に二〇〇〇年九月一日に在籍していた児童)のうち、退園した五四五名(被虐待児二八一名、非被虐待児二六四名)について二〇〇六年七月に退園後調査を行った(表Ⅳ-1、滝川他、二〇〇七、巻末資料2/なお図表はすべて章末)。

本人や家族からの回収率が低いことが危惧されたため、子どもの退園後の状態に関する本人・家族用のアンケートの他に、ほぼ同一内容の職員用のアンケートを各施設に送付した。本人・家族記入用は各施設から本人・家族に送って回答を各施設に返送してもらい、職員記入用は施設にて回答してもらった。本人・家族用は、各施設の判断で、本調査用紙を送ることが子どもや家族の不利益になると思われる対象には送付しなかった（図Ⅳ－1参照）。両調査により、回答を対照し補充することができ、より信頼し得る解析ができたと思われる。

調査項目は、「元気か否か」「居住形態」「結婚有無」「就学状況」「就労状況」「出欠状況」「家族との問題の有無」「生活・行動問題の有無」からなっている（図Ⅳ－2参照）。退園児が有する問題の有無を問う設問には選択肢に具体的内容を記載する欄を添えたので、課題がより明らかに呈示された。

（2）回収率と回答の信頼性

本人・家族用調査は四〇二名に送付して一三六名（全対象例の二五％）から回答が得られた（図Ⅳ－1）。転居などによる不達が一九％あったが、調査票が届いた事例中の回収率は四二％で意外に高かった。職員用の回収率は九九％であった。

全対象例中の回収率は、被虐待では二〇％で非被虐待の三〇％より少し低く、また、成長により退園した事例の二七％に対して中断例（家族からの要望や治療効果が望めないなどのため退園）では一八％に留まっていた。本来は最もフォローすべき中断例のフォローの難しさを示している。調査票が届いた事例中の回収率は、退園後のアフターフォローが続いている例では半数を超えていたがフォローしていない例では三八％と低かった。また、施設によって、送付しなかった率も不達率も回収率も大きく異なるので、在園中の関わりや退園後のフォロー体制などの検討により、アフターフォローの改善が可能なものと期待される。

本人・家族の回答と職員の回答とは、居住形態、就学・就労状況などの客観的項目ではほぼ一致し（図Ⅳ－2）、家族との間で困ることや生活・行動で心配なことなどの主観的項目では一致しない例が四分の一あった。この違いは、自由記載から、日常生活において問題をとらえる本人・家族と、社会的な視点から子どもをみる職員との視点の違いを反映していると考えられる。両調査の回答がある程度一致していたので、本調査結果は成長によって退園した群すなわち児童心理治療施設に入園した効果があった群への多少の偏りはあるが、ある程度の信頼性があると考えてよいであろう。なお、職員用調査で状況が把握されていた例と不明の例では退所理由も治療効果に関しても大差なかったので不明回答を除いて集計した。

2 退園後の社会的状態

(1) 居住形態

現在の居住形態で最も多いのが家族との同居で被虐待児で四割、非被虐待児では七割に達していた(図Ⅳ-3)。退園児の半数は家族との間で特に困ったことはない状態におり(図Ⅳ-4)、児童心理治療施設のケアで家族再統合が可能となる例が少なくないことが示された。少数だが児童心理治療施設の友人同士で同居している例もあった。

退所時の転帰先別に見ると、家庭に戻った後、非被虐待児では八割、被虐待児では五割が家族との同居が続き、二割は施設に再入所していた。児童養護施設や自立支援施設、グループホームに移った例の一部は家庭に戻り、自立した例では調査当時一人暮らしが四割、結婚二割、家族と同居が二割であった。このように退園後五年以内に半数の事例に生活基盤の変化が見られた(図Ⅳ-3)。自由記載によると、「もうあのようなことはしません」と言う家庭もあれば、本人や家族が問題を抱えつつ同居している家庭、同居していても互いに距離を取っていたり、別居により問題を避けている家庭など様々な状態にあり、退園後のフォローの必要性を示唆している。

（2）結婚

結婚した退園者は一七名、内二名が離婚していた。全員が女子で一九歳〜二三歳で、一三名が子どもを育てていた。一八歳以上の女子に限ると、有配偶者率は一四・七％で全国値五・二％（平成一二年国勢調査一八〜二五歳）より高く、既婚者中の挙子率は七六・五％で全国値六二・四％（平成一七年国勢調査一五〜二四歳）より若干高かった。他方、男子の結婚者は〇％で全国値三・四％より低かった。

（3）進学

最終学歴を一九歳以上の者に限ってみると、非被虐待児に較べて被虐待児の方が大学進学が少なく、中卒、高校中退、養護学校が多く（図Ⅳ－3）、今後の課題である。

高校卒業者の大学進学率は、児童心理治療施設の被虐待児では六五％で、養護施設退所児の二一％（全国児童養護施設協議会調査研究部、二〇〇六）より高く、全国値七四％（文部科学省、二〇〇五）とは大差なかった。しかし、最終学歴が中卒の率は児童心理治療施設の被虐待児では一六％で、養護施設退所児の七％、全国値〇・二％（文部科学省、二〇〇五）に比べて著しく高かった。また、高校中退も児童心理治療施設の被虐待児では三六％で、養護施設退所児の一二％、全国値三％（文部科学省，二〇〇八）に比べて顕著に高率であり、被虐待児では高校卒業に至らずに学校教育から離れる児童が多いことが示された。また、養護学校に籍をおいた被虐待児は二五％おり、全国値一・一％より顕著に高かった。進学の実態は被虐待児の社会生活上のハンディの大きさを示唆している。

最終学歴中卒事例は知的能力に問題がないにもかかわらず、半数が無職やフリーターの状態で、早急に対処すべき課題である。中卒事例の現況は退所理由と関連して三群に大別され、児童の成長で退所したケースは現在自活、家庭の引き取り希望で治療半ばに退所したケースは就労や家事代行で家庭を援助、逸脱行為のため退所したケースは無職であった。三群に共通して、家庭からの支援がないだけでなく、本来、親が担うべき役割を児童が負わざるを得ず、社会からの自立支援が必要な状況であったと推察される。

中卒事例の特徴は、高校進学事例に比べ、中学卒業と同時にまたはそれ以前に退園した例が多かった。退園時に、将来に希望がない、衝動性、反抗性、ルールに無頓着、大人との対人関係などの問題を有する率が高く、社会に出る準備が不十分な児童が多かった（表Ⅳ-2）。退園時の転帰先は家庭が少なく、自立支援施設、自立支援ホームが多かった。入園前のリスクアセスメントによると、ネグレクト例や親も被虐待歴がある例が多く、子どもを守る人がいず、生活苦を抱えた家庭が多かった。背景に単親や親の失業、精神疾患などがあり、養育環境の改善は容易でないし、親自身に養育する余裕がない。高校進学以前の家庭復帰には、家庭状況の十分な見極めと退園後のアフターフォローが不可欠なことが示唆される。

高校中退事例は、知的能力に問題はなくとも学力に遅れが見られる児童が七割近くおり、現在も定職に就いている率は半数に満たず、無職やフリーターが多かった。現況は退所理由によって三群に大別され、医療の必要性が低く成長や進路が調《ととの》って退所した男子では現在は就職かアルバイト、女子ではアルバイトか無職、退所時に医療の必要性が高かった例では無職が多く、不適応行動による解雇などの問題を起こした例もあった。

高校中退事例の特徴は、全員が中学卒業時か高校在学中に退園していた。高校卒業者と比べると、退園時に、将来に希望がない、ルールに無頓着、大人や同世代との対人関係などの問題を有する率がより高く

（表Ⅳ－２）、学校生活を持続するのに必要な力がよく育たないまま退学に至り、社会で生活する力も不十分であったと思われる。その上、家庭は孤立的で、離婚問題や生活苦を抱え、養育知識が不足した例が多く、家庭からの支援を得にくい状況にあると推察される。

他方、大学などに進学した被虐待児は、退園時に子どもへの行動、社会ルール、問題行動などの問題がない例が多く（表Ⅳ－２）、社会性の獲得が重要なことが示唆される。非被虐待児の場合は学力が関係していた。

（４）社会生活（就学・就労）

就学または就労者は、一六～一八歳では被虐待児、非被虐待児とも八割、一九歳以上では被虐待児で七割弱、非被虐待児で七割強であり（図Ⅳ－３）、社会生活においても児童心理治療施設のケアの効果が見られた。ニートは一割で、被虐待児の男子に多く（二割）、最終学歴が中卒と高校中退事例に多かった。中卒事例は仕事をよく休む率が高く、就労不安定な者が多い。

就職率は、入園前のリスクアセスメントで家庭に経済的な問題があった群、退園時に大人への態度に問題がない例や医療を要しない事例、食行動に問題がない事例で高く、ニート率は、リスクアセスメントで子どもへの否定的な感情や態度、虐待への無自覚などの養育者の問題、退園時の特定の大人や子どもとの関係、自己評価に問題がある事例、医療を要する事例に高かった（表Ⅳ－２）。

退園後の安定した社会生活には、高卒以上の教育、家庭の経済的安定、養育者の問題が極端に大きくないこと、大人との関係が作れるようになっていること、自己評価に問題がないこと、医療的な問題が少ないことが大事な要件になると考えられる。また、多くの退園児は、成人期早期の重要な時期に実質上少ない援助しか受けられない状況にあり、仕事・自立・結婚などの重要な課題に立ち向かう時期が早くに求められる状況にあることが改めて指摘された。アフターフォローが求められる。

3　退園後の現在の心身の健康状況

現在の心身の健康状態に関する四項目（元気さ、登校・出勤状況、家族との問題、生活・行動の問題）の間には、被虐待児も非被虐待児においても有意の相関が示された（r＝〇・一一〜〇・五六）。生活・行動の問題の有無が他の項目のいずれとも比較的高い相関（r＝〇・三一〜〇・五六）を示しており、心身の健康度をよく表していると思われる。

（1）元気さ

職員から見て退園児たちは、おおむね、元気に、またはまあまあ元気に暮らしていると考えられていた（図Ⅳ‐4）。しかし、現在も治療機関や相談機関に通っている例が一割おり、そこでのケアに支えられての元気さである例も少なくないと思われる。

（2）登校・出勤状況

学校や仕事には八割以上がほとんど休まないで通っていた（図Ⅳ‐4）。よく休む児童の率は、被虐待では入園時の問題の有無との関連性は少なく、退園時に自己評価に問題があった群で高かった（表Ⅳ‐3）。非被虐待では入園時に食行動、情動傾向、他の子どもへの行動、大人への態度に問題があった群、退園時に医療を要した群の方が有意に高く、不登校児が多く含まれる非被虐待児には退園後の出欠状況にも入園時の状態が関係していた。

（3）家族との関係

職員から見て、現在、家族との間で特に困ったことはないと思われる児童は、被虐待児の五割、非被虐待児の六割であった（図Ⅳ-4）。非被虐待児の方が家族との関係が良好であったが、被虐待児の半数近くが退園後に家族との間で特に問題なく暮らせているということは児童心理治療施設での家族支援や児童の症状が改善し成長した効果と考えてよいであろう。

困ることがよくある率は被虐待で二割、非被虐待では男子は五％だが女子では二割を占めていた。困ることの内容として、暴力・暴言・問題行動が多く、非被虐待児ではひきこもりや家族とのコミュニケーション不足も記載されていた。また、両親の不仲、両親どちらかの再婚、ＤＶ、生活苦、きょうだいの無理解、親の病気や死亡、児の病気への理解の薄さなど、家族側の問題という記述もあった。

困ることがよくある退園児は、被虐待では入園時も退園時も社会ルールに問題がある群で多く、その他、入園時の日常生活の問題、退園時の情動傾向、特定の子どもとの関係、大人に対する行動に問題があった群で多かった（表Ⅳ-3）。非被虐待では、入園時も退園時も情動傾向に問題あった群の方が多く、その他、入園時の食行動、子どもに対する行動に問題があった群の方が多かった。

退園時には子どもの成長と家族の状態の把握が必要である。

（4）生活・行動での心配

現在の児童の生活・行動は、職員から見て、七割強の児童は特に心配がないかなんとか大丈夫と思える状態にあった（図Ⅳ-4）。

何かと心配な率は、被虐待児では男子三割、女子二割で男子の方が多く、非被虐待児では反対に男子二割、女子三割で女子の方が多かった。自由記載には被虐待児・非被虐待児ともに生活態度・生活能力の問題、就労問題と対人関係の問題が記載されていた。

被虐待児では入園時も退園時も、大人に対する行動、社会ルール、自己評価の問題と、医療の必要性があった群の方が多い他、退園時に、情動傾向、子どもに対する行動、特定の大人や子どもとの関係、問題行動、虐待者との関係に問題があった群の方が多かった（表Ⅳ-3）。非被虐待児では入園時に食行動に問題があった群、退園時に社会ルール、自己評価に問題があった群の方が有意に高かった。

自由記載では、家族・本人と職員とで違いが見られ、家族からは日常生活の問題が多く記載され、他方、就労問題、医学的問題、虐待問題、支える人がいないことへの危惧が職員からのみ記載され、視点や把握内容の違いが示唆された。特に、職員の回答は支えがあるので問題なしという記載と支えになる人がいないので心配という記載が多数あった。家族や本人自身には支える人の必要性への理解が少ないことがうかがわれる。

（5）退所理由および治療効果と現在の問題

現在の、元気さ、出欠状況、家族との間、子どもの生活・行動などに問題を有する率を退園理由別に見ると、被虐待児も非被虐待児も、成長により退園した群で低く、中断して退園した群の方が高かった（図Ⅳ-5）。特に、元気でないあるいはまあ元気である率、よく休む率が非被虐待児の中断例で高く、家族問題や児の生活行動問題が被虐待児の中断例で多かった。

退園時の改善状態との関係は、被虐待児も非被虐待児も、現在、問題を有する率は改善が見られた群で低く治療を中断した群で高かった。

治療効果、退園理由が成長であった児は現在の状態も比較的良いことが示された。児童心理治療施設におけるケアが、被虐待経験の有無にかかわらず、一定の効果を果たしていると考えられる。

（6）自殺と病気

今回の調査で、一一歳～二五歳五六〇名のうち三名（〇・五四％）が自殺していた。二〇〇四年の全国の男性自殺率（国立精神・神経センター精神保健研究所ウェブサイト）、一〇～一四歳で〇・〇〇〇〇九％、一五～一九歳〇・〇〇〇九一％、二〇歳～二四歳〇・〇〇〇二三八％に比べてかなり高率であった。

自由記載にはうつ病や統合失調症で受療中との回答もあり、治療機関や相談機関に通っている例は被虐待児も非被虐待児も二割を超えていた。在園中は児童心理治療施設の精神科医や心理職の見守りがあるが、退園後の医療との連携は今後の課題である。

（7）退園後の期間と現在の問題

退園後の年数別に現在、問題を有する率を見ると、元気さ、欠席・欠勤、家族との関係、生活・行動のいずれにおいても、退園後間もない児童の方が高く、退園後の年数とともに問題が改善していた（図IV－6）。退園児達は退園後二年間は、家族、社会生活への適応という大きな課題に取り組む試行錯誤期間で、それ以降は年数とともに徐々に適応していく様子がうかがわれる。改めて退園後数年間のフォローアップがきわめて重要であることが示唆される。

4　退園後の施設との関係、アフターフォロー

調査時点で治療・相談施設に通っている率は被虐待児の二七％、非被虐待児の方が若干少なく二二％であった（図Ⅳ－7）。退園した施設でアフターフォローしている子どもは一六％、他の機関に通っている子どもをあわせても二三％に留まり、退園児の多くはフォローを受けていない状態であった。

施設利用への本人・家族の感想

今振り返って思うことという自由記載欄で最も多かったのはお世話になったという感謝の気持ちであった。施設を利用して良かったとの記載は被虐待児で七二％、非被虐待で八五％、良くなかったとの記載がそれぞれ六％と四％で、記載された中では大多数が入園経験に肯定的であった（図Ⅳ－7）。良かったことは、「施設に出会うことがなかったら死んでしまっていたかもしれない」というように施設に保護されたこと、人に相談したり頼ったりしながら生きる体験ができたこと、他人を理解し人間関係を作ることを学べたこと、前向きの見通しがもてるようになったこと、親が子どもに対する接し方を学べた、今も相談に乗ってもらっている、などであった。

他方、良くなかったことの理由は、施設に入所したこと自体が人生のマイナスと感じていること、施設の保護的・治療的な環境の中で生活してきたため、実社会で生き抜く処世術やルール、マナーがよく身に

ついていないことであった。

肯定、否定のいずれも、児童心理治療施設に求められていること、ケアのあり方、改善点を示唆している。

5　まとめ

以上のように、退所後の健康、家族再統合、児童の生活や行動の安定、進学・就労などの社会参加において、施設ケアは有効な役割を果たしていると見ることができる。

それとともにいくつかの重要な治療課題や研究課題が示唆された。

(1)　在所中のケアに関する課題

①最終学歴が中卒群、ニート群、生活・行動が何かと心配な群に共通して、退所時に自己評価に問題があった割合が高いことがわかった。自分なりの自己評価や自尊感情が育っているか否かが退所後の社会適応に深く関連している。攻撃性、衝動性など外に問題行動として現れるものの改善はおのずと治療目標とされるし、それらの改善度が退所の指標とされやすい。しかし、自己評価、自尊感情のような内的なものをいかに育くむかが長期的な予後を考えると大切な治療課題である。教育との連携の強化も期待される。

②保護や治療を施設ケアの土台としつつ、実生活を生きぬくための対処力をどう育んでいくか。その工夫も児童心理治療施設の今後の課題である。

③実社会での生活を考えると、対人関係の改善のためのケアの充実、人に助けられる体験、助ける体験が期待される。

（2）退園時の留意点とアフターフォローの必要性

①中学卒業前および高等学校卒業前に退園した児童にはその後の進学・就労などの困難が大きい傾向が見られた。入所ケアの継続あるいは退所後のしっかりとしたアフターケアによって高校卒業まで見届けることが大切な治療課題である。

②退園後の安定した生活には児童の成長は不可欠であるが、家族の状態の改善も重要な要件であり、退園時の家庭環境の見極めが必要である。

③退園後、特に退所後二年間のアフターフォローが重要な治療課題である。

④中断による退園児のフォローがほとんど手つかずの治療課題として残されている。

⑤医療を要する児童が多数おり、退園後の予後と関連している。医療との連携のあり方、および医療ケアを要する児童の具体的な調査が今後の研究課題である。

⑥回収率の施設間の差が大きく、施設のもつ条件や治療体制によって退所後の児童・家族とのつながりに濃淡が現れることが示唆された。どのような条件や体制がそれに関連するのか、アフターフォローを考えるうえで重要な研究課題である。

（3）結びに――最近の動向

施設を出た後のアフターフォローについては、施設出身者の集まりからの発信なども刺激となりさらに目が向けられるようになっている。厚生労働省は「社会的養護の課題と将来」の中で、児童養護施設に自立支援担当職員の配置を示し、就労支援など自立に向けた支援と退所後の支援の充実を目指している。これまで、高校、大学への進学率を上げることを目指してきたが、最近は就労の支援へと目が向けられるようになっている。発達障害を疑われる子どもの増加もあり、子どもの特性に合った支援の必要性が認識され、縁故や高校の就労指導ばかりでなく、若者サポートステーションや児童福祉施設出身者のための就労斡旋のNPOの力を借りるような動きになりつつある。

高校生が在所している児童心理治療施設でも自立支援は大きな課題となってきており、自活訓練室を設置したり、就労支援、退所後の生活支援を取り入れる施設もある。高校生にアルバイトを奨励して働く自信を身につけられるような支援も行われている。

先のNPOの人の話では、就労がうまくいくためには「自尊感情」と「失敗しても立ち直る力」が必要ということである。この二つの力を育てることは心理治療の目的でもあり、児童心理治療施設の課題である。

表Ⅳ-1　退園後の生活調査の概要

【目的】情短施設入園の効果を調べる
【対象】入園児童の縦断調査の対象児 545 名（退園後 2 ～ 6 年）
　　　　男子 331 名，女子 214 名，被虐待児 281 名，非被虐待児 264 名
　　　　平均年齢　被虐待児 17.6 歳，非被虐待児 19.2 歳
【方法】2006 年 7 月実施
　A：本人・家族用　本人・家族が回答（施設職員が送付・回収）
　　調査票が届いた例の回収率 42%（全対象の 25.0%）
　B：職員用　職員が回答　回収率 99.0%
　設問：健康，同居者，結婚，最終学歴，就労，家族との関係，生活・
　　　行動問題，施設利用の感想（調査 A のみ），アフターフォロー
　　　（調査 B のみ）

（滝川他，2007）

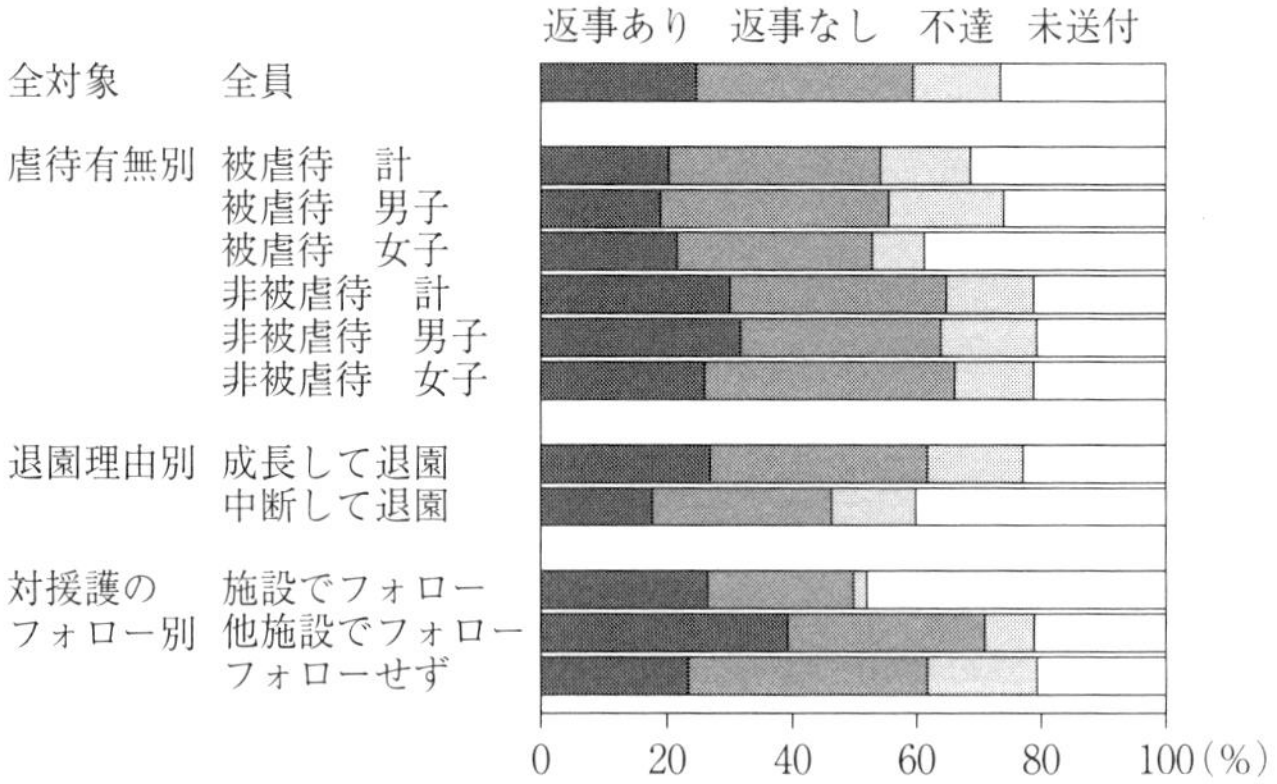

図Ⅳ-1　回収率（本人・家族調査）

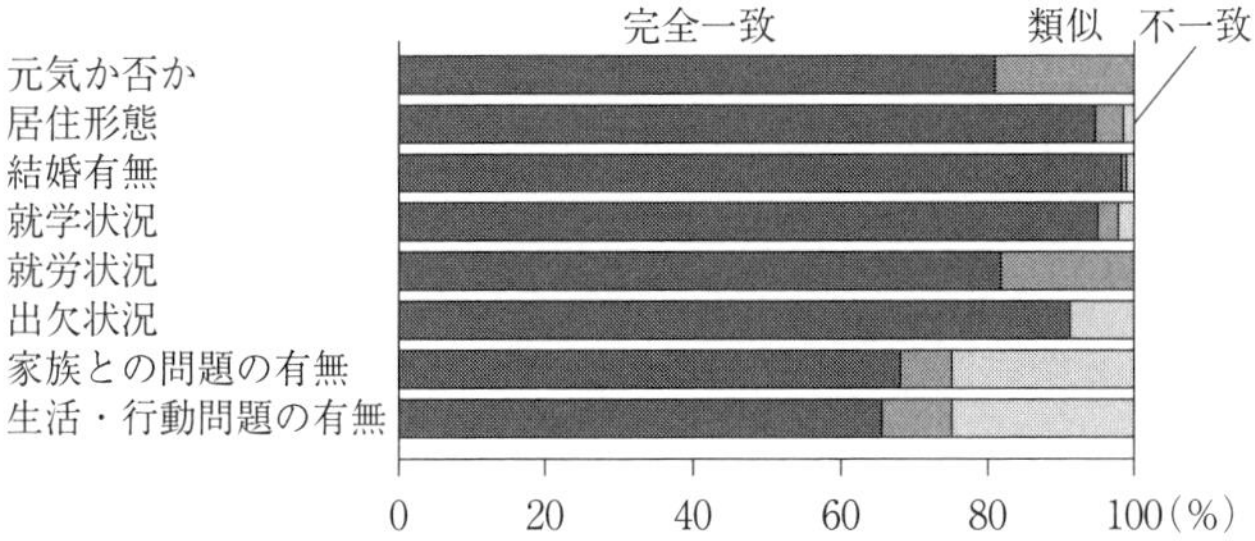

図Ⅳ-2　児童・家族の回答と職員の回答との異同

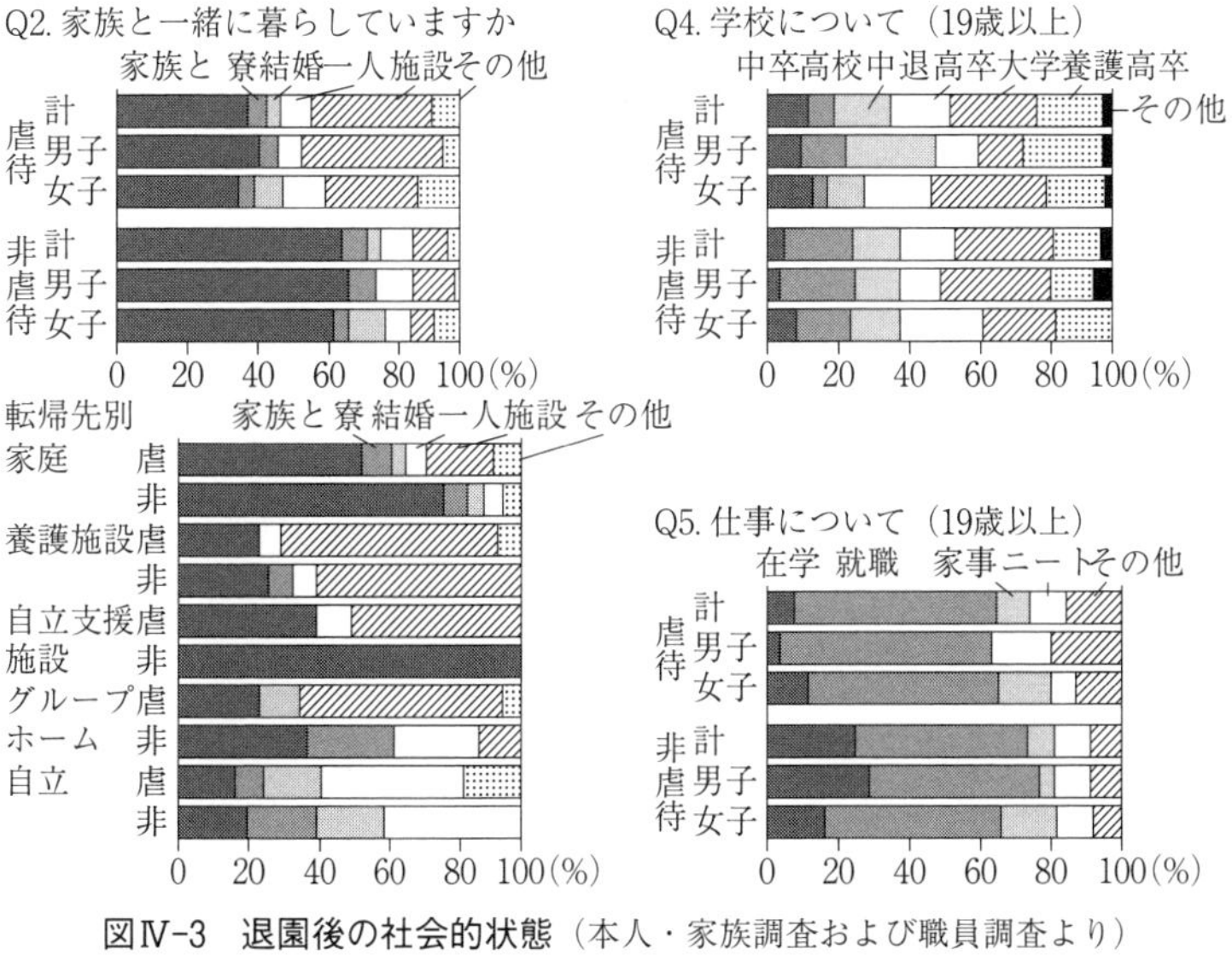

図Ⅳ-3　退園後の社会的状態（本人・家族調査および職員調査より）

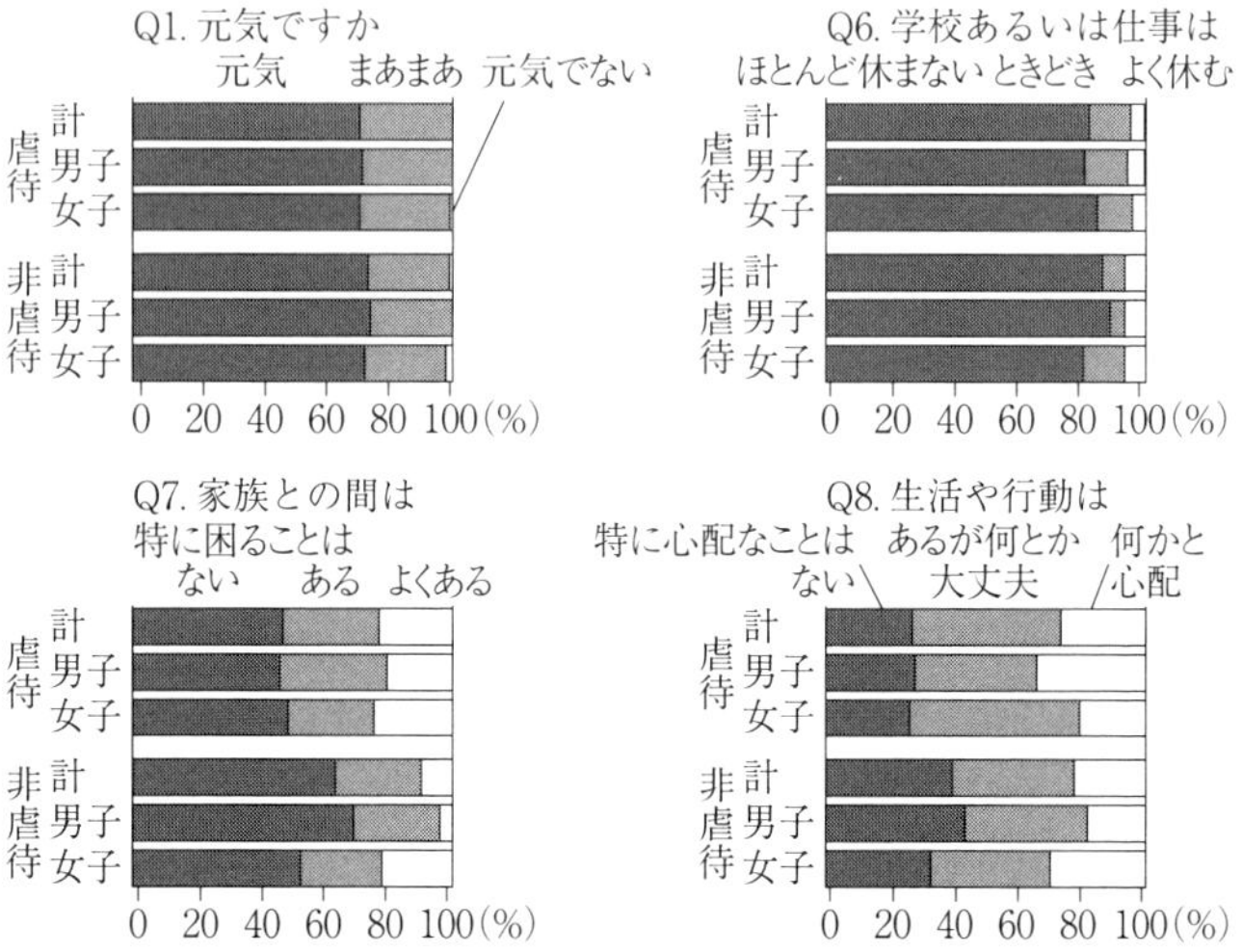

図Ⅳ-4　退園後の心身の健康状態（職員調査より）

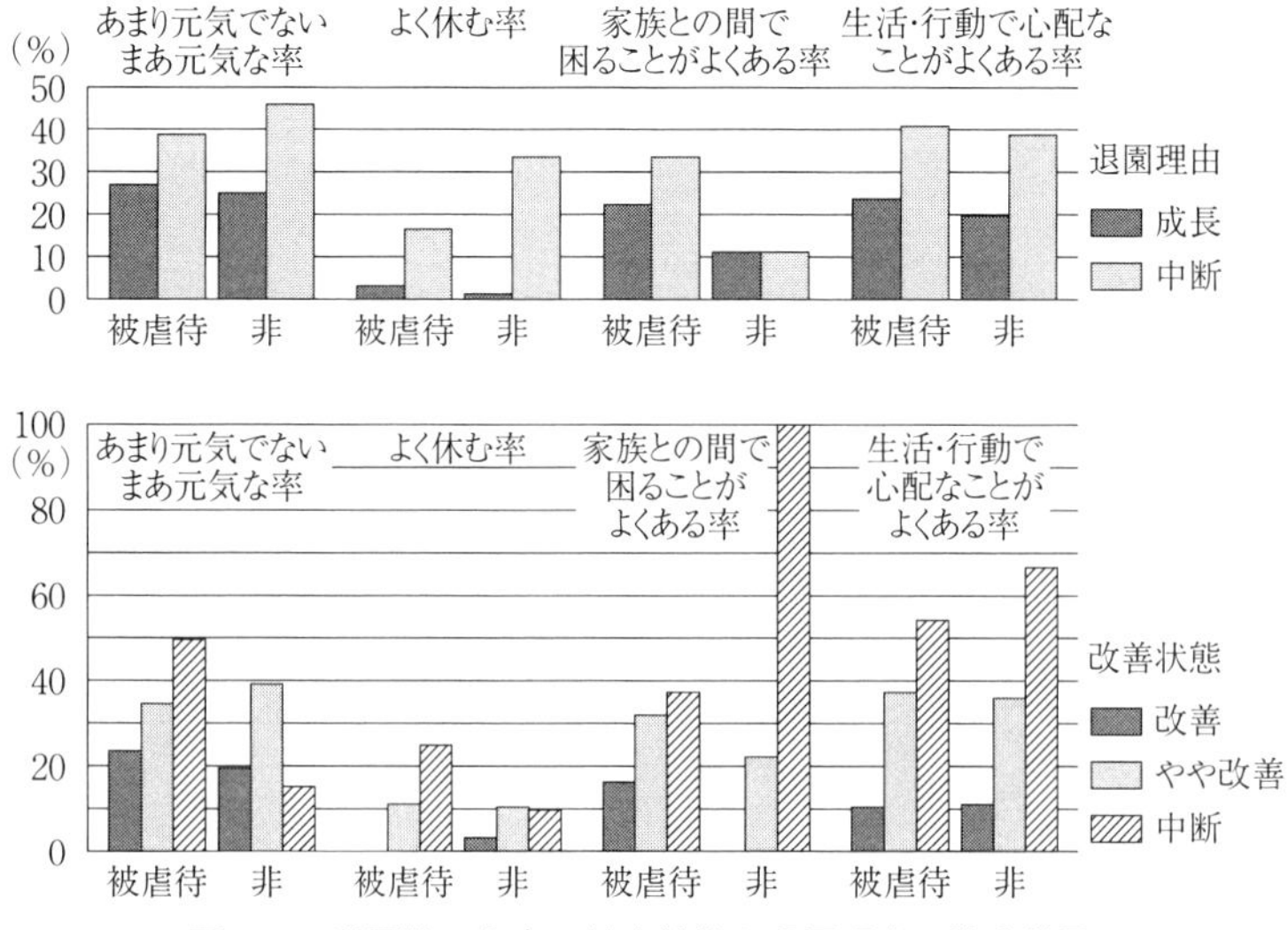

図Ⅳ-5　退園後の心身の健康状態と退園理由・治療効果

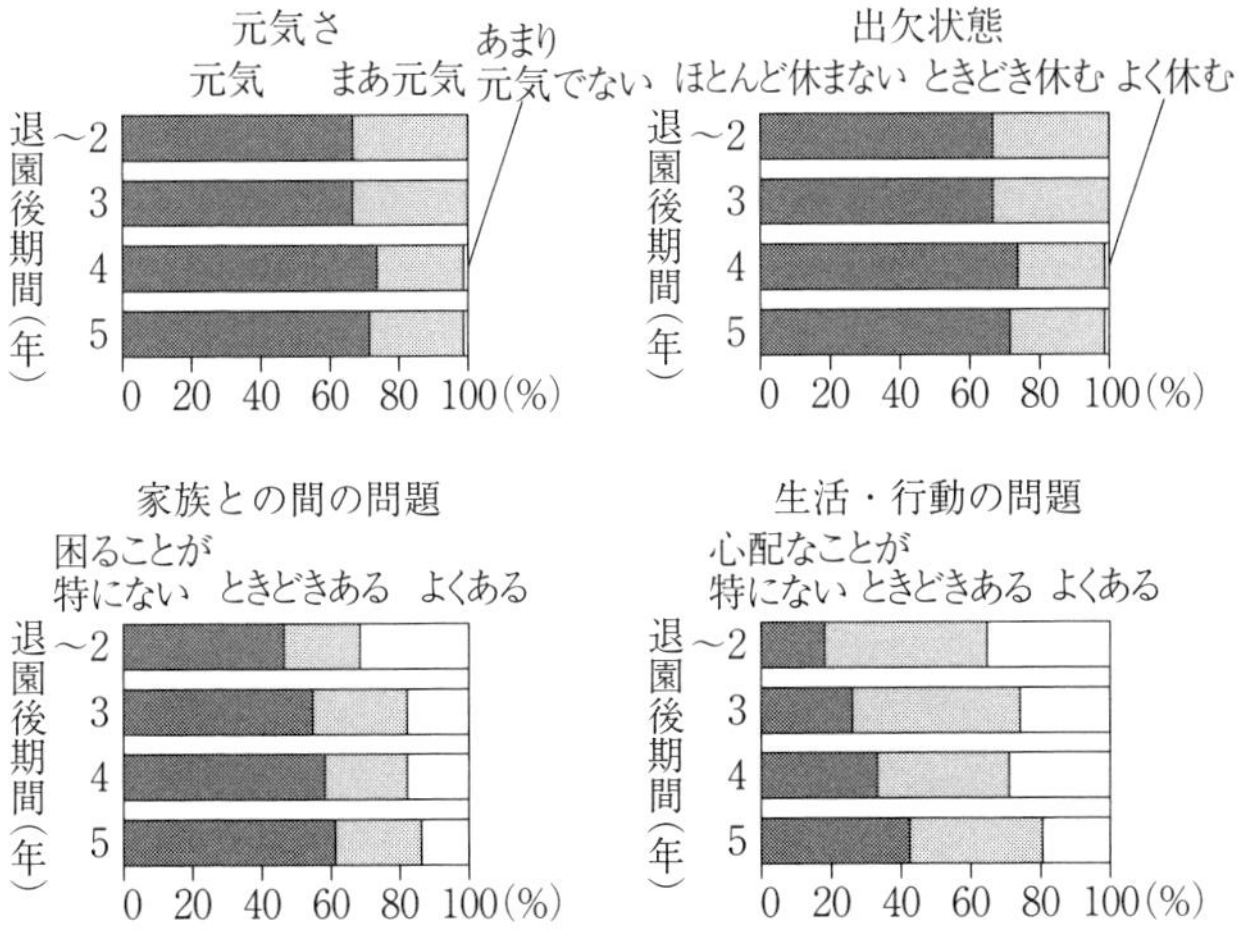

図Ⅳ-6　退園後の期間と心身の健康

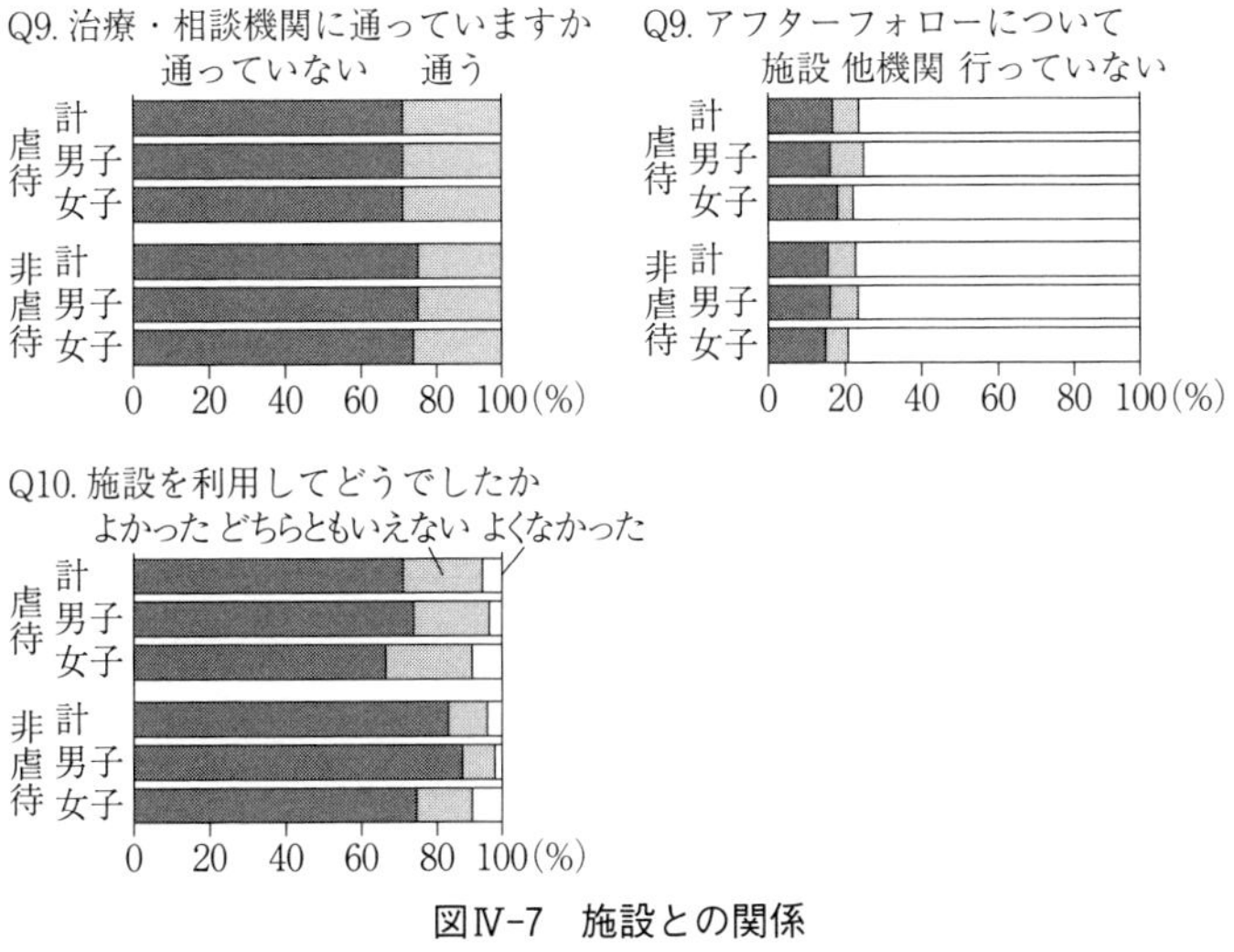

図Ⅳ-7　施設との関係

表Ⅳ-2　現在の状態と入園・退園時の問題

			入園時・退園時の問題																		
			睡眠	食欲	身体感覚	身体運動	身体発育	情動傾向	対大人態度	対大人行動	対子ども行動	社会ルール	特定大人と	特定子どもと	自己評価	認知能力	日常生活	問題行動	対養育者	対虐待者	医療
大学進学率	19歳以上被虐待児	退園時									▼	▼						▼	▼		
	19歳以上非被虐待児	退園時														▼					
高校中退率	19歳以上全員	退園時										▲			▲	▲		▲			
最終学歴中卒率	16歳以上全員	退園時				▲		▲				▲	▲		▲	▲	▲	▲			
就職率	全員	退園時		▼					▼												▼
ニート率	全員	退園時											▲	▲	▲						▲

△　入園時にその項目の問題を有した児童の方が有意に高い

▲　退園時にその項目の問題を有した児童の方が有意に高い

▼　退園時にその項目の問題を有した児童の方が有意に低い

表Ⅳ-3　現在の心身の健康と入園・退園時の問題

			入園時・退園時の問題																		
			睡眠	食欲	身体感覚	身体運動	身体発育	情動傾向	対大人態度	対大人行動	対子ども行動	社会ルール	特定大人と	特定子どもと	自己評価	認知能力	日常生活	問題行動	対養育者	対虐待者	医療
欠席欠勤	被虐待児	入園時																			
		退園時													●						
	非被虐待児	入園時		□				□	□		□										
		退園時																			■
家族との間の問題	被虐待児	入園時										○					○				
		退園時						●		●		●		●							
	非被虐待児	入園時		□				□			□										
		退園時						■													
生活・行動の問題	被虐待児	入園時								○		○			○						○
		退園時						●		●	●	●	●	●	●			●		●	●
	非被虐待児	入園時		□																	
		退園時										■			■						

○被虐待児において，入園時にその項目の問題を有した児童の方が，現在，心身の健康問題を有する率が有意に高率

●被虐待児において，退園時にその項目の問題を有した児童の方が，現在，心身の健康問題を有する率が有意に高率

□非被虐待児において，入園時にその項目の問題を有した児童の方が，現在，心身の健康問題を有する率が有意に高率

■非被虐待児において，退園時にその項目の問題を有した児童の方が，現在，心身の健康問題を有する率が有意に高率

第V章

総合環境療法としての施設臨床
——施設治療と「情短」、あゆみと展望

杉山信作

はじめに――情短の五十年

昭和三六（一九六一）年の制度化を受け、岡山・静岡・大阪に、その形を得て半世紀。一〇番目の施設が出来るのに一四年、二〇番目の誕生はそれからさらに二七年を要した。全国的にあって然るべき器であったが、ゆっくりの成長である。難しい施設ということだろう。

現在は四三施設［二〇一五年］、この一〇年で、一気に倍増である。普及は喜ばしいが、治療施設としての臨界に達するには、かなりの蓄積を要するはずである。

これまでの歩みから、情短のこれからを眺めてみたい。五〇年を貫く何かを、出来合いの治療にない、治療的であろうとしてきた意思と努力を見ることになろう。情短の今が見失いかけている何かを見直すことにもなればと思う。

(1) 情短とはなにか

考察の対象は、「情緒障害児短期治療施設」として定められた児童福祉施設のひとつで、設立の当初より「情短」と呼ばれてきた臨床施設である。それは、福祉のなか、健全育成の体系にありながらも、治療をめざす医療的性格を持っている。治療・教育・育成にまたがる、その境界性を特徴としている。そこに、子どもの生活があり、スタッフの集団があり、様々な関わり合いの繰り広げられるところが、この方法のユニークで面白いところである。

その特徴　そこには、高い専門性をもった多職種の協力、共同があり、チームの疎通と統合のための仕組みがある。チームワークによる治療のドラマが動いており、そこに、治療的な文化を湛えている。一人よりは強力で、組織よりは小さく柔らかいところに特長がある（西田、二〇一三）。

それは、生活・教育・治療の重合する家族モデル・成長モデルの空間であり、養護施設でも教護施設でも病院でもないところに特徴をもつ。

二〇世紀の努力と知恵は、その空間を閉ざされた所としてではなく、家族とつなぎ、社会とつながる開かれた場にしようとするものであった。

その特長と制約　その意味は、成長のための道草、心の雨宿り、自らを劇化し、思い出を再構成する豊かな体験の場であろうとするところにある。治療としては集中的であり深層におよぶ。分離と再会が出会いと別れを促し、成長を進め、治療的なこととして働く。

しかし、このように大きな治療が最初からあるわけではない。全過程を入院が占めるものではないように、総合環境療法といっても、それは、治療の大きな流れの一部分を勤めているにすぎない。児童相談所がフロントを勤めており、入園は措置により始まる。自己決定の難しい親と子のことゆえ、慎重に運ばれる必要がある。

しかし、措置とは基本的には行政処分である。契約には馴染まない。治療は基本的には契約に始まる個人的な共同作業である。組織をまたがる治療交渉や導入はデリケートで、最初のボタンの掛け違いは終わりまで押すもので、しかも、現状では、アフターケアの態勢は不十分である。

外来や地域支援機能を備えた情短はわずかで、基本的には、施設には入口も出口もない。縦割り構造で、対外連携のための仕組みや人員はなく、利用者や紹介元には使い難いところになっている。

障害者自立支援法（のちの総合支援法）のなかで、障害児施設のほとんどが、一部の措置を除いて利用契約になった今、改めて、この構造を問い直してみる時であろう。情緒障害は障害でもあり、治療施設として、利用部分と措置部分の併行、入所の複線化、措置の多様化を考えてみる時にある。

（2）情短の成立と発展

設置の背景　一九六一年の児童福祉法の一部改正とその通知にはじまる。主に小学生を念頭に、軽度の情緒障害を、短期間、入所もしくは通わせて治療する、とある。同じ国会では三歳児健診も制度化されており、予防に目の向かった時代である。

戦後処理の一〇年を経て、経済白書は、戦後の終わりを告げるが、当時の公式統計を見ると、子どもの自殺と非行件数の爆発には目を覆わせるものがある。

わが国の自殺統計には、戦後に二つの山があり、まずは、前世紀末に始まり、自殺対策基本法（二〇〇六年）の成立に至る今日の山が目につく。もう一つの山は、昭和三〇年代への入り口にあり、もっぱら青少年の自殺によって押し上げられている（図V-1）。子どもや若者のメンタルヘルスの崩れた時代である。

戦後の少年非行には四つの波がある。貧困と混乱による財産犯を主とする最初の波が去ったところが、昭和三〇年代（一九五五年ごろ）に入り、再び波は上昇に転じている。補導検挙率の上昇は、三〇年代半ばには、第一の波を超え、さらに上り続け、昭和四〇年代半ば（一九七〇年ごろ）まで続いている。五〇年代の第三の波が遊び化、非社会化、低年齢化を言われるのに対し、第二の波は、高度成長の歪み、怒りと

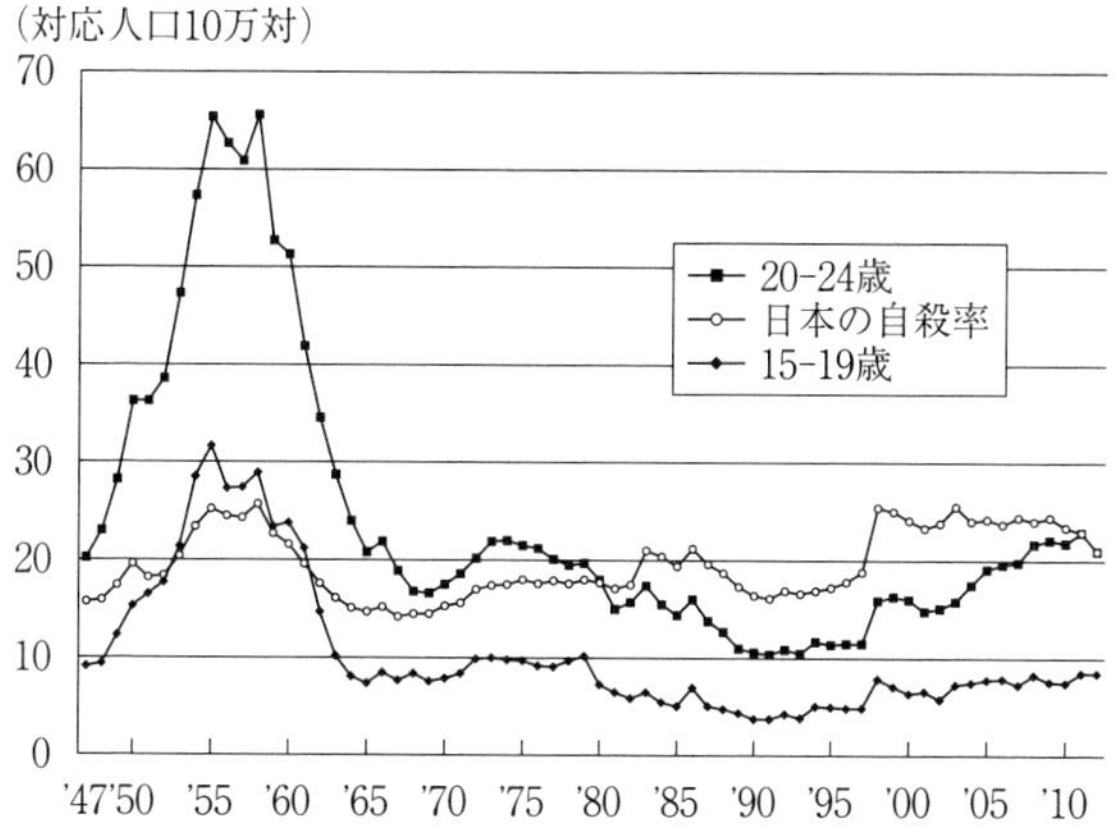

図V-1　青少年の自殺率

暴力性に注目されている。

児童臨床のはじまり　情短の整備は、この第二次ピークを昇りつめていく不安の最中にあった。すでに、登校拒否（一九五九年）や小児自閉症（一九五二年）のわが国最初の報告もなされており、『児童精神医学とその近接領域』の刊行（一九六〇年）も始まっている。

戦後復興もハードから心や健康に目が向かい、カウンセリングというソフトに陽が当たり、期待の高まった時代である。

時代の流れ　近年への流れで目につくのは少子高齢化である。出生率は一九七三年をピークに半減し、第二次ベビーブームも去り、低止まりとなっている。婚姻率は七〇年代に入り低下を、離婚率は、六〇年代に入り上昇を続け、今世紀に入りピークは越えたが、情短スタートの頃からは倍増である。家族の縮小、ひとり親家庭の増加、児童生徒数の減少と、子どもの育ち難さを示す指標はマイナスに向っている。

情短の中で見る時代の変動　早い時期より、年々、情短入園児の年長化・重度化・未熟化・長期化・困難化が言われてきた。

入所時の年齢構成を追った統計を見ると、昭和五〇年代より中学生ニーズが高まり、次第に中学生グループが多数を占め、更には中卒後集団が膨らんでいる。近年の利用児の年齢構成は、中学生、小学校高学年、中卒以降、小学校低学年の順で、かつては存在した就学前幼児グループは消失している。

子どもの変化に対応するには、初めの設定は貧弱なもので、おおむね一二歳未満、小学生向けに設計されていた情短が、今や、そのまま、そっくり、おおむね一二歳以上の子どもの施設になっている。この無理が決定的となり、年長情緒障害児の研究が二つ、昭和五九～六〇年度児童福祉委託研究と六一年度厚生科学研究がまとめられることになった。

この論議を受け、児童福祉法の一部改正（平成九［一九九七］年）が行われ、「おおむね一二歳未満」という年齢規定は外されたが、設置基準の見直しなどサイズ直しは不首尾に終わり、伴う重度化、困難化についての整備には至らず、今に至る宿題となっている。あちこちの情短で繰り返されてきた、施設崩壊やスタッフの燃え尽きの始まりとなる。一部改正、その後を踏まえた設備や職種、員数、仕組みの見直しを必要としている。

臨床課題の拡大　長欠不就学に神経症的なテーマが登場し、文部（文部科学）省の学校基本調査に学校嫌いの項が登場するのが昭和四一（一九六六）年である。学校恐怖症、登校拒否と論議され、やがて、発現カーブは立ち上がり、急峻な上昇を続け、今世紀に入り高止まりとなる（図Ⅴ-2）。登校拒否は不登校と

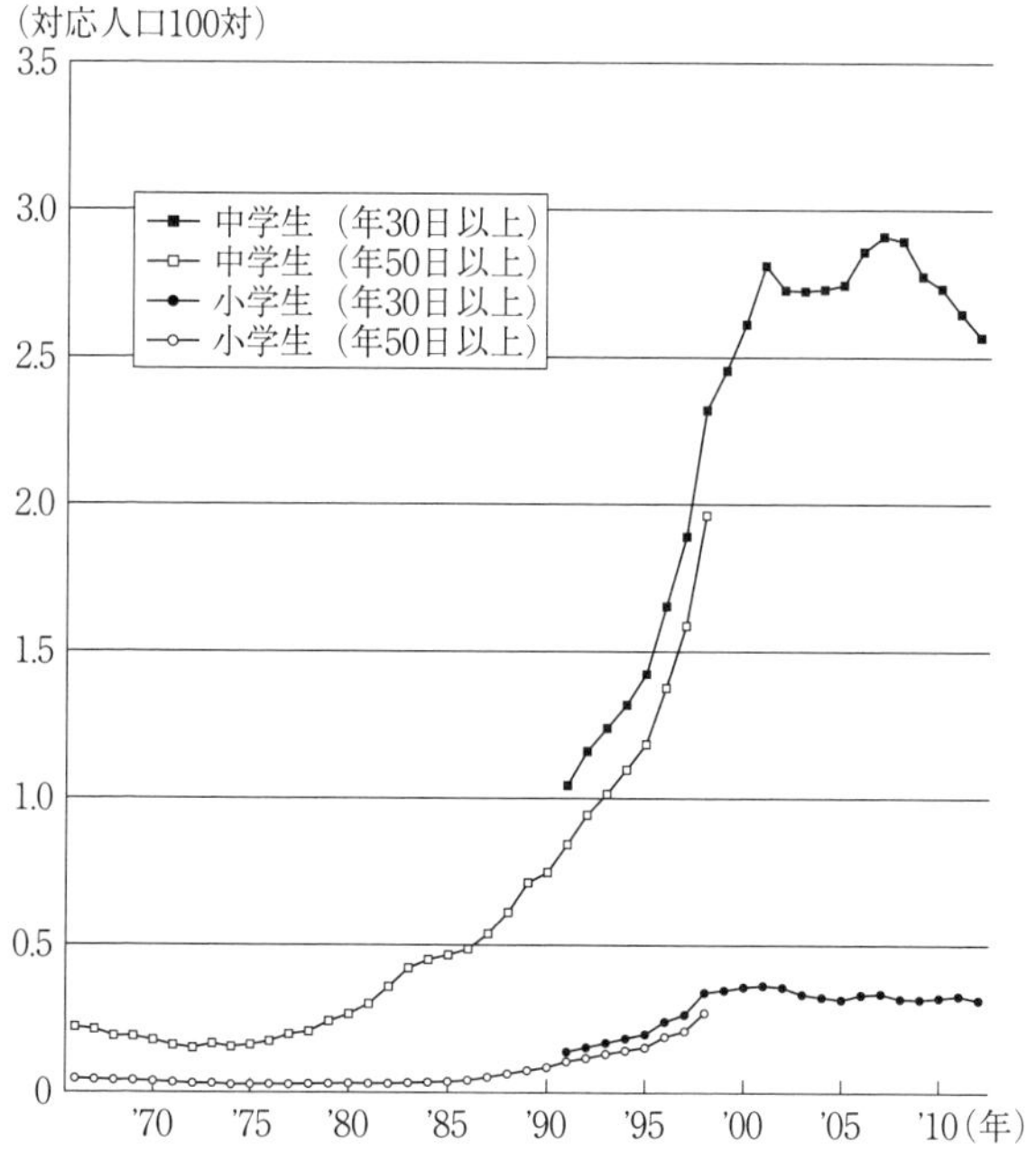

図Ｖ-2　不登校の発現率
（文科省学校基本調査より）

いう一般論に包摂され、文科省の統計も平成一〇（一九九八）年より不登校という用語で括っている。

児童問題は反社会から非社会へとすっかりシフトし、施設への治療ニーズの波も多様なものになっている。

イジメが注目されればイジメが、虐待や依存が注目されれば、またそれが透けて見え、見る目やメディアに左右されるところがある。情短では、反社会―非社会という二分で問題を集計することを止め、主問題（強制）三択分類[注]を用いて、幅広い問題群としてテーマを見るようになった（一九九八年）。

また、ＩＣＤ分類（国際疾病分類、ＷＨＯ）の多軸系を用いるようになり、情緒障害を多元的に診断しようとしている。第一軸は症候、第二軸が発達、第三軸が知能、第四軸が身体、第五軸が環境、第六軸が適応である。様々な次元から複合的、総合的に捉える視点を用意してきた。

二〇〇〇年には、虐待防止法が定められた。人権意識の高まりである。翌年にはＤＶ防止法が定められ、臨床にも、そのような角度からの問題認識が深まり、第五軸に様々な問題がプロットされるようになった。二〇〇一年には二一世紀の特殊教育の在り方について、二〇〇三年には特別支援教育の在り方について、最終まとめが出された。二〇〇四年には、発達障害者支援法が定められ、臨床や教育の認識を広げることになった。第二軸に様々な発達問題が取り上げられ、情緒障害理解を深めることになった。

ただ、虐待理解が加害と被害や善悪にとどまるなら治療とはいえない。発達障害を欠如とし、時計仕掛けのように捉える限り治療にはならない。

前非行状態、登校拒否、発達障害、虐待と、対象を見る切り口は変わってきたが、その時々のファッションはあれ、情短はその誕生と模索に立って、時代を、その基底に流れる課題の展開として捉え、治療的にあろうと、関わり続けて来たといえよう。

（３）情短の構造と機能

準拠と設置基準　情短は児童福祉法第四三条の五に「軽度の情緒障害を有する児童を、短期間、入所させ、又は保護者の下から通わせて、その情緒障害を治し、……」とされる心理治療施設である。すでに触れたようにかつては、おおむね一二歳未満とも記載されていた。設備と人員や運営には、最低基準を定めている。入所（寄宿）と通所（デイ）の二つの形をとるが、通いの基準はいまだなく、「通所」は地域支援機能・外来機能の一環としての整備を必要としている。

スタッフ数は利用定員により、医師、セラピスト、児童指導員、保育士、看護師、被虐待児個別対応職員、家庭支援専門相談員、栄養士および調理・業務員が配置される。これに施設長や書記などが加わる。

当然、学校教育も重なる。校区の分級（支援学級）を併設することが多い。その形は沿革にもよるが、分校であったり、また校区へ通学通級する（インクルージョンやインテグレーション）ケースも少なくない。施設には教室もあり、その形に応じて教師が加わる。

組み立て　いくつかのパートに分かれて動き、タテ割の管理下にあるが、ヨコの疎通による促進が生命となる。生活は小回りが利き迅速であることを要し、治療は最前面に大きな権限を要するものである。組織を横切るチームやプロジェクトをいかに起こし、その時々の必要に応え、各人の才能をいかに花開かせるかということである。

統合の仕組みは話し合うことによる合意と補完である。ミーティングやスーパービジョン、会議や研修が方法となり、書くことにより形を得る。信頼をベースに成り立っており、お互いに学び合いながら培われ、この蓄積がまた治療を深いものにし、スタッフの成長を裏打ちしている。

施設設備　生活、治療、教育、管理スペースから成り、大小さまざまな部屋がある。個室をどれだけ入れるか、文化活動や集団活動スペースをどのように組み込むか、何を、どれだけ、どんなレイアウトで置くかは、施設それぞれにユニークなところである。宿泊型の家族療法設備は情短ならではのものであった。

近年の重度化を受けるなら、タイムアウト（一旦ストップ）やクワイエットルーム（静穏室）、カームダウンエリア（落ち着く場所）をどう配するか、工夫を要する。近年の年長化や長期化を受けるなら、退園へ向け、自立性を高める家庭モデルのＡＤＬ設備（キッチンなど生活の基本を練習する設備）も大切になってくる。

情短の形と動き　全国五〇施設で動く時代も近い。最低基準に括られるところはあるが、その立地や沿革により、それぞれに個性的である。どのような機能と複合しているかにもよる。児相との距離、医療や教育への連携力、近接する領域への発信力により個性の違いが出てくる。生まれと育ちにより大きく変わるところである。

長い目で見れば、職種や人員も少しは増えている。多くの努力の賜物である。地域交流機能の整備、診療所や児童家庭支援センターの付設、被虐待児対応のための補助などのオプションも増えている。質の評価、苦情対応、情報開示、危機管理、自立支援計画の策定など着々と整えられている。もっとも、このあたりは、必要なければ、ないにこしたことはないのかも知れない。

情短の五〇年に独自な整備は、不登校への家族療法機能の付加と年齢規定の廃止ぐらいであったろうか。あまりにも乏しく、後者の整備は、繰り返しふれるように、今日に至る課題（宿題）である。

軽度とは何か、短期とは何か　情短を定義し、対象を軽度の情緒障害としているが、今では、この軽度とは、物事の軽重、症状の重さ激しさを言おうとするものではなく、「反応性」という意味に解されている。

心理社会的（ソフトな外因）・脳生物学的（ハードな内因）に対して、ベースは何であれ、関わりにおいて理解され、関係性のなかに治療のテーマを見ようとする。例えば、自閉症そのものをではなく、障害を抱える存在、適応過程を扱おうとするものである。

短期も、初めは時間の区切りとして考えられたが、五〇年の歩みのなかで、治療の至適期間は一年から三年にあるが、期間を規定しようとするものではなく、治まる、変わり、折り合うことを目指す、終わり（別れ）に向かう流れにあると解されるようになってきた。終わりなき日々をではなく、治療のプロセスとステージを意識しながら、その時々の目標を明らかにして進めようとするものである。

このような前提は、こうした構えの描けない治療を自制しようとする自らへの縛りにもなっている。唯の育成施設では考えられないことである。

(4) 五〇年の経過と今日

情短の研修・研究　一九八九年から『心理治療と治療教育』が研究紀要として刊行され、二〇一一年二二号からは、国会図書館からＩＳＳＮ（国際標準逐次刊行物番号）を取り、広く論述論考を求めている。一九九八年には、協議会ライブラリー所蔵の文献リストが刊行されている。情短スタート以来の論文や著述、発信五〇〇点のリストである。

一九九八年と二〇〇二年には、毎年行われてきた全国研修会のプログラムを整理し、収載している。昭和四〇（一九六五）年から四半世紀分の論議と勉強の跡である。

施設臨床に関する研究としてはケーススタディ、自己記述、比較記述から入り、そのアプローチを世に問う「心をはぐくむ」シリーズの出版、そして、近年の、成果の計測や実証研究へとつながる。

書籍になったものは、マツダ財団の助成による『子どもの心を育てる生活——チームワークによる治療の実際』（全国情緒障害児短期治療施設協議会・杉山編、一九九〇）、社会福祉・医療事業団ＷＡＭの助成による「子育てＱ＆Ａ」「相談Ｑ＆Ａ（日本評論社『子どもの相談・治療ハンドブック』二〇〇八年再版）」『心をはぐくむ（Ⅲ）——総合環境療法の臨床』（全国情短協議会、二〇〇二）「引きこもりへの支援」シリーズ（二〇〇〇〜〇三年）などがあげられる。さらに、この度の本書は、近年の実証研究を踏まえての一般化となる。

数字に見る情短の変化　情短は、その臨床をＷＨＯのＩＣＤ多軸系分類と厚労省の主問題（強制）三択分類[注]（協議会）で捉え、様々なアンケート資料を蓄積している。

二〇一三年の結果からは、複合する問題に不登校歴（四五％）、いじめられ（二八％）、被虐待歴（七〇％）が見られ、治療上の課題としては、境界人格心性（一〇％）、トラウマ障害（一三％）、高機能広汎性発達障害（三五％）の介在が認められる。精神科の受診歴が四五％にあり、薬物治療が三五％に行われている。これだけ見ても、かなり重いものになってきていることがわかる。内側からの精神医学的な介入力がなければ危険なところにまできている。

ＩＣＤの第六軸は心理社会的な能力、適応力や活動水準を診るものであるが、レベル五〜七に判定されるものが二〇％である。これは一昔前の診断にはなかった重さである。対人能力の障害が重度で広範、ほとんどの領域で機能不全と、共同生活にならないケースがこの一〇年で二割も現れたということである。その分、対人機能良好、対人能力が軽〜中等度の障害が軒並みに減り、激しい重度化ぶりである。施設の生活や集団を上手に利用していくケースが減り、個別処遇を要するケースが急増し、児童精神科病棟との区別もつき難くなっている（表Ⅴ-1）。

それでもなお、施設の設定条件を計算するには、員数比例であり、それはきわめて不合理である。同じ一人でも、その適応レベルは九段階に広がり、かなり重度に傾いている。

この十年余りの実際を主訴や主問題の変化でみると（表Ⅴ-2）、家庭生活の問題は三分の一と変わりないが、その内容は心理的なものから、崩壊喪失の方向に進んでいる。学校生活の問題が半減し、発達上の問題が倍増している。

特定発達障害が減り、ＡＤＨＤやＰＤＤが増えたのは、概念の拡大拡散によるものであろう。習癖・衝動の問題と身体表現性の問題が半減している。子どものサインが見えなくなりかけているおそれもある。

親子の変貌　中学生以上が半数をこえ、思春期には、反抗・挑戦・逸脱・遍歴・自立といったことが健康な成長でもテーマになるが、多くは、いきなり思春期で、先立つ成熟のないケースも少なくない。

幼い時からの安定した親子関係（人間関係）を築けておらず、援助者との安定した関係の持てない、まるで、巨大な赤ん坊である。愛着と怒り、依存と不信の同居する原始心性からの絶え間のない愛への試しや行動化に、スタッフは疲弊し共倒れに瀕している。

ベースに軽い発達障害のあることも多い。今に始まることではないが、想像力に乏しく、言葉の力も弱い。柔軟な可逆思考が難しく、トラブルの処理は殊更に難航する。親も病気であったり、家庭が病んでいることも少なくない。施設への要請が、虐待対処の一環となされるにつれ、関わりの持てない家族、時に

表V-1a　ICD-10（WHO6軸分類）による診断の構成と分布（1998年3月）

第1軸	臨床精神医学的症候群（Fコード）		
XX	該当項目なし		27.4
F91.1	非社会化型行為障害		7.2
F93.2	小児期の社会性不安障害		5.9
F91.0	家庭限局性行為障害		5.3
F94.8	他の小児期の社会機能障害		5
F94.1	小児期の反応性愛着障害		4.4
F92.8	他の行為および情緒混合性障害		4
F94.0	選択性緘黙		2.4
F90.1	多動性行為障害		2.4
F94.2	小児期の脱抑制性愛着障害		2.1
F43.2	適応障害		2.1
第2軸	特定発達障害		
XX	なし　83.9	F80-83, 88-89 あり	16.1*
第3軸	知的水準		
XX	なし　86.7	F70-79 あり	13.3
第4軸	関連する身体的病態		
XX	なし　79.9	あり	20.1*
第5軸	関連する異常な心理社会状況（Zコード）		
5.1	変則的な養育環境		11.5
1.1	家族内の大人間の不和		11.4
4.1	親の不適切な躾けや監督		11
1.0	親子関係の温かさの欠如		6.7
1.3	子どもへの身体的虐待		6.6
3.0	家族内コミュニケーションの歪みや問題		5.2
0 0	該当項目なし		5.1
第6軸	心理社会的な能力の障害		
2	社会（対人）的能力の障害が軽度		23.7
3	社会（対人）的能力障害が中等度		30.6
4	社会（対人）的能力の障害が重度		34.2

・　全国16情短施設，608人について，％で表示
・・　表V-1a，bとも第1軸，第5軸には複数カウントあり
＊は違いの大きいところ

表Ⅴ-1b　ICD-10（WHO6軸分類）による診断の構成と分布（2013年3月）

第1軸	臨床精神医学的症候群（Fコード）			
XX	該当項目なし			12.7
F84	広汎性発達障害			32.1*
F94	社会的機能の障害			21.0
F90	多動性障害			17.6
F91	行為障害			13.2
F93	情緒障害			9.5
F40	神経症性障害等			9.4
F92	行為および情緒混合性障害			5.3
F30	気分（感情）障害			2.6
F95	チック障害			1.5
F98	その他			2.5
第2軸	特定発達障害			
XX	なし　95.0	F80-83	あり	5.0
第3軸	知的水準			
XX	なし　87.2	F70-79	あり	12.8
第4軸	関連する身体的病態			
XX	なし　88.0		あり	12.0
第5軸	関連する異常な心理社会状況（Zコード）			
1	異常な家族関係			24.0
4	子の教育に関する異常			16.4
2	家族の精神障害			12.5
5	身近な環境の異常			12.2
6	激烈なライフイベント			9.7
3	家族内コミュニケーションの歪み			9.6
8	学校等の慢性的な対人ストレス			8.2
第6軸	心理社会的な能力の障害			
2	社会（対人）的能力の障害が軽度			14.4
3	社会（対人）的能力障害が中等度			23.5
4	社会（対人）的能力の障害が重度			33.2
5	社会（対人）的能力の障害が重度で広範			15.3*
6～7	ほとんどの領域で機能不能・重大で広範			6.9*

・　全国38情短施設，1,359人について，%で表示

表Ⅴ-2b　主訴や主問題の構成
（2014年3月）

愁訴や症状の内容	計	（％）
1. 対人関係の問題	9.0	
癇しゃく，衝突，いじめなど		3.4
内気，小心，孤立，いじめられなど		2.8
2. 社会生活の問題	5.8	
盗み，暴力行為，放火など		3.1
性をめぐる問題および行動化		1.9
3. 学校生活の問題	16.0	
学校恐怖ないし登校拒否		6.6
情緒不安や落ち着きの無さ，協調の無さ		4.4
級友や教師とのもめ事		2.1
学校怠けおよびその傾向		1.2
4. 家庭生活の問題	39.2	
被虐待やそのヒストリー		15.7
家族関係の欠如や過剰，不和		10.6
激しい反抗や暴力		3.2
居場所のなさ，徘徊，放浪，家出など		2.7
家庭崩壊やその傾向		2.5
家庭内での嘘や盗みなど		2.4
家族の事故や喪失		1.0
その他		1.0
5. 習癖上の問題	2.0	
頻尿・遺尿・遺糞など排泄上の問題		1.0
6. 心身・身体症状	2.3	
7. 精神症状	8.4	
怒りっぽさ，興奮，パニック		3.7
感情易変性		1.7
不安，緊張，過敏，怯え		1.5
8. 発達上の問題	17.1	
自閉性近縁の自己中心性の関われなさ		7.4
注意転導性，過反応性，多動症		5.2
知能のムラや遅れ		3.0

*　52の問題からの3択，全国38情短施設，1402人
4122問題の構成，1%以上のものについて

表Ⅴ-2a　主訴や主問題の構成
（1998年3月）

愁訴や症状の内容	計	（％）
1. 対人関係の問題	11.4	
内気，孤立，いじめられなど		4.8
癇しゃく，衝突，いじめなど		2.3
気の遣いすぎ，過適応など		2.0
場面緘黙や極端な羞恥など		1.9
2. 社会生活の問題	6.1	
盗み，嘘，触法行為など		4.8
3. 学校生活の問題	25.1	
学校恐怖症ないし登校拒否		17.1
落ち着きのなさや情緒不安定		3.4
級友や教師とのもめごと		2.1
学校怠けおよびその傾向		1.0
4. 家庭生活の問題	32.0	
家族関係の欠乏や過剰，不和		14.1
被虐待やそのヒストリー		7.0
借金やギャンブルなどの問題		4.2
居場所のなさ，徘徊，放浪など		3.6
家庭内での激しい反抗や暴力		1.8
家庭内にとどまる嘘や盗み		1.5
5. 習癖上の問題	4.5	
頻尿，遺尿，遺糞など		1.8
チックやコプロラリア		1.0
6. 心身・身体症状	4.3	
拒食，過食，肥満など		1.0
腹痛，下痢，嘔吐など		1.0
7. 精神症状	7.3	
怒りっぽさ，興奮，パニック		2.3
不安，緊張，過敏，怯え		2.0
抑うつ気分，不全感など		1.1
アパシー，無為引きこもり		1.1
8. 発達上の問題	9.3	
知能の遅れやムラ		3.7
特定学習能力の障害		2.2
注意転導性，過反応性		1.7

*　52の問題からの3択，全国16情短施設，608人
1635問題の構成，1%以上のものについて

モンスター化する状況に悩まされることも増えている。

施設の中の状況　思春期テーマの拡大、原初的な不安や怒りの蓄積、フラッシュバック（過去の蘇り）、発達障害の加重、成熟度や適応余力の低下、不適切な育児や家族基盤の脆弱化、病理の重篤化といったことがあげられる。

アクティングアウト（行動化）やテスティング（試し）への対応に追われ、スタッフの怪我や疲労も危険なところにまできている。子ども間のいじめや暴力、性の行動化も少なからず、園は、今や安全なところとは言えなくなっており、問題は深刻である。

治療の美名のもとに地獄を囲ってはならない。脱施設化やノーマライゼーションは二〇世紀の到達点、遺産であったはずである。

個々のスタッフやチームをいかに支えるか、擦り切れそうなスタッフへの休養と癒しのシステムが急がれている。スタッフ間の連係やコミュニケーションの余力が必要である。しかし、近年、ミーティングや研修の確かな実現さえも覚束ないことになっている。

（5）現状と課題

近年の情短臨床　退園時もしくは入園二年半後の子どもの行動チェックリスト（TRF値、Achenbach）を見ると、マスとしては、まだ改善をキープしているが、長い目で見ると、改善度は低下し、家へ帰れないケースが増え、終わりなき治療になっている。治癒像も、症状解決から問題共存をめざすものへ、変容から成長へと、より長期を要するものになっている。

このところの話題は発達障害である。発達障害を見る目も養われ、そのような加重を認めることが増えている。発達臨床から取り入れられるものは大きく、視覚支援や構造化論は広く受け入れられ、対人技能や生活技能の教育的アプローチ（ＳＳＴ）は生活指導に受け入れやすく、基底部障害への力量アップにつながった。

もう一つの話題は、虐待・複雑性のＰＴＳＤとトラウマの臨床である。虐待という視点を養われ、境界人格で知られてきたことがより判りやすくなり、治療に結びついてきた。症状構成や対人関係の特徴、人格に及ぶ問題、生活や治療関係に起きやすいことやその対処がより具体的になっている。

軸をなす心理療法に加えて、さまざまな外傷記憶の処理、軽催眠下でのボディーワークやイメージ技法、積極的リラクゼーションや霊的（スピリチュアルな）アクティビティーの応用といったような、それまであまり手がけられなかった技法を応用するようになり、生活の雰囲気づくり、積極的安心安全の構築、スタッフに及ぶ危険への認識にも役立っている。

薬剤の併行にも積極的になっている。そこまでやらないと持たないというのもあろう。薬理知識、効果の見方、細かい処方調整の力を求められる時代になってきた。

危機や暴力のコントロールは切実なテーマである。共感の教育、怒りや暴力防止への教育、非暴力的危機介入、クールダウン（鎮静）やタイムアウト（遮断）技法、コミュニティミーティング、安全委員会方式といった、ある程度パッケージになった諸々の技法を融合しながら、まさに、総合的な治療環境の模索が続いている。

この総合性はチームワークに支えられており、様々な相のミーティングと記録によって統合されている。この常態が作動しなくなった時の危機管理システムにより護られ、少々はみ出してカバーするコラボレーションにより輝きを得てもいる。実は、この安定した進行が、スタッフへの癒し、スタッフの回復と健康や成長にも表裏をなしている。

情短は、書こうと思えば、生活のルールブックや治療のハンドブックを書けるところまできている。未来志向的な再定義のもとに、治療施設として、地域支援機能を付加しての脱構築に入ろうとしている。

「情緒障害」概念の今日　情緒障害という用語は、近年の〝発達障害〟と同じように、心理学や精神医学の分類や記述概念ではない。わが国では、情短制度化のために使われたのが始まりと言われ、援助のための記号である。英語圏の Emotional Disturbance を念頭に、反応性に注目し、いわゆる障害とは微妙に区別されてきた。

ＩＣＤ分類（一〇版）を見ると、Ｆ９（児童青年期の行動および情緒障害）に、Emotional Disorders が、Conduct Disorders と並んで、反応表現領域を括り、そこに不安性障害が挙げられているが、わが国で長年用いられてきた「情緒障害」は、もっと広義なもので、Ｆ９からＦ８（心理的発達の障害）全般の反応部分・不安部分、いわゆる二次過程をカバーする概念である。

しかし、「障害」概念もこの四半世紀に大きく変わってきた。国際障害年に先立つＩＣＩＤＨ（国際障害分類、一九八〇年）では、障害を、いくつもの局面とつながり合う関係の総体として合意し、二〇年後のＩＣＦ（国際生活機能分類、二〇〇一年）では、背景要因を取り上げ、障害概念を欠損から活動や参加へと捉え返し、概念の推敲を進めている。もはや情緒障害を障害とすることに問題はない。

同じ用語で、特別支援教育のなかに、情緒障害児学級が設けられているが、文部科学省と厚生労働省では、多少ニュアンスを異にする。情短は発生過程への心理社会要因の関与を重視するのに対して、教育では形成過程への関与を重視している。いずれも反応過程を見ており、基礎疾患を云々しようとするものではない。援助や支援のための認識を記号化するものである。

近年の発達障害は、欠損に重心を片寄せるが、脳機能障害に基礎づけられた発達の遅れや歪みを括るものである。特別支援教育の議論の始まりに公表された、学習面か行動面に著しい困難を示す児童生徒は六・三%という。

歴史的に用いられてきた情緒障害概念は、関係性障害に基礎づけられた適応反応や適応不全を見ようとするものである。全国情短協議会で行った調査では、情緒障害一五症候トータルの発現率は小学生四・三二（〇・七〇）、中学生六・八五（一・五七）%であった（カッコ内は要専門治療）（杉山、一九八八）。発達障害に重なり合うところのある数字と思われる。

診断ラベルの如何にかかわらず、関係論的なアプローチが支えになるという一点、つまり、理解し、援助しようとする「関わり」のための記号として、関わりによる臨床のツールとして、情緒障害概念を措定するものである（杉山、一九九九）。

具体的には愁訴と症候があり、関係性の病理が見え、治療課題を描け、本人と合意や約束が成り立つということである。つまり会って、向き合うなかで、お互いの課題を認識するための記号である。

情短の治療とは何か

臨床は、多岐にわたる技術と戦略を併行する。役に立つものは何でも取り入れようとする。とは言っても、その統合力の範囲内、チームや組織の連携可能な範囲内でのことである。基本的には、一対一の関係を軸にするものであるが、昼夜の生活のある場でのこと、複数の人間関係を扱い、多彩な体験から取り入れが進んでいく。

活動の喜びや関係や集団の成長に支えられ、試行錯誤は生活場面から子どものミーティング、個対個の場面にまで及ぶ。家族療法も宿泊を備え、キーパーソンへのカウンセリングから、全家族型のコミュニケーションにまで及ぶ。折々に行事が企画され、流れに弾みをつけ、また、必要に応じて、担当チームの協議や同席のもとに、場面面接や危機介入などが行われ、治療の安全や関係の整理がはかられる。

この総合性のなかで、子ども達は、距離をおく、猶予をえる、理解を深め、体験を補い、試行錯誤し、自律性を膨らませる、たくさんの意味を吸収する。

このような情短の治療が進んでいくには、治療状況が常にスタッフの間で皆に周知され、意識されてなければならない。言葉にし、書きとめ、共有される。しかも、治療は診断と表裏をなすものである。〝操作診断〟は対象認識の一致をはかる共通言語であるが、ラベルはそこまでのものでしかない。歴史と状況を捉える短いフレイズを重ね、理解と接近を紡ぐ〝記述診断〟、テーマの定式化とその共有が大切になってくる。ケース会議やスタッフ会議をのぞいてみると、その施設の力量のほどが見えてくるだろう。

ところが、近年の重度化、困難化による過重と疲弊のなかで、深刻な人手不足に陥り、この場に、スタッフが容易には集まれない事態になってきている。さらに、カンファレンスやスーパービジョンによる生涯の修練を欠かせないが、これも壊れかけている。工夫はあろうが、顔を合わせないで出来ることではな

図V-3　施設臨床のバランス

く、致命的である。軽々にパンドラの箱を開けるわけにもいかない。早急な改善を要する課題である。

治療として外せないこと　治療は自由な意思による選択と決断、合意と協力のもとでの共同作業である。十分な説明と信頼のなかで、子どもが治療を選ぶのでなければならない。精神病床を除き、保護はありえても、治療に強制はありえない。善意の押し付けは保護までのことである。

最初のボタンの掛け違いのないよう、これからにかかわるスタッフ達と関わり、話し合い、合意する治療への準備がとても大切なことになる。何を目指し、それぞれに何をしなければならないか、どんなことがありえるのか、治療交渉の仕組みと場を要する。

治療は選ぶ余地のないところでするのではなく、まとまらなければ帰ることができ、また考え直し、やって来ることのできる選択の場、「外来」による動機づけや約束、治療準備、診断過程を欠かせない。

施設における治療は、地域とのつながり、地域と結ぶ、外来（相談・診療）機能を前提としている（図V-3）。それを外部に依存する現行の構造には無理があり、不合理である。多くの自治体は〝Placement〟（措置）の能力も心もとないばかりか、退化をさえきたしてきている（杉山、二〇〇〇）。

おわりに——情短のこれから

情短は、今日の対象拡大、年長化や重度化にともなう機能の強化と、開かれた治療、利用施設化を目指す構造の変革を迫られており、五〇年にして、努力の山場を迎えている。

施設治療には、外来、デイ（通園）、ショート、寄宿（レジデンシャルトリートメント）という流れを要するが、通園体系さえ未だに基準はなく、その整備は未完である。

なかでも、とりわけ、医療の導入、医療・福祉・教育の重合は急務である。情短に医師定員はあるが、医師として機能させる構造がなく、診療のできないところに来る医師はいない。チームによる総合的なアプローチの文化は熟している。これは機能のデザインと保健所への診療所の届け出ひとつの問題である。

今や、情短は、保護・育成を越えた治療施設としての確立、障害・自立支援概念の導入、契約概念への立脚、入園経路の多角化、措置の多様化、脱施設化の推進というパラダイムの大転換を求められている。親子を、家庭や学校、地域のなかで支える、ひいては学校や施設、地域を支える地域支援機能の付与、そのオプションの開発、「子ども心療センター」としての脱構築の時に至っている。臨床は、絶えず、自浄と、より上質な治療、充実したサービスを求め続けるものである。情短は再定義の時にある。

常に丁寧な論議に応じてくださり、多くをお教えいただいた林脩三先生、鈴木國夫先生との出会いに感謝しながら章を終えます。

［注］一人の子どもについて、リストから三つの問題を計上し、一つしかない時には3、二つの時には2と1に重み

づけをしてカウントする約束のもとに集計する。

おわりに

高田　治

これまで児童心理治療施設の総合環境療法について事例や調査結果を通して述べてきた。おわりに、治療の流れに沿っておさらいをしながら、今後の課題を考えたい。

入所前に始まる治療

児童心理治療施設での生活は、大人になっていく道程の中の一コマである。入所前から退所後のアフターケアまで連続した支援が必要で、そのためには、支援の過程を子ども自身の「納得」で繋いでいくことが大切である。入所してくる子どもの中には、児童相談所で「ここしかないと言われたから」とか「本当は家に帰りたかったのにダメと言われたから」など、自分の意見はどうせ通らないから言われるままに入所したという思いを持っている子どもがいる。虐待を受けた子どもたちは、自分を大切にしてもらえた経験が極めて少なく、「将来なんかどうなってもいい」、「どうせ自分なんて」という自分に対して投げやりな感覚を抱く傾向があることが調査から示されている。そのような子どもたちは、自ら治療を望むことはほとんどなく、よりよく生きていきたいという思いを育てることが治療の第一歩である。自分の意思にかかわらずことが決まるという思いが強い子どもたちだからこそ、入所前の説明と入所の意思確認を通して、施設は子どもの思いを大切にするところで、あなたは自分の人生を決められるというメッセージを伝えたい。そして、自分の生きづらさを減らしたいという希望を少しでも抱いて、自分のために入所すると納得できるような機会と時間を作ることが大切である。さらに、調査結果からは、自分を大切に思えない心持ちは、退所後の適応を難しくすることが示されている。入所前から、子どもたちが自分を大切に思えるような働きかけを一貫して行っていくことが大切である。入所前から治療が始まっていることを踏まえて、受け入れの手順を考える必要がある（例えば、高田、二〇一三）。

治療としての生活支援が必要な子どもたち

不登校の子どもたちが主な対象であった時代を経て、現在は虐待を受けた子どもたちが入所児童の七割以上、広汎性発達障害と診断される子どもが約三割を占めるようになっている。それに伴い、生活場面での支援がますます必要になっている。児童相談所が子どもの措置を決めた理由を見ても、心理治療の必要性だけでなく、専門性の高いケアワーカーによる生活の支援、家族への支援、社会的スキルを育てることが必要とされている子どもが多い。また、調査結果は、虐待を受けた子どもの中には、みんなの中に居場所が作れず落ち着かなくて攻撃的になる子どもが多いことを示している。第Ⅰ章の事例Bのように、自分の身体がしっくりこなくて、身体から湧き上がる感覚が何だかわからず翻弄されてしまい、不安になったりイライラしたりして落ち着かない子どもや、みんなに受け入れられているように思えず、些細なことで責められていると感じて攻撃的になる子どもが多い。自分のことを語る言葉がまだ獲得できていなくて、困っていることを自覚し助けを求めることができず、漠然とした不快な感覚をむずかるようなかんしゃくのような形でしか表現できない子どもに対して、子どもが味わっている感覚を思いやり、言葉で共有しようとすることから始める必要性が事例から読み取れる。言葉でのやり取りだけでは覚束ないため、生活場面で丁寧な身体のケアを通して体の感覚を共有していくことが必要な子どもたちである。

このような子どもたちには、施設の生活を治療の基盤と考え、生活の様々な場面で子どもたちの心の成長が促されるように、治療的な観点からそれぞれの子どもの生活を考えることが不可欠である。事例Bに限らずどの事例を見ても、面接室の心理療法だけでなく、子どもの生活が中心に語られている。子どもが生活の中でどのような体験を積むことが治療的なのかを考え、その子どものための決まり事を作ったり、職員の関わり方を工夫したりしている様子が読み取れる。

治療的な生活の場を作る

児童心理治療施設の生活は、入所前の家での生活に比べれば、不安や恐れを感じず攻撃的にもならずにすむことが調査結果から示されている。しかし、多くの子どもや職員に囲まれる生活は、周りの雰囲気に揺さぶられたり対人トラブルを起こしたりしやすい。実際に、施設に入所した後に新たに対人関係の問題が出現することがある。また、第Ⅱ章事例Eに見られるように、広汎性発達障害を疑われる子どもたちにとっては、共同生活は刺激が多く訳のわからないもので、すぐに馴染むことはできない。入所初期は若干悪化する様子が調査結果に表れている。中には、周りの世界が恐怖に彩られる程の精神的な状態になり暴力が頻発してしまって中断に至った子どももいる。環境が変わったことによる不安を減らすために、前もって入所後の生活を説明するなど、子どもたちが入所後の生活をイメージできるような工夫が必要である。また、入所後の生活も、納得しやすいルールや職員によって対応があまり変わらないなど、わかりやすく見通しの立てやすい生活環境を保つ努力が必要である。個々の職員がバラバラな関わりをしてしまうと子どもが混乱してしまうので、職員全体が子どもの臨床像を共有して施設全体としてまとまりのあるケアをすることが重要である。それぞれの子どもの支援に目が行きがちであるが、子どもが様々な体験を積む舞台となる施設の生活を整えることがまずは大切である。第Ⅱ章3節で述べた暴力、問題行動などを予防するための取り組みや「情緒障害児短期治療における広汎性発達障害を疑われる子どもへの支援の覚書」（巻末資料3）では、施設全体の治療的文化、風土を作るための工夫を述べたが、このような視点での取り組みが児童心理治療施設の総合環境療法の特徴である。

しかし、暴力を伴うトラブルなどはまだまだ多い。トラブルを治療の契機としようとする面はあるが、脅威が大きすぎれば害となる。子どもたちは暴力を見るのも自分でしてしまうのも怖がっている。暴力が日常化して、暴力が出やすい雰囲気にならないようにしていく努力が必要である。年度当初子どもや職員の入れ替わりの多い落ち着かない時期に攻撃的になってしまう傾向が女子に見られた。生活環境の落ち着きを保つために、せめて職員の入れ替わりによる動揺を少なくするように職員が長く働ける労働環境が求められる。

共同生活の中に居場所を作る支援

入所後、おおむねどの領域の症状、問題も改善していく。しかし、退所までに全ての問題が改善するのではないことも調査結果から示されている。対人関係の問題、攻撃的な傾向、衝動的な様子などは改善するものの、不安や孤立など安全感に関わる面に比べ改善により時間がかかる傾向がある。攻撃的な問題は施設環境が落ち着かないと悪化してしまう傾向があるので、改善を早くするためにも、なるべく揺れの少ない施設環境を保つ努力が求められる。

一方、「社会性の問題」や「思考の問題」は施設の落ち着かなさにかかわらず改善が進む様子が見られる。孤立していた子どもが居場所作りにもがきながら改善していく様子は男女にかかわらず見られ、共同生活の治療的な面と考えられる。児童心理治療施設の総合環境療法は、不登校の治療から始まった歴史があり、「ひきこもり」、「不安／抑うつ」という内向的な問題の治療法を発展させてきた。第Ⅰ章1節の事例Aに見られるように、災害や戦争が起きるのではないかいつも気になるほど怯えの強い子どもも入所している。児童養護施設の子どもたちと比べると、どの問題でも支援が必要とされる子どもは多いが、特に「不安／抑うつ」の問題を抱える子どもが多い（この結果は、不安などに児童心理治療施設の職員が敏感で、子どもの不安などの兆候を見逃さないことも一因であるかもしれないが）。事例Aの経過に見られるように、施設の生活に慣れることをまずは優先し、少しずつ登校する時間を増やしていくなど活動の幅を広げて、子ども集団の中におずおずと入っていく過程を支える方法は児童心理治療施設が培ってきたものである。被虐待児の増加とともに、暴力や衝動性の問題、落ち着きのなさを抱える子どもが増え、その面の治療の工夫が必要となっているが、主に不登校児童を対象に培ってきた従来のやり方が被虐待児の治療にも有効であることが調査結果から示されている。子どもが能動的に動けるようになることや主体性を育てることを目指す支援が、治療の基本と考えられる。

第Ⅱ章の事例Eのように、広汎性発達障害を疑われる子どもは、他の子どもと同じようには日課をこなせないので無理せず取り組めるように個別の日課を工夫したり、他の子どもとの付き合い方を一緒に模索したりする必要がある。しかし、他の子どもたちにその子どものあり様を受け入れてもらうように配慮しないと、ひいきされているということでかえって孤立させてしまうこともある。広汎性発達障害を疑われる子どもの改善の様子からは、入所当初は慣れないため若干悪化することが示されている。この時期に周囲が怖くなり敵に見え暴力を振るってしまい中断に至った子どももいる。しかし、生活に慣れてくると改善が続き、結果として疑いのない子どもに比べて改善率が劣るとは言えないことが示されている。施設に慣れるまでの支援が特に重要なことがわかる。

第Ⅰ章3節の事例Cのように、自分の思うような居場所を作りだそうとしてトラブルを起こしてしまう子どもは多い。職員によって見せる姿がまるで違うため、職員全体で共通理解を持ってその子どもの見立てを行い支援することが必要となる。そして、トラブルを丁寧に振り返りながら、自分を見つめ無理せずにいられる人間関係を模索し居場所を作ることが成長につながる。職員に支えられトラブルから立ち直る経験を通して、人とうまく関わる技能や、人に頼る力を身につけることが、多くの子どもの治療目標となる。

見通しの立ちやすい生活を整え、新しい生活の不安をなるべく減らすことに加え、子どもたちの中に居場所を作る支援が、総合環境療法の要点の一つである。居場所ができることで、統合失調症を疑われるような症状、重篤な問題（ＴＲＦの「思考の問題」）の改善が促されることも考えられる。そのために、様々な子どもを受け入れられるような許容力のある子ども集団、施設の風土を作ることが大切であり、子どもがモデルとする職員集団の文化作りが不可欠である。

社会で生きていく力をつける

ある程度安心できる居場所を得ると、子どもは将来に目を向け、よりよく生きるための努力を始める。入所当初登校を控え、自分が通いたくなるまでは職員から積極的に働きかけをしない施設でも、しばらくすれば子どもたちは自ら学校に通うようになる。「みんなと一緒になりたい」という思いはどんな子どもにも強く、周りの子どものしていることを見て自分も同じことをしようとする。そのような思いに支えられ、人と折り合い、協力する力をつけたり、他の子どもがしていることを自分もできるよう努力し、様々な技能を身につけたりする。共同生活では、モデルとなる子どもや職員を見つけやすく、例えば、イラストのうまい子どもがいれば、それに倣うような気持ちが起きやすい。また、手伝いや係活動などを通して、人に喜んでもらう経験も積み、社会の中で役に立つ自分、求められる自分という自尊感情の芽を育てていく。

退所後の調査からは、自己評価や自尊感情の改善が退所後の状態に影響を与えていることが示されている。自分は大切にしてもらえるという感覚とともに自分は社会に役に立てるという感覚を育てるために、入所中に「あんなふうになりたい」「できるようになりたい」「教えてもらいたい」「喜んでもらいたい」「役に立ちたい」という気持ちを、職員や子どもたちとの関係で育くんでいくことが必要である。

社会で生きていく力の中で重要なものの一つは学力であるが、持って生まれた知能を生かしきれない(知的能力の割に学力が低い)子どもが多く、その傾向はなかなか改善しないことが示されている。そのため進学も難しくなり、退所後の適応にも影響を与えている。特別な支援ができるように施設の子どものための学校教育を行い、施設でも個別の学習支援は行っているが、その成果は芳しくない。周囲が怖くて自分を守ることで精一杯の子どもたちは、新しいことを探索したり、できないことを克服したりすることにはエネルギーが向かない。新しいことを教えようとすると、途端に攻撃的になり先生に悪態をつく子どもは多い。まるで怖いものに向かうかのように学習に向かう姿が見られる(髙田他、二〇〇七)。学習に積極的に向かえるようになるには、まずは安心できる居場所ができ、周りのことを知りたいと探索する気持ちが出てくることが必要である。そのような動きを促すためには、学習支援に心理治療の要素を織り込むことが必要で、学校の教員との連携が大切になる。全国情緒障害児短期治療施設協議会の紀要は「心理治療と治療教育」という題であるが、まさに治療教育が求められる。

中学校や高校の卒業を待たずに退所した子どもの方が、卒業時に退所した子どもに比べ、退所後の適応が悪い傾向が示されている。なるべく短期間で治療を終え退所することが望まれるものの、入所中にじっくりと社会で生きる力を身につけることが必要で、急いで退所を進めることはできれば避けたい。高校生にはアルバイトの経験などを通した自立支援や就労支援などが望まれる。また、退所後一時期は適応が悪い状態が続くことが示されている。困った時に人に頼れる力を入所中の職員との関係から培い、退所後も施設に頼ってこられるように支援することが何よりも大切である。

家族との歩み

家族への支援は子どもの治療には欠かせないものである。しかし、虐待をしたとされる家族は社会的に孤立していることが多く、関係を作ること自体が難しいことが指摘されている。児童心理治療施設では、家族には治療の協力者となることを求めて子どもの入所の同意を得ているが、入所後連絡が取れなくなる親もいる。電話連絡や家庭訪問などをしながら、何とか八割近くの家族と関係を保っている。子どもの治療とともに家族の支援も進み、子どもが家庭に戻っていくことが理想ではあるが、退所後家庭に戻る子どもは被虐待児で半数程度である。生活苦や親自身が抱える問題など親自身の生きづらさがあり、生活を営むことで精一杯で、子どものことや子育てについて考える余裕がない親が多い。加えて、公的機関に頼ることができない親も多く、親の支援は難しい。第Ⅰ章4節の事例Dのように、一緒に暮らすことは難しいが関係は保っていくという選択をする場合も多い。無理のない親子関係のあり方を探ることが大切だろう。また、第Ⅰ章の事例Aのように、退所後子どもが施設に頼ることが難しくても家族と施設がつながり子どもを支えることは多い。施設も親との関係を保つ努力を続けることが子どもたちの育ちには必要である。

治療上の課題、性的被害を受けた子どもへの支援

ここまで入所前から退所までの過程に沿って述べてきたが、喫緊の課題である性的虐待を受けた子どもの治療から、児童心理治療施設の課題を考えてみたい。

性的虐待を受けた子どもは数の上ではまだ少ないが、確実に増えている。また、性的虐待は同居する養育者からによる加害に限られるが、それ以外の人からの性的加害を受けた子どもを加えれば、その数はかなり大きくなる。性的虐待は、身体的な侵害という身体的虐待、子どもの気持ちを踏みにじる、歪んだ関係を強いる心理的虐待、加害者以外の家族に救ってもらえなかったというネグレクトと、全ての虐待種が複合しているものである。それだけに心の傷つきは甚大かつ複雑であり、調査結果では、性的虐待を受けていない子どもたちに比べ、周囲に対して怯えの強い子どもが多い。全般的に性的虐待を受けた子どもの方が、抱える問題が大きく、改善もあまり進まないことが示されている。また、性的被害傾向と性的加害傾向、性的被害傾向と性的逸脱傾向の相関が高く、性的な世界に無理やり引きずり込まれた結果、その世界から離れるのではなく、近づいてしまう傾向が強いことが示されている。感情のコントロールも悪く、行動面でも問題を抱えてしまう傾向から、施設の中でもなかなか落ち着いた居場所が持てず、トラブルを

起こしてしまう様子は、第Ⅰ章4節の事例DやⅡ節2節の事例Fの様子からもわかる。施設では安心できず入院治療が必要になる時期もあり、他の子どもたちから一時期離れて暮らせる場所を保障しながら居場所を作っていくことも大切である。また、性的加害事件を起こしてしまうと、被害児から離すために退所させられることもある。失敗しながら成長していくということが、性的加害については難しく、治療をさらに難しくしている。

そして、事例D、Fが示すように、家族との関係も大変大きな問題である。家族は自分のしたことが虐待であると認めることはなかなかできないものだが、性的虐待の事実は家族の崩壊を招くほどの衝撃があり、その事実を認めることはさらに難しい。子どもにとっても、自分を大切にしてほしいが、告白したことで家族を壊してしまったのではないかという罪悪感もあり、ひどく複雑な思いを抱えることになる。家族の支援と子どもの支援ともに難しいが両輪のように進むことが求められる。

被害を受けたことの傷、家族への期待と恨み、自分の中から起こる感覚に翻弄されてしまうなど、様々な思いに自暴自棄になってしまいがちで、職員に素直に頼ることもできない。職員が、子どもの動揺に巻き込まれながらも、傍にいさせてもらえるようになるところから支援は始まるのだろう。事例Dに見られるようにフラッシュバックや解離の症状が出るなど、性的被害を受けた人への心理療法は難しいと言われている。日常生活の中で過去の辛い体験が蘇り混乱することが多いため、心理療法の時間だけでなく混乱した時にはその場で支援する必要がある。一対一の関わりの中で、職員が言葉にしにくい心のうちを思いやり、子どもが無理のない範囲で徐々に過去の体験を言葉で語り、少しでもまとめていけるように支援することが必要である。また、事例Dに見られたように心理教育を行うなど専門的な支援もうまく織り交ぜていくことが大切である。

このように、性的虐待を受けた子どもの治療は、生活場面での支援、家族支援、個人心理療法すべてが難しく、かつどれもが相互に連関しながら進む必要がある。増加する性的虐待を受けた子どもへの支援は、総合環境療法のさらなる発展の試金石となる。

施設を支える職員

職員についてはほとんど触れてこなかったが、職員の健康さがなければ子どもの育ちは損なわれる。職員にゆとりがなくなれば、子どもの大変な思いに寄り添い大切にすることができなくなってしまう。しかし、決して恵まれているとは言えない労働環境のもとで、子どもの役に立ちたいという思いだけで奮闘して、燃え尽きてしまうこともある。人員配置の貧困さ、給与面や労働時間の問題、安心して長く勤めることを保障できる体制になっていないことなど問題は山積している。

そのような現実の中で、職員が少しでもゆとりを持ち子どもの支援に工夫を凝らしていけるようにするためには、職員間の組織作りが大切である。子どもたちは施設の文化、風土に馴染み育っていくが、その文化を作っているのは職員である。子どもは職員をモデルにし、職員の価値観を取り入れ子ども集団の文化を作っていく。人に頼ること、トラブルや失敗から学ぶことが大切であると述べてきたが、それを子どもに伝えるには、職員がお互いに頼り支え合い、失敗を許し、共にそこから学び取る姿を見せる必要がある。周りの職員に頼れず問題を抱え込んでしまったり、職員同士が批判し合ったりすることが起こりがちだが、サブ担当を付けたり、課題解決に向けてチームを作るなどの組織作りが必要である。子どもは、失敗しないスーパーマンにはなれないので、失敗から明るく立ち直る職員が身近なモデルとなる。その職員が他の職員に支えられる姿を見て、子どもたちは自分でも社会に居場所が作れるのではと感じるのではないだろうか。就労支援の専門家が就労の成否の要件として、自尊感情と失敗から立ち直る力を挙げていることからも、このようなことの大切さがわかる。

児童心理治療施設の将来

最後に、児童心理治療施設が今後向かう方向を考えてみたい。これまで述べたように児童心理治療施設は生活の場、教育の場、治療の場を兼ね備えた大掛かりな治療施設であり、時代の先端の子どもの心の問題に取り組んでいる施設である。その知見を還元することが使命である。現在は、児童養護施設や里親のもとに育つ子どもが、通所して心理治療、精神科治療を受けるだけでなく、職員も相談ができるようになっている。このような心理治療センターとして、周りからさらに活用されるようになることが大切である。自分の施設だけではなく地域の子どもたちの治療を通して、さらに治療法を考えていくこと、他の施設の職員と話し合い支援法を探っていくこと、様々な支援機関と連携して子どもに最も適した支援を考えることなどで、地域全体の子どもの心理的ケアのレベルが上がっていくことが望まれる。

そして、研究機関や大学との共同研究なども視野に入れたい。様々な専門職が集まっているからこそ、多様な面からの実践研究が可能になる。現場と研究がつながる一つのフィールドとしても魅力的な施設だと思う。本書がそのような動きのきっかけになればと願う。

あとがき

児童心理治療施設は、児童福祉の世界ですらほとんど知られていない施設であったが、最近少しずつ知名度が上がってきた。しかし、具体的にどんな施設で、どんなことをしているのかを知ろうにもまとまった本はほとんどなく、問い合わせを受けてもきちんと答えられなかった。児童心理治療施設について現場がまとめた本は、一九九〇年に刊行された『子どもの心を育てる生活』(星和書店) くらいしかなく、およそ三〇年を経てこの本が刊行できて、少し社会に顔向けできたような思いである。

児童心理治療施設は、すでに述べたように個々の施設によってずいぶん様相が異なるのではあるが、多職種が配置されたこのような施設における治療にどのくらい効果があるのか、その実態を摑みたいと思って調査を行ってきた。縦断調査を重ねるたびに、各施設からの回答が早くなるなど、調査への関心が高まってきたことが感じられ、調査の実務を行った者としては嬉しい反面、期待に応える責任も感じていた。現場の職員は、自分たちの努力は意味があると感じてはいても、根拠となるものがないために自信が持てないところがある。実態調査を通して、十分とはいえないが、施設の子どもへの支援を振り返る資料が得られた感触を得て、調査結果を踏まえた児童心理治療施設の治療の実際を描けないものかと出版を考えはじめた。それから数年が過ぎてしまい、その間にデータが古くなってしまったことは残念なことであるが、発刊にこぎつけたことで肩の荷が下りた思いがしている。

回収率がほぼ一〇〇パーセントという貴重な縦断調査ができたのも、各施設の協力の賜物である。改めて、所管の児童相談所や、各施設の職員など調査に協力していただいた方々に感謝の意を表する。そして、このような施設の本を出版していただいた東京大学出版会にも感謝を述べたい。

本書が発刊するまでの間にも、児童福祉施設をめぐる環境は大きく変化している。数十年間ほとんど変わらなかった職員の配置基準も大きく変わり、念願の職員増員ができるようになった。きたる児童福祉法の改正では、情緒障害児短期治療施設から児童心理治療施設に名称が変更される予定である。そして、何よりもこの間に施設数が大幅に増え、数年で五〇施設となる予定である。私自身も、新設施設の施設長となり、これからどうなっていくかの不安を持ちつつ右往左往しているが、この本に書かれているような知見が指針となり、多少の自信が持って事が進められている。

発刊の遅れたことの弁解にはならないが、この大きな変化の時期に、この本が刊行できたのはよかったのではないだろうか。新設施設や新しく児童心理治療施設に職を得た職員ばかりでなく、既存の施設にとっても大きな変化を求められるこの時期に、仕事を振り返るための資料としてこの本が役に立ててもらえれば嬉しい。そして、児童心理治療施設で治療を受けても不思議でない子どもたちが、児童養護施設など社会的養護関連の施設、里親のもとで多く暮らしている。そのような子どもに心血を注ぎケアにあたっている方々に、少しでも参考になるところがあれば幸いである。最後に、この本を読んだことがきっかけで、このような現場での子どもへのケアに関心を持ってくれる人、私たちとともに仕事をしようとして下さる若者が増えれば、これに勝る喜びはない。

編者を代表して　髙田　治

子どもの心をはぐくむ生活
児童心理治療施設の総合環境療法

2016年 5 月 27 日　初　版
2025年 5 月 27 日　第 2 刷

［検印廃止］

編　者　滝川一廣・髙田 治・
谷村雅子・全国情緒障害児
短期治療施設協議会

発行所　一般財団法人　東京大学出版会
代表者　中島隆博
153-0041 東京都目黒区駒場4-5-29
https://www.utp.or.jp/
電話　03-6407-1069　Fax 03-6407-1991
振替　00160-6-59964

組　版　有限会社プログレス
印刷所　株式会社ヒライ
製本所　誠製本株式会社

ISBN 978-4-13-011142-3　Printed in Japan

参考文献

Achenbach, T. M.（1991）*Manual for the Child Behavior Checklist/4-18 and 1991 Profile*. Burlington VT: University of Vermont, Department of Psychiatry.

相澤仁・宮島清編（2013）『家族支援と子育て支援――ファミリーソーシャルワークの方法と実践』（やさしくわかる社会的養護シリーズ）明石書店.

馬場礼子（1999）『精神分析的心理療法の実践――クライエントに出会う前に』岩崎学術出版.

バートン，S.，ゴンザレス，R.，トムリンソン．P.／関原久代・下泉秀夫・小笠原彩他監訳（2013）『虐待を受けた子どもの愛着とトラウマの治療的ケア』福村出版

ベッテルハイム，B.／村瀬孝雄・村瀬嘉代子訳（1968）『愛はすべてではない』誠信書房.

Cavanagh, T. J.（1999）*Understanding Your Child's Sexual Behaviour*. New Habinger Publishings Inc.

ギル．E.，西沢哲訳（1997）『虐待を受けた子どものプレイセラピー』誠信書房.

加藤曜子・佐藤拓代・吉川敬子・津崎哲郎（2000）「重症度判断と危険度について」『子どもの虐待とネグレクト』2（1），79-86.

国立精神・神経センター　精神保健研究所自殺予防総合対策センター　自殺予防統計（http://www.ncnp.go.jp/ikiru-hp/genjo/toukei/index.html）

熊倉伸宏（2002）『面接法』新興医学出版

リース，R.編（2005）郭麗月監訳『虐待された子どもへの治療――精神保健，医療，法的対応から支援まで』明石書店.

Lamperd, M., 1992 Psychotherapy Outcome Research: Implications for integrative and Electic Therapists. *Handbook of Psychotherapy Integration.*

前田正治・金吉晴編（2012）『PTSD の伝え方――トラウマ臨床と心理教育』誠信書房.

文部科学省（2005）文部科学省 HP．H17 年度学校基本調査．

文部科学省（2008）文部科学省 HP．高等学校中途退学者進路状況調査について．

森田喜治（2006）『児童養護施設と被虐待児――施設内心理療法家からの提言』創元社.

村瀬嘉代子（1997）『子どもと家族への援助――心理療法の実践と応用』金剛出版.

村瀬嘉代子（2003）『統合的心理療法の考え方――心理療法の基礎となるもの』誠信書房.

西田篤（2013）「多職種協働のチームアプローチで支え合う――ある「情緒障害児

短期治療施設」での実践から」資生堂社会福祉事業財団『世界の児童と母性』74, 54-58.
西沢哲・山本知加（2009）『日本版 TSCC（子ども用トラウマ症状チェックリスト）の手引き――その基礎と臨床』金剛出版.
岡本正子・八木修司他（2008-2010）『性的虐待をうけた子どもへのケア・ガイドライン〈児童養護施設・情緒障害児短期治療施設版〉性的虐待をうけた子どもの中長期的ケアの実態とそのあり方に関する研究』（厚生労働科学研究補助金（政策科学総合研究事業）「子どもへの性的虐待の予防・対応・ケアに関する研究　平成 20・21・22 年度総合研究報告書　柳沢正義」）.
岡本正子・八木修司他（2009）『性的虐待を受けた子どもへの中長期的ケアの実態とそのあり方に関する研究』（平成 20 年度厚生労働科学研究費補助金（政策科学研究総合事業）「子どもへの性的虐待の予防・対応・ケアに関する研究」（主任研究者柳澤正義）研究報告書, pp. 109-132.
パラド．P., パラド．R. 編, 河野貴代美訳（2003）『心的外傷の危機介入――短期療法による実践』金剛出版.
スタム, B. 編, 小西聖子・金田ユリ子訳（2003）『二次的外傷性ストレス――臨床家, 研究者, 教育者のためのセルフケア問題』誠信書房.
杉山信作（1990）「『情短』そのアウトライン」, 全国情緒障害児短期治療施設協議会・杉山信作編『子どもの心を育てる生活――チームワークによる治療の実際』星和書店.
杉山信作（1988）「情緒障害・問題行動の発現率とその年齢による推移」『小児の精神と神経』28, 103-115.
杉山信作（1999）「情緒障害児短期治療施設における児童精神科医療の現状と課題」『精神医学』41, 1303-1309.
杉山信作・全国情緒障害児短期治療施設協議会編（1990）『子どもの心を育てる生活――チームワークによる治療の実際』星和書店.
田嶌誠一（2011）『児童福祉施設における暴力問題の理解と対応』金剛出版.
トリューシュマン, A., ブレンドロー, R., ウィテカー, J.／西澤哲訳（1992）『生活の中の治療』中央法規出版.
髙田治（2008）「児童福祉施設はネットワークづくりで決まる」, 中釜洋子・髙田治・齋藤憲司『心理援助のネットワークづくり』東京大学出版会.
髙田治（2013）「情緒障害児短期治療におけるアセスメント・自立支援計画の実際」, 犬塚峰子編『子どもの発達・アセスメントと養育・支援プラン』明石書店.
髙田治・平田美音・青木正博他（2009）「情緒障害児短期治療施設におけるケアのあり方とセラピストの役割に関する調査研究」, 財団法人こども未来財団平成 20 年度児童関連サービス調査研究事業報告書.
髙田治・平田美音・青木正博他（2010）「情緒障害児短期治療施設におけるケアのあり方に関する調査研究」, 財団法人こども未来財団平成 21 年度児童関連サービ

ス調査研究事業報告書.
髙田治・滝井有美子・井上真・村松健司（2007）「被虐待児への学習援助に関する研究——被虐待児の学習支援に関する研究」子どもの虹情報研修センター.
髙田治・谷村雅子・平田美音他（2011）「情緒障害児短期治療施設におけるケアのあり方に関する調査研究」，財団法人こども未来財団平成22年度児童関連サービス調査研究事業報告書
滝川一廣（1990）「情短施設における心理治療」，全国情緒障害児短期治療施設協議会・杉山信作編『子どもの心を育てる生活——チームワークによる治療の実際』星和書店（『新しい思春期像と精神療法』金剛出版（2004）再収）.
滝川一廣（2004）『新しい思春期像と精神療法』金剛出版.
滝川一廣他（2001）『児童虐待に対する情緒障害児短期治療施設の有効利用に関する調査研究』恩賜財団母子愛育会 平成12年度児童環境作り等の総合調査研究事業報告書.
滝川一廣 他（2005）『児童虐待に対する情緒障害児短期治療施設の有効利用に関する縦断研究——2000年から2004年に亘る縦断研究の報告』子どもの虹情報研修センター　平成16年度研究報告書.
滝川一廣他（2007）『児童虐待における援助目標と援助の評価に関する研究—情緒障害児短期治療施設におけるアフターフォローと退所後の児童の状況に関する研究』子どもの虹情報研修センター　平成18年度研究報告書.
滝川一廣・平田美音・玉井邦夫他（2013）「情緒障害児短期治療施設における性的問題への対応に関する研究」子どもの虹情報研修センター.
坪井裕子（2005）「Child Behavior Checklist/4-18（CBCL）による被虐待児の行動と情緒の特徴」『教育心理学研究』53, 110-121
坪井裕子・李明憙（2007）「虐待を受けた子どもの自己評価と他者評価による行動と情緒の問題」『教育心理学研究』55, 335-346.
ウィカール，C. 他／福井至監訳（2012）『児童虐待』（エビデンス・ベイスト心理臨床シリーズ3）金剛出版.
八木修司・岡本正子編（2012）『性的虐待を受けた子ども・性的問題行動を示す子どもへの支援』明石書房.
山本恒雄（2008-2010）『児童相談所における性的虐待対応ガイドライン2011年版——児童相談所における性的虐待対応ガイドラインの策定に関する研究』（厚生労働科学研究費補助金（政策科学総合研究事業）「子どもへの性的虐待の予防・対応・ケアに関する研究　H20・21・22年度総合研究報告書　柳沢正義」）.
ヤーロム，A.，ヴィノグラードフ，S.／川室優訳（1997）『グループサイコセラピー——ヤーロムの集団精神療法の手引き』金剛出版.
全国情緒障害児短期治療施設協議会（2002）「心をはぐくむ（Ⅲ）——総合環境療法の臨床」同協議会.
全国児童養護施設協議会調査研究部（2006）『児童養護施設における子どもたちの

自立支援の充実に向けて』平成 17 年度児童養護施設入所児童の進路に関する調査報告書.

[資料1] 児童虐待に対する情短施設の有効活用に関する調査研究 アンケート調査 子どもの状態像に関する調査

(1) 調査目的

1．この調査は，情短施設でケアされている被虐待児の個々の臨床像が入所治療によってどのように変化するかを総合的に分析して，被虐待児ケアに向けていかなる治療システム・方法論の構築およびソフト面・ハード面での条件整備が必要かを検討するための基礎資料とすることを目的としたものです。

2．項目は昨年の調査と同じ項目を使っています。横断的な状態像の把握を中心に作られていますが，継時的にチェックすれば子どもの変化の目安としても活用できるようになっています。

3．被虐待児の臨床像の分析を目的としているため，内容的には症状的な部分，病理的な部分についての質問が多くを占めています。しかし，これはその子どもたちを否定的にとらえるためでなく，彼らの深い苦しみや生きる困難さのありどころを十分に理解し，適切なケアの道を開くためのものです。その点をご理解たまわれば幸いです。

4．なお，児童，施設に対するプライバシーおよび匿名性の保護につきましては，万全の配慮をします。

(2) 調査対象

初回調査時（2000年10月）に入所していた児童の中で，昨年調査時に在園していた児童（現在も在所中の児童と，昨年10月から現在までに退所した児童）

・入所中の児童は現在の状態について回答して下さい。

・昨年10月から現在までに退所した退所児は，「子どもの状態像に関する調査」を退所時点の状態について回答して下さい。加えて，「退園児に関する調査」にも記入して下さい。

(3) 調査票の回答方法

1．「ケース整理番号」については，施設長会でお願いしましたように，各児童について昨年の調査時の「ケース整理番号」（初回調査時と同一）を調べて同じ番号を記載して下さい。

また，「退所児に関する調査」の整理番号とのズレもないように，重ねてお願いします。

なお，問い合わせをする場合がありますので，ケース整理番号簿は保存しておいて下さい。

2．回答者の職種は限りませんが，担当者等，基本的にその子をよく知っている

スタッフが記入して下さい。複数で合議しながらでも結構です。

3．各質問項目ごとに，その子によくあてはまると思われる事項の番号に○つけてください。もし際だって目立つ事項があれば，それには◎をつけてください。複数項目があてはまる時は，あてはまる全ての項目に○をしてください。ただし◎は一項目に一つまでとします。

4．列記された事項以外で，その子に目立つ特徴があれば「その他」に具体的に記載してください。

5．特にあてはまる事項や特徴がなければ，「特に問題なし」「特に気づく点はない」等に○をしてください。

〈回答記入例〉

A　睡眠

1　ねつきが悪い
2　夜中に目を覚ましやすい，眠りが浅い
3　早朝に目が覚めてしまう
4　夜泣き，激しい寝ぼけ，夜驚
5　悪夢の訴え
6　朝が起きられない
7　特に問題なし
8　その他（　　　　　　　　　　　　　　　　　　）

では，よろしくお願いします。

アンケート調査
子どもの状態像に関する調査

整理番号 [　　　]－[　　　]－[　　　]
施設No　児童No　被虐待児0・非被虐待児1

入所時の学年　小　中　高（　年）　入所時の年齢（　歳）　性別（男・女）
入所年月（　年　月）　退所年月（　年　月）退所時の学年　小　中　高（　年）
調査年月（　年　月）

(1) 身体的状況について

A　睡眠

1　ねつきが悪い
2　夜中に目を覚ましやすい，眠りが浅い
3　早朝に目が覚めてしまう
4　夜泣き，激しい寝ぼけ，夜驚
5　悪夢の訴え

6　特に問題なし
7　その他（　　　　　　　　　　　　　　　　　　　　　　　　　　　　　）

B　食欲

1　食欲がない，拒食傾向
2　異常なほどの食欲，過食傾向
3　むさぼり食い
4　極端な偏食
5　極端な味付け（調味料のかけすぎなど）
6　盗み食い
7　異食症（食べられないものを食べてしまう）
8　食欲の極端なむら
9　特に問題なし
10　その他（　　　　　　　　　　　　　　　　　　　　　　　　　　　　　）

C　排泄

1　頻尿
2　遺尿もしくは遺糞
3　頻繁な夜尿
4　トイレ以外（居室など）での排尿便
5　頻繁な便秘
6　頻繁な下痢
7　特に問題なし
8　その他（　　　　　　　　　　　　　　　　　　　　　　　　　　　　　）

D　身体感覚

1　痛みに敏感（わずかな痛みも大きく訴える，わずかな怪我にもパニックなど）
2　痛みに鈍感（痛みを感じないかのよう，怪我に気づかないなど）
3　暑さ・寒さに敏感（極端に暑がる，寒がる）
4　暑さ・寒さに鈍感（夏でも平気で厚着，冬でも平気で薄着など）
5　過敏さと鈍感さが混在していて，ちぐはぐ（身体感覚の異常）
6　特に問題なし
7　その他（　　　　　　　　　　　　　　　　　　　　　　　　　　　　　）

E　身体運動

1　大きな運動機能のまずさ（転びやすい，ボールがよけられないなど）
2　微細な運動機能のまずさ（極端な手先の不器用さ）
3　運動発達の遅れ（極端に足が遅いなど年齢に比して著しい運動発達の遅れ）
4　特に問題なし
5　その他（　　　　　　　　　　　　　　　　　　　　　　　　　　　　　）

F　身体発育

1　その年齢の標準に比して低身長・低体重
2　特に問題なし
3　その他の身体発達上の問題（　　　　　　　　　　　　　　　　　　　　）

(2)　情動の傾向

G　情動の傾向

1　元気がない，ふさぎ込み（抑うつが目立つ）
2　表情が乏しい，もしくは不活発で硬い表情が目立つ
3　すぐ泣き出す，すぐ涙ぐむ，悲しげ（悲哀が目立つ）
4　不安，もしくは怯えの表情が目立つ
5　過敏な反応（ぎくっと驚愕したり，怯えを示すなど）
6　過度の落ち着きのなさ（多動傾向）
7　注意の集中や持続の困難が目立つ
8　衝動性が目立つ，衝動のコントロールが困難
9　不自然なはしゃぎやハイテンションが目立つ
10　気分の浮き沈みが激しい，感情が移ろいやすい
11　些細な刺激やきっかけで癇癪やパニックが起きる
12　周りには訳が分からないことで，突然キレたり激しい癇癪を起こしたりパニックを起こす
13　ぼーっとして，心がどこかに行ってしまったような表情を示す，叱られたり注意されたときに起きやすい，その間のことはほとんど頭に入っていない（意識の解離）
14　ふつうなら激しい感情反応（泣くとか怖がるとか）が引き出されるはずの状況で，まるで何も感じてないかような無反応さ・無感情さを示す（感情の解離）
15　些細なことへのこだわりが目立つ
16　特に問題なし
17　その他（　　　　　　　　　　　　　　　　　　　　　　　　　　　　　）

(3)　対人関係の傾向

H　大人（スタッフ）に対する態度

1　無関心で関わりを持とうとしない，或いはどうでもよいという様子
2　拒否的で関わりを拒む，或いは放っておいて欲しいという様子
3　攻撃的で怒りやイライラをぶつけてくる，或いはつっぱった態度
4　凍りついたような目つきや様子
5　表面的で，心を開かない様子
6　おずおずとした態度，おどおどとした態度

7　近づきたい様子はあるが，うまく近づけない
8　過剰に接近しがち（べたべたする，過度なじゃれつきなど）
9　そのときそのときで近づいたり離れたり不安定（安定しない距離の取り方）
10　極端な依存や見捨てられ不安がうかがわれる態度（つきまとい，しがみつき）
11　オーバーな甘え方と手のひらを返したような無視の態度
12　大人に合わせてできるだけ「いい子」として受け入れられようとする態度（不自然なにこやかさ）
13　相手の様子にお構いなく身勝手に近づいてくる
14　特に気づく点はない
15　その他（　　　　　　　　　　　　　　　　　　　　　　　　　　　）

I　大人（スタッフ）に対して目立つ行動
1　スタッフの注意を引こうとする（逸脱した振る舞いなどによって）
2　思いどおりに動かそうとする（操作的）
3　裏表のある言動，相手によってまったく異なる言動
4　反発や攻撃
5　神経を逆なでしたり，かっとさせるような言動
6　独りじめしようとする
7　顔色をうかがう
8　甘え（依存）と反発（拒否）が入り混じる（アンビバレンツ）
9　スタッフへの好意や愛着を強く示そうとする（過剰なサービス）
10　特に気づく点はない
11　その他（　　　　　　　　　　　　　　　　　　　　　　　　　　　）

J　他の子どもに対する目立った行動
1　一緒に遊べず，孤立している
2　すぐに喧嘩や衝突になる
3　すぐいじめる
4　いじめられやすい
5　ねたみやすい，嫉妬心が強い，すぐうらむ
6　ひがみやすい
7　攻撃的，他の子を口でやっつけたり，或いは暴力に訴えやすい
8　支配的，他の子を思うように動かそうとする
9　他の子の言うがままになりやすい
10　競争心が強くすぐはりあう
11　競争を避ける，しり込みする
12　独占欲が強い，物や人を独り占めにしたがる
13　物への執着が薄く，すぐ他児に譲ったり取られても気にしない

14　依存的で他の子に頼る，一人ではできない
15　物品などで他の子の好意や関心を得ようとする
16　神経を逆なでするような，かっとさせるような言動
17　その場の様子を気にせず，勝手なので嫌われる（傍若無人）
18　他の子が叱られるのを喜ぶ
19　告げ口が多い
20　性的な遊びをする（同性と）
21　特に目立つ行動に気づかない
22　その他（　　　　　　　　　　　　　　　　　　　　　　　　　　）

K　社会的なルールや約束

1　わかっていても自己コントロールができず守れない
2　反抗や反発からわざと破る
3　注意されたり指示されたことが残らない，ルールや約束をすぐ忘れる
4　虚言が多い
　虚言の傾向　a　責められることを避けようとしての嘘
　　　　　　　b　関心を引こうとしての嘘
　　　　　　　c　空想やファンタジーがいりまっじた嘘
　　　　　　　d　その他（　　　　　）
5　ルールに過度に忠実，融通がきかない，強迫的にこだわる
6　ルールに無頓着
7　特に気づく点はない
8　その他（　　　　　　　　　　　　　　　　　　　　　　　　　　）

L　特定の大人との関係

1　特定の大人（スタッフ）と親しい関係を持ち，その関係は持続的で安定
2　特定の大人（スタッフ）と親しい関係を持つが，その相手がよく替わり一定しない
3　特定の大人（スタッフ）と親しい関係を持ちにくい
4　その他（　　　　　　　　　　　　　　　　　　　　　　　　　　）

M　特定の子どもとの関係

1　特定の子と親しい友人関係を持ち，その関係は持続的
2　特定の子と親しい友人関係を持つが，その相手がよく替わり一定しない
3　特定の子と親しい友人関係を持ちにくい
4　その他（　　　　　　　　　　　　　　　　　　　　　　　　　　）

(4)　その他

N　自分自身に対する構え

1　どうせ……となげやりで自分に無関心（どうでもよい）
2　自分の外見や人目（身なり，服装や体の清潔など）に無関心で注意を払わ

ない
3　自分の健康や身体の状態に無関心で注意を払わない
4　自分の未来への関心ないし希望を持たない
5　自分が他の人から好かれる（愛される）とは思っていない，或いは好かれる努力を放棄している
6　自分にいろいろ自信がない
7　自分のことしか考えない，自分のことで精一杯
8　特に気づく点はない
9　その他（　　　　　　　　　　　　　　　　　　　　　　　　　　　　）

O　認知能力（知的能力）と基本的な学習能力（読み書き，計算など）
1　知的発達は普通で，それ相応の学習能力がうかがわれる
2　知的発達は普通なのに，それに比して学習能力の低下やバランスの悪さが目立つ
3　境界～軽度の知的遅れがあり，それ相応の学習能力がうかがわれる
4　境界～軽度の知的遅れがあるが，それ以上の学習能力の低さやバランスの悪さが目立つ
5　中度以上の知的遅れがみられる
6　その他（　　　　　　　　　　　　　　　　　　　　　　　　　　　　）

P　生活上の様子
1　食事中ひどく落ち着かない
2　だらだら食べていて，なかなか終わらない
3　人の膝にのれない，爪切りをこわがる
4　入浴中背中を流させない
5　下着を取り替えない
6　生理の始末ができない
7　トイレが怖い
8　トイレでお尻をふかない
9　水が怖くて顔が洗えない
10　時計が読めない
11　空想の世界に入りきっている姿が目立つ（踊ったり，学級委員などの役割を与えられたときなど，何かのりうつっているような）
12　特に目だった点はない
13　その他（　　　　　　　　　　　　　　　　　　　　　　　　　　　　）

Q　いわゆる「問題行動」
頻度にも　○　をつけてください
a　しじゅう：毎日のように
b　しばしば：週に１～２度くらい
c　ときどき：月に１～２度くらい

d　たまに　：何ヶ月に1度くらい

1　無断外出・無断外泊　（a・b・c・d）
2　窓ガラスを割るなど公共物・共有物への器物破壊　（a・b・c・d）
3　他の人の私有物への器物破壊　（a・b・c・d）
4　大人（スタッフ）への，けがを負わせる暴力　（a・b・c・d）
5　大人（スタッフ）への，けがを負わせない程度の暴力　（a・b・c・d）
6　他の子への，けがを負わせる暴力　（a・b・c・d）
7　他の子への，けがを負わせない程度の暴力　（a・b・c・d）
8　自傷行為　（a・b・c・d）
9　自殺企図　（a・b・c・d）
10　施設外での盗み，万引きなど　（a・b・c・d）
11　施設内での盗み　（a・b・c・d）
12　喫煙　（a・b・c・d）
13　飲酒　（a・b・c・d）
14　性的な逸脱行為（内容：　　　　　）　（a・b・c・d）
15　その他（　　　　　）
16　大きな「問題行動」はない

R　主たる養育者に示す愛着と拒否（全児童について回答してください）

1　愛着もしくは愛情欲求が過度に強い
2　自然な愛着や愛情欲求が示される
3　愛着や愛情欲求を示すが弱い（相手をうかがっているような）
4　愛着や愛情欲求よりも不信や拒否感情の方が優位に示される
5　愛着や愛情欲求はほとんど示されず，不信や拒否感情が強く示される
6　愛着や愛情欲求と不信や拒否感情との間で揺れたり混乱する（アンビバレンツ）
7　あきらめたような，さめたような様子でいる
8　いずれも示さない，或いは無関心
9　不明（よくつかめない）
10　養育者がいない
11　その他（　　　　　）

S　主たる虐待養育者に示す愛着と拒否（被虐待児について回答してください）

先ず，a，b，cのいずれかに○をつけてください

a　主たる養育者が主たる虐待養育者である……質問Rと同一回答で結構ですから記入してください
b　主たる養育者と主たる虐待養育者は異なる
c　主たる虐待養育者とは，現在関わりがない或いは薄い（離別・死別など）

1　愛着もしくは愛情欲求が過度に強い

2　自然な愛着や愛情欲求が示される
3　愛着や愛情欲求を示すが弱い（相手をうかがっているような）
4　愛着や愛情欲求よりも不信や拒否感情の方が優位に示される
5　愛着や愛情欲求はほとんど示されず，不信や拒否感情が強く示される
6　愛着や愛情欲求と不信や拒否感情との間で揺れたり混乱する（アンビバレンツ）
7　あきらめたような，さめたような様子でいる
8　いずれも示さない，或いは無関心
9　不明（よくつかめない）
10　その他（　　　　　　　　　　　　　　　　　　　　　　　　　　　）

T　児童精神科領域についての医学的ケア（投薬，診察，医師によるアドバイス）の必要性について
1　常時，定期的に医学的ケアを受けている
2　定期的に経過観察のために医学的ケアを受けている
3　状態によって受けることがある
4　受けていないが，適切な医療があれば受けたい
5　子どもは直接医学的ケアを受けていないが，職員が児童精神科医師の指導助言を受けている
6　子どもは直接医学的ケアを受けていないが，職員が児童精神科医師の指導助言を受けたい
7　受ける必要がない
8　その他（　　　　　　　　　　　　　　　　　　　　　　　　　　　）

U　ICD-10 による診断名（はっきりしない場合，判断に迷う場合は空欄にして下さい）
（　軸　　　　　　　　　　　　軸　　　　　　　　　　　　　）

V　以上の他に，特記事項があれば自由にお書き下さい

[資料2] 退所児童に関する調査

施設番号＿＿＿＿ 児童番号＿＿＿＿

入所時の学年 小 中 高（ 年） 入所時の年齢（ 歳） 性別（男・女）
入所年月（ 年 月） 退所年月（ 年 月）退所時の学年 小 中 高（ 年）
調査年月（ 年 月）

(1) 治療効果について

1 改善 2 やや改善 3 不変 4 悪化 5 中断

(2) 退所の形態について（重複回答可）

1 症状の軽減や改善が得られて退所
2 子どもの発達や成長を見届けて退所
3 家族の変容や成長が得られて退所
4 試行錯誤の用意や進路が整い退所
5 子どもの成長にふさわしい居場所（他施設など）が整い退所
6 治療半ばであるが，子ども及び家族の希望に基づき退所（治療的判断により）
7 施設治療の力量の限界につき，他機関（医療機関など）へ紹介
8 治療の膠着や，展望が崩れて中断
9 子どもの激しい逸脱行為（暴力，性的逸脱など）のため中断
10 家族の激しい非協力ないし拒絶（度重なる帰省の無断延期，強引な引き取り要求など）のため中断
11 転居や年齢超過などの都合で中断
12 子ども側が治療にのれなくなり中断
13 家族側が治療にのれなくなり中断
14 通所措置に変更
15 その他（ ）

(3) 転帰について

1 家庭復帰
2 祖父母の家庭などへ復帰
3 児童養護施設への措置変更
4 児童自立支援施設への措置変更
5 里親に委託
6 ファミリーグループホームに委託
7 自立援助ホームに委託

8　その他の機関に委託（　　　　　　　　　　　　　　　　　　　　　　　　　）
9　自立
10　入院
その他（　　　　　　　　　　　　　　　　　　　　　　　　　　　　　）

(4) 進路ついて

(a) 1　学籍移動　　2　進学　　3　その他就職など

(b) 学校種別など

1　小学校
2　中　学
3　高　校　全日制
4　　　　　定時制
5　　　　　通信制
6　　　　　サポート校（通信制提携校）
7　専門学校
8　大学
9　就職　正社員
10　　　　アルバイト
11　その他（　　　　　　　　　　　　　　　　　　　　　　　　　　）

(5) 退所後の援助について（重複回答　可）

1　施設で援助　通所措置による
2　施設で援助　通所措置によらない
3　児童相談所で援助
4　医療機関で援助　入院による
5　医療機関で援助　外来による
6　他の相談機関で援助（相談機関種別　　　　　　　　　　　　　　　　）
7　その他（　　　　　　　　　　　　　　　　　　　　　　　　　　　　）
8　退所後の援助　なし

［資料3］情緒障害児短期治療施設における広汎性発達障害を疑われる子どもへの支援の覚書

この覚書は，広汎性発達障害を疑われる子どもたちへのよき支援を行うための土台を示すことを目的としています。ですから，こうすればうまくいくというマニュアルではなく，支援の土台作りとして行うべきこと，または，してはならないことを書いたものです。

1．問題行動をなくすためのシステム

個別対応による関係作りを有効にするためにも，施設全体のシステム，文化作りが必要です。

(1) タイムアウトのための部屋を準備する。

広汎性発達障害を疑われる子どもは，子ども集団の刺激に対する過敏さから，トラブルになりパニックを起こすことが多くあります。そのため，一時的に子ども集団から離れ，クールダウンできる部屋が必要です。それがない場合には，パニックが長引き，他の子どもたちの動揺も大きくなり施設全体が不安定になってしまいます。できれば，数日過ごせるような居室があることが望まれます。

(2) タイムアウトをルール化する

暴力などの問題行動をなくすためには，子どもが問題行動を起こすと，他児から離れ安静室などに入るなど，ルールを決めることが大切です。ルールを作るためには，

①問題行動の種類，頻度など明確にして示すこと

②ルールに対する対応の徹底

職員により対応が異ならないようにしましょう。

③子どもたちへの提示

子どもたちには，前もって問題行動を起こせばどうなるかを呈示しましょう。

(3) 職員と子どもが一対一で関われる時間の保障（個人心理療法，担当制など）

①複数の職員が個別の時間を取れる工夫

個人心理療法の時間が，ほぼ唯一の大人との個別の時間となっている施設もあります。しかし，子どもがそれを拒む場合，個別の関わりが保障できなくなってしまいます。医師との診察の時間という若干強制力のある機会を作ってつながりを維持する施設もありますし，生活指導員が個別の時間を確保している施設もあります。何人かが個別の時間を取れるようにしておけば，誰かとうまくいかなくなっても個別の時間が保障されます。また，次項に書くように担当制の工夫により，職員との個別の時間を持てるようにすることが必要です。

②担当制，職種による勤務体制について

生活指導員にも個別の時間を確保しようとすれば，心理職も生活場面にしっかり

関わらないと人手が足りなくなる可能性があります。生活指導ではグループ担当のように，何人かで何人かの子どもを見る体制をとっている施設もあります。異動が多い施設では，担当の交代が頻繁になることがあります。何人かで見ていれば誰かつながりのある職員が残り，子どもにとっての大切な関係がすべてなくなってしまうことを防ぐことができます。

(4) 情報共有の仕組み

①全ての職員が実際に子どもと関わるシステム

安静室のような所で子どもに対応する場合，交代で個別に関わることになります。職員間の情報の共有が大切になるのは言うまでありません。やはり，実際に子どもに関わることで，実感をもつことが大切です。百聞は一見にしかずです。ブロックや小舎制を取り入れるにしても，受け持ちのブロックや小舎のことしか知らないという体制では，対応の難しい子どもを施設職員全体でケアすることはできません。その場合，受け持ちの職員は孤立し疲弊しやすくなってしまいます。

②記録について

情報共有ということでは，記録のとり方が大切です。パソコンでどこからでも見られ，書き込めるような情報管理システムを作っているところなど，各施設の工夫があります。また，決められた書式で記録を書くことが，決められた視点からエピソードを見ることを促し，職員が同じ視点をもち情報を共有しやすくなります。また，エピソードの重要度を記録者が記入する書式など，必要な情報が漏れないように書式を工夫することは大切です。記録を書くことでそのような視点をもてるようになります。そのことが，子どもを見る目を育てる研修にもなります。

記録はその子どもの問題や困ったことが多く書かれますが，子どもの良い面，関わっていて嬉しかったこと，柔らかな気分になったこと，ほんのり暖かい気持ちになったことなども書くように心掛けましょう。そのような情報がその子の理解にとても大切です。

2. 子ども集団のつくり方

発達障害を疑われる子どもは，基本的に周りの状況判断が苦手で集団適応は難しいです。それだけに他の子どもと一緒であるという感覚を強く求める姿が見られます。みんなと一緒にできるという感覚が自己評価を高めると思います。施設の集団生活は，発達障害児にとって刺激が多く混乱を招きやすい面はありますが，逆に子ども集団の中に居場所を作る支援をすることができる面は，発達障害児の支援に有効な環境であるとも考えられます。

(1) 子ども集団の中に居場所があること

「あの子だからしょうがないよ」というように，発達障害を疑われる子どものありようを許容するような子ども集団の文化を作ることが大切です。自分も許されたという経験を積むことからこのような態度も生まれると思います。職員が人のありようを認めることがまずは必要だと思います。その態度を子どもたちが取り入れる

のだと思います。

広汎性発達障害の子どもの支援では，他の子どもと同じようにはできないために，その子どもに合わせたルールを作る必要があります。子どもに合わせた対応に対して，他の子どもたちが「ひいきだ」というような思いを持たない文化作りが必要です。

(2) 趣味や技能を媒介にした集団作り

クラブ活動などで自信を持たせることで集団に居場所を作ることも一つの方法と考えられます。たとえば，スポーツやゲームのマニアックな知識も認めて受け入れてもらえる集団があると良いです。その中で，凄いと思えるモデルになる人ができるとその人の言うことをどんどん取り入れようとして，社会的な技能も身に付けるようになることもあります。

行事などを利用して，5～6人の集団の中に入れる感じがうまくいくことがあります。既に関係ができている集団に入れることが大切で，集団そのものを一から作っていくのは大変です。はじめは疎まれるけれど，いつの間にか居場所ができていることがあります。

長縄とびなど単純な事でも意外と中学生くらいの子どもでも夢中になります。広汎性発達障害の子どもは，責められることがなければ人を責めないという所が良い所で，人を責めないルールを作ることが必要です。ただし，フットサルはルールが単純なので良いのですが，身体接触でもめることがあります。

女の子の集団作りは難しいものです。フットサルなど男の子の中に入れるとうまくいくこともあります。イラスト同好会のようなものはうまくいくこともあります。

3. ケース運営の留意点

(1) 入所の動機付け，目標決め

自分にとってどうなるために入所しているのかという動機付けは大変重要です。家庭と違う環境の中で暮らすことの戸惑いや不便な感じはとても大きいものです。環境の変化に対する適応力の弱い発達障害児にとって，不安は特に大きくなります。自分の将来のためにここでやっていく必要があるということが理解できてはじめて，様々なルールを守って生活していこうと思えるようになります。

思春期に入ると「何故自分はここにいなければいけないのか」という疑問が強くなる場合も多く，繰り返し入所している意味を子どもと確認することが必要になります。

職員が振り返り面接などで，出来たことを認め，自信を持たせていくような関係が持てるかが支援の鍵となります。自立支援計画はそのために有効な仕組みです。

(2) 親との協力体制

職員と親との関係が，職員と子どもの関係をつなぐこともあります。最近は親支援の難しさがあり，そのために多くの労力が割かれていますが，親の協力が得られず中断した事例もあります。入所時に親に学園の支援に協力してもらえるような話

し合いが必要です。

4. 子どもとの関係作り

様々な関わりを通して，職員は自分の味方で，トラブルになっても職員が介入し何とかしてくれる。職員のアドバイスは役に立つと思えるようになることが目標となります。

以下に広汎性発達障害の人の認知の特徴から考えられる注意点を挙げてみます。

(1) 基本的な姿勢

・やっていることを悪いと言ってはいけません。

子どもは自分のしていることは，子どもなりには正しいと思っています。そこで，自分を否定する人は敵になります。子どものできないことを指摘して責めるとか，弱みをつくことをしてはいけません。子どもと話していて，職員の言っていることと子どもの言っていることのどちらが正しいか勝ち負けを決めるような争いになったり，場の主導権をとるかのような争いになってはいけません。

・子どもの言動を深読みしてはいけません。

一番言って欲しくないこと，的確に人を傷つけるようなことを言ってしまう子どもがいます。たとえば，学校の先生に「教え方が悪い」と言う子どもは多いです。しかし，子どものそのような言動の裏に，相手を傷つけようとか，困らせてやろうなどという悪意があることはほとんどありません。思った通りに発言しているだけのことが多いです。

情緒障害児短期治療施設に入所してくる子どもの多くは虐待を受けたりいじめられたりしていますから，そのような歪んだ人とのやりとりを身につけて，その時の言葉を言っている場合が多くあります。ですから，本人の責任ではなく，どのような言葉を使えば誤解されないかを教えてあげることが大事です。

・子どもの体験を言葉でまとめましょう。(善悪の判断なしに)

「こういうように感じて，こう考えて，こうしたんだよね」とトラブルのきっかけとなる言動がどうして起きたのか，そこに至る思考，感情の流れを抑えていきましょう。子どもがモヤモヤとした感じから分かったような気になれると良いです。状況を俯瞰することが苦手な人たちなので，職員が状況を冷静に説明することも必要です。あたかも演劇の舞台を説明する演出家のように。たとえば，他児とトラブルになった時，その状況を問いただすのではなく，始めから順を追って，「○○がこう思ってこう言ったよね，それを聞いてあなたはこう思ってこうしたんだよね。それで……」といったように，代わりに言葉にして言ってあげることが大切です。

・相手の身になることは苦手ですが，工夫すればできます。

言葉で想像することは苦手です。サイコドラマのように，その状況を身体を使って体験することで理解を促すことができるようです。そもそも子どもは舞台を見ているように周りを見ています。だから，舞台に乗せれば理解しやすくなるよ

うです。

ただし，他の場面に応用することは苦手です。場面が変わればまた覚える必要があります。

・職員が，自分の考えていることを具体的な言葉にすることで，子どもが理解することを促します。
「見てわかれ」，「場の空気を感じろ」は苦手です。

・子どもが指導中に些細なことにこだわってしまい，話がこじれたときは
広汎性発達障害を疑われる子どもたちは周りの雰囲気につられてしまったり，職員の感情的な様子に混乱してしまいやすいです。「そんなに怒らなくてもいいじゃない」とか「〜って言った」など些細なことにこだわりだして，職員もイライラしてきます。そういう時は職員がその雰囲気を外す言動を取ったり，職員が交代することで，その場面が変わることで，すっと気分が変わり，関係のこじれから抜けられることがあります。同じ調子でぶつかり合うとこだわりが続いてしまいますが，職員にとって中途半端でも，話題を変えたりすれば乗ってくることがあります。

・指導，注意をしたときは終わらせ方に注意が必要です。
たとえば，職員は目を見て「ごめんなさい」と言ってくれれば終わりにできるのにと思っていても，子どもは目を見て謝罪などはできないので，なかなか終われずこじれてしまいます。これは職員の思い込み，儀式のようなものでそれに子どもが乗ることを期待してはいけません。伝えるべきことを明確に伝えて，その場を終わらせる工夫をしましょう。

・突然怒り出すようなことがあります。
広汎性発達障害を疑われる子どもは，その場では反応できず，後になって怒り出すような場合があります。そのため，職員は何故怒っているのか分からずに戸惑ってしまいます。それは，反応できずに凍り付いてしまって，しばらくして解けてきて怒りが湧き上がってくるような感じです。

(2) ルールについて

・その子どもに独自の生活のルール作り
他の子どもがひいきと思わないような文化作りが必要になります。うまくいっている場合は，他の子が職員に代わってたしなめたりしくれます。子ども集団がその子どもの支援の協力者となることもあります。

約束事は図示する，チェック表を作るなど，視覚化することが効果的です。当たり前のことですが，できたことを評価し有能感を持たせることが大切です。

・行動を制止するときは，きっちり話しましょう。
本人が納得しなくても，妥協点を見出すとか，温情をかけるとかではなくすっぱりとルールは守るものと押し切ることが大切です。感情をこめずにジャッジする態度が必要です。駄目なものは駄目と許さないことが大切で，そのためには前もって，ルールであることを伝えておくことが必要です。

(3) 指示の出しかた

以下のようなことを注意すると良いようです。

・子どものそばに行くか，子どもをそばに呼ぶ。
・子どもの注意を引き，子どもの目の高さに視線を合わせ，子どもが指示を聞いているか確認しましょう。
・穏やかに，落ち着いた口調で指示を出しましょう。
・短い分かりやすい言葉を使いましょう。
　言葉だけでは理解できない時は，図や表を用いて視覚的にも指示内容が理解しやすいようにしましょう。
・具体的な行動を指示として伝えましょう。
　例：×「やさしくしてね」→○「おもちゃ貸してあげようね」
・複雑で，複数のわかりづらい指示は小分けにして指示を出しましょう。
・「○○しない」という指示ではなく，「○○しましょう／○○しよう」というように，今とるべき行動を指示しましょう。
　例：×「うるさくしないで」→○「静かに座っていましょう」
・従わなければいけないことについて，いくつか選択肢を与え子ども自身に選んでもらうようにしましょう。
・予告をする。
　「○○したら○○できる」というように，指示に従ったら得点を与える。
・スケジュールを呈示し，見通しをもたせる。

(4) ほめ方のコツ

子どもの良い行動が始まったらすぐほめ，その行動を行っている最中や行った直後にも必ずほめましょう。

子どもをほめるときは，こちらの気持ちが確実に伝わっていることを確かめながらほめましょう。

ほめ言葉も簡単でわかりやすい言葉を使い，短く簡潔にほめると効果的です。

(5) こんな言葉は不快感を与えるかもしれません。

次に挙げるような言葉は，ついつい指導をするときに口にしてしまいますが，文字通りに言葉を理解する傾向が強い人には，こちらの意図が伝わらず，子どもを混乱させるかもしれません。子どもたちの本音は（　）の中かもしれません。

・相手の気持ちを考えろよ！（どうすればいいの）
・ひとりで生きてるんじゃないからな！（ひとりで生きてると思うけど）
・おまえのためを思って言ってるんだぞ！（どういうこと……）
・もっと素直になれよ！（素直に話しているのに）
・一度頭を下げれば済むことじゃないか！（どうして……）
・謝れよ！（自分は悪くないと思うのになぜ）
・弁解するな！（弁解しているわけではないのに）
・胸に手を当ててよく考えてみろ！（胸に手を当てるのはどうして）

・みんなが厭な気分になるじゃないか！（え……）